NADIA ABI-HAIDAR
ADAM-RIESE-STR. 11
81739 MÜNCHEN

W0229154

QUER VERLAG

Sappho
küßt die Welt

Geschichten von Lesben aus vier Kontinenten

Käthe H. Fleckenstein (Hrsg.)

© Querverlag GmbH, Berlin 1999

Erste Auflage September 1999

Alle Rechte vorbehalten. Kein Teil des Werkes darf in irgendeiner Form
(durch Fotokopie, Mikrofilm oder ein anderes Verfahren) ohne schrift-
liche Genehmigung des Verlages reproduziert oder unter Verwendung
elektronischer Systeme verarbeitet, vervielfältigt oder verbreitet werden.

Umschlag und grafische Realisierung von Sergio Vitale unter
Verwendung einer Fotografie von Laurence Jaugey-Paget (aus: *Nice
Girls Don't –Erotische Fotografien*, Konkursbuchverlag, Tübingen, 1999)
Druck und Weiterverarbeitung: Tiskárny Vimperk a.s.
ISBN 3-89656-041-7
Printed in the Czech Republic

Bitte fordern Sie unser Gesamtverzeichnis an:
Querverlag GmbH, Akazienstraße 25, D-10823 Berlin
http://www.querverlag.de

Lou Abraham

Lou und Lea

Ihr Alter ist schwer zu schätzen. Aber sie ist exotisch. Eindeutig asiatischer Herkunft. Schriftzeichen, die hinter ihr auf rotem Untergrund an der Wand zu sehen sind, unterstreichen das noch. Und auch der große, augenscheinlich aus Metall gefertigte Drachen mit langem Hals und kerzengerade herausragender, sich windender gespaltener Zunge im Vordergrund.

Sie kauert auf dem Tisch. Die Arme erhoben und vom Körper seitlich weggestreckt. Die Handgelenke mit Lederfesseln an Eisenringen an der Wand festgekettet. Ein rotes Satintuch um ihren Kopf läßt jedoch die weit aufgerissenen Augen frei. In ihrem Mund steckt ein Knebel, der die Kiefer weit auseinander zwingt. Als versuchte sie, einen gewaltigen Schwanz zu verschlucken.

Das Kreuz durchgedrückt ragen ihre Brüste dem Betrachter entgegen. Nicht groß, aber trotzdem voll genug, daß sie etwas nach unten hängen. Die Nippel sind dunkel und stehen vor wie überreife Kaffeebeeren. Um die Oberschenkel liegen Ketten, die in Wandhaken eingeklinkt sind, und halten die Knie weit auseinandergespreizt.

Der Blick, und der züngelnde Drachen, hat freien, ungehinderten Zugang zu ihrer rasierten, naß glänzenden rosigen Möse.

Lou legte das Foto zurück auf den Stapel mit anderen Fotos, schob alles von sich weg, zum Rand des mit Papier übersäten Schreibtischs und fuhr sich mit der Hand durch die grauen Haare.

Es war dämmrig geworden. Der Aschenbecher quoll über, und der schwarze Kaffee in einem großen Becher hatte schon längst jede Wärme in den Raum abgegeben.

„Im Hinsehen liegt Macht." Wer hatte das noch gesagt? Klar, belle hooks. Das Foto erregte gewiß irgendeinen Geschmacksnerv, der in irgendeinem weißen männlichen Auge seinen Anfang nimmt und nicht weit weg vom Gehirn, zwischen den Beinen, endet. Und Reaktionen hervorruft.

Lou versuchte die Fotos zu ignorieren und nahm eine Mappe mit eng beschriebenem Kanzleipapier aus der Aktentasche neben dem Schreibtisch. Lustlos überflog Lou das Geschriebene und sah zur Uhr. Es würde noch eine Weile dauern, bis Lea kam. Noch keine Eile nötig, um ein Abendessen zu basteln. Lou grinste. Nach einem hektischen Vierzehn-Stundentag bestand Leas liebstes Abendessen sowieso nur aus einer Flasche Bier und zwei Zigaretten. Oder umgekehrt? Egal. Es war jedenfalls noch genug Zeit, um sich noch einmal mit dem Projekt zu beschäftigen.

Das Projekt.

Seit Monaten schmorte es in der Mappe und gärte in Lous Gedanken. Anders als die Arbeit an der Fotoauswahl – einer Zusammenstellung von angeblich erotischen ‚WeibsBildern', die von Fotografen unterschiedlichen Geschlechts eingereicht worden waren und deren publikumsgerechte Zusammenstellung Lou immerhin Geld einbrachte – war „das Projekt" eine alte Kiste, die natürlich auch nicht lukrativ war. Lesbengeschichten aus nichteuropäischen Ländern. Wer will die schon lesen? Immer der eigene Teller ist wichtig. Nabelschau.

Warum nicht mal sehen, wie's woanders ist, was woanders gedacht wird? Außerhalb des bekannten Kulturkreises. Sappho muß doch nicht nur Europa küssen, nicht wahr?

Lange hatte Lou sich darüber den Kopf zerbrochen, wie an solch eine Anthologie am besten heranzugehen wäre. Welche Geschichten wählst du aus? Sind denn die Lesben in Afrika, Asien und sonstwo *anders* als die Lesben hier? Was macht sie anders? Wo sind die *Gemeinsamkeiten?* Hat das einen politischen Hintergrund? Können die kolonialen Aspekte außer acht gelassen werden? Lassen die Lesben anderswo koloniale Aspekte außer acht, oder beherrschen die zu einem nicht zu ignorierenden Teil ihr Leben? Wieviel exotisieren wir in andere Menschen hinein?

Exotik. Die europäische Erwartungshaltung im Kopf, die Handlungen prägt, Meinungen beeinflußt. Die gerne vergißt, daß Europäer für die Menschen aus Nicht-Europa Exoten sind. Trägt der exotik-lüsterne Blick auf „die Anderen" nicht schon die Ab-grenzung in sich? Freudige Umarmung der Kulturen durch die weiße Gesellschaft? Didgereedoo für Anfänger, Bauchtanz für Fortgeschrittene, Afrikanischer Tanz für mehr Lebensfreude, Gumbo beim Straßenfest, Körperbemalung mit Henna leicht gemacht, Die mythologische Welt der Ibo im Volkshochschulkurs („Stell dir vor, Maja, dann haben wir in so großen Holzbehältern Hirse gestampft, mit so 'ne großen Holzstößel …"). Was steckt dahinter? Schlechtes Gewissen, Lust auf Exotik, Wunsch nach eigener Aufwertung, Verstehenwollen?

Ein Schlüssel drehte sich im Schloß. „He, ich bin da." Die Tür knallte zu. Ein dumpfer Schlag. Eilige Schritte.

Lou stand auf und ging in den Flur. Auf dem Boden führte eine Spur aus Schuhen, einem Rucksack und eine Jacke zur Badezimmertür. Grinsend lehnte sich Lou an die Wand gegenüber der Tür. „Wie war's heute? Beschissen?" Die Wasserspülung rauschte.

„Scheiß-Bahn. Die meiste Zeit verspätet, wenn sie überhaupt fährt. Und wenn sie kommt, dann mit oberversifften Wagen. Die Perlen aus den Bahndepots. Heute waren alle Toiletten verstopft. Und dafür zahlste viertausend Mark fürs Jahresticket." Die Tür ging auf, Lea kam heraus und schlang Lou ihre Arme um den Hals. „Wie war dein Tag? Aufregend?"

„Ja. Der Scheck vom Verlag, mit meinem „exorbitant hohen Vorschuß" von dreitausend Mark ist immer noch nicht eingetrudelt. Ich habe mich aufgeregt. Die lassen sich alle Zeit in ihren Büros. Beamtenmentalität."

Lea lachte. „Komm, ärger dich nicht." Sie streichelte Lou übers Haar und legte ihren Kopf an Lous Schulter.

„Hast du Hunger, Lea?"

„Nö, ich will ein Bier."

„Und Oliven und ein bißchen Käse, ja?"

„Okay." Lea löste sich aus der Umarmung und ging ins Zimmer.

„Findest du dich eigentlich noch auf deinem Schreibtisch zurecht?" fragte sie, als Lou mit einem Tablett hereinkam. Sie warf sich in den Sessel und nahm ein zusammengeheftetes Manuskript, blätterte darin herum und schnalzte mit der Zunge. Lou öffnete die Bierflaschen.

„Mein Schreibtisch ist ein Abbild der Welt, voller Vielfalt und Chaos, Dreck und Wirrwarr. Aber je mehr Schichten du abträgst, desto mehr Unvorhergesehenes findest du, kleine Schätze. Oder Leichen – kommt drauf an, wie du es siehst. Mußt halt nur genau hingucken."

Lou grinste.

„Und den Überblick behalten", feixte Lea. „Wieviel Geschichten hast du denn jetzt zusammen?"

„Zweiunddreißig."

„Könnten aber mehr werden, was?" Lea deutete auf einen Bücherstapel auf dem Fußboden.

„Leicht." Lou schob einen Korb mit alten Zeitungen beiseite, „Dahinter liegen noch mehr Bücher."

„Wonach richtet sich deine Auswahl?"

„Danach, ob ich genug Nerv habe, dem Verlag klarzumachen, daß Büchermachen nicht nur unter kommerziellen Gesichtspunkten gesehen werden kann." Lou biß das Ende einer Zigarre ab und fing umständlich an, das raketenähnliche Gebilde anzuzünden. „Ob ich sie davon überzeugen kann, daß Inhalte nicht immer nur die herrschende Meinung bestätigen müssen. Daß Leserinnen auch mal Unkonventionelles, Unbekanntes zugemutet werden darf und daß es ja möglich ist, daß Menschen Bücher lesen, weil sie etwas Neues erfahren wollen." Lou grinste schief und ließ sich in den Drehsessel fallen. „Und daß Bücher mehr sind als nur Container für immer denselben alten, kalten Kaffee." Lou spuckte einen Tabakkrümel aus. „Und wenn du diese ganzen Hürden geschafft hast, dann wählst du eben Geschichten aus. Vielleicht nach dem Gesichtspunkt, ob du die Geschichten magst oder nicht. Und die legst du dann vor. Aber dann müssen sie noch vor der Vertreterkonferenz bestehen. Denn die Vertreter sind heute im Verlagsgewerbe die ‚Hüter der Literatur'. Die sollten eigentlich das ‚Literarische Quartett' besetzen. Wenn die jaulen ‚Das verkauft sich nicht', ziehen die Verlage den Schwanz ein."

„Du hast die PR- und Marketingabteilungen vergessen", lachte Lea.

„Ach, ja, die auch noch." Lou schickte Rauchringe zur Decke und legte die Füße auf einen Stapel Zeitschriften neben dem Schreibtisch. „Und die Putzfrau. Weißt du, die Geschichten müssen mir was sagen, dann sagen sie vielleicht auch anderen was. Sie müssen ein bestimmtes Thema ansprechen oder ein Gefühl, sollen interessant sein, oder zum Lachen, oder sexy. Ich habe keine Lust auf umfassende, womöglich noch akademische Erörterung der ‚Situation der Lesben in anderen Ländern'. Storys will ich. Denen höre ich zu, da höre ich mehr raus als aus wissenschaftlichen Analysen. Vorausgesetzt, ich lasse mich auf sie ein. In den verschiedenen ausländischen Veröffentlichungen findest du viele gute Sachen. Und die versuche ich, in lesbarer Form vorzulegen. Ohne Ordnung, ohne Plan. So wie die Welt ist. Oder mein Schreibtisch. Chaotisch und vielfältig."

Lou fuhr sich mit der Hand über die Augen, senkte den Schirm der Schreibtischlampe so, daß das Licht nur noch auf die Manuskripte fiel und auf die zahllosen eng bekritzelten Zettel, die an der Tischkante klebten. „Je länger ich hieran arbeite, desto mehr komme ich zu der Überzeugung, daß nicht das Andere, das, was uns trennt, das Wichtige an den Geschichten ist, sondern das Verbindende. Und das ist seltsamerweise hier wie dort ziemlich ähnlich."

„Ja, hab ich beim Lesen auch schon dran gedacht. Die Mutter in *Eine Liebe wie jede andere* könnte meine gewesen sein." Lea kicherte.

„Eben. Und dieses Gleiche könnte neben den ganzen Konstruktionen wie Nationalität, Gesellschaftsform, Geschlecht, die nur in die Welt gesetzt wurden, um irgendwem die Macht zu erhalten, viel stärker das Gerüst für ein neues Wertesystem sein als das Ungleiche, Trennende, das uns von wer-weiß-wem aufgedrückt und suggeriert wird."

„Ein Wertesystem?"

„Na, Ehrlichkeit, zum Beispiel. Verbindlichkeit, Zugehörigkeit, Respekt ..."

„Respekt?" Lea holte Luft, doch Lou hob abwehrend beide Hände.

„Ja, ich weiß. Fossilien-Begriff. Ist aber gerade wieder in. ‚Liebe verdient Respekt' – das Schlagwort für die Heiratskampagne, schon gehört?"

Lea verzog das Gesicht und setzte sich im Sessel auf. „Ach Scheiße, heiraten. So ein Schwachsinn. Müssen wir denn den Heteroblödsinn von wegen: ‚Die Familie ist geschützt' kaufen und jeden Kack nachmachen? Meist geht in den Familien die Post ab, Ehe sollte lieber Ehehölle heißen, und die reden vom ‚Primat der Familie'. Was ist denn an diesem Männerversorgungskonstrukt so schützenswert – außer den Kindern und dem Recht der Frauen auf Unversehrtheit? Außerdem hat der ganze Quatsch doch gar keine rechtlich verbindlichen Konsequenzen für Lesben und Schwule. Da drückt sich der Staat doch wieder drum. Diese Zweierpäckchen-Kiste ist ein einziger bürgerlich-romantischer Quatsch mit Soße."

„Ja. Alles richtig. Für dich. Andere wollen mit diesem Quatsch mit Soße leben. Sollen sie von mir aus auch. Wenn es welche gibt, die für sich ein Recht einfordern, das Heteros einfach so schon in die Wiege gelegt wird, dann ist das okay. Vielleicht bringt's die Heterogesellschaft dazu, über dieses Ehekonstrukt nachzudenken, und es ändert sich mal wirklich was, für alle Formen von Lebensgemeinschaften. Aber bis dahin sollen sie, sollten wir respektieren, was Menschen sind und tun, auch wenn man es nicht unbedingt selbst tun würde oder nachvollziehen kann. Respekt."

Lea stand auf, schob den Sessel zurück und ging hinüber zur Stereoanlage. Einen Augenblick suchte sie in der kleinen CD-Sammlung, zog eine heraus und legte sie in den Player. Charlie Parkers *Lady Be Good* erklang. Sie warf sich ein paar Oliven in den Mund und ging hinüber zum Schreibtisch, wo Lou in Papier kramte.

„Hier, schau dir das mal an." Lou hielt Lea einen Packen Papier hin. „Das sind lauter alte Flugblätter, Diskussionspapiere, politische Willenserklärungen, was weiß ich. Teilweise schon fast zwanzig Jahre alt. Von überall her. Geschichte. Lesbengeschichte. Lesbenweltgeschichte, wenn du so willst. Und wenn du all das, was da geschrieben steht, komprimierst, dann bleiben genau zwei Forderungen dabei übrig: Nimm mich wahr! Und: Respektiere mich! Ganz egal, wo auf der Welt diese Papiere verfaßt wurden. Es läuft auf dasselbe hinaus." Lou warf den Stapel wieder in eine Mappe auf dem Schreibtisch. „Also warum fangen wir nicht mal damit an? Hier. Respektieren."

Lou hob die Flasche und prostete Lea zu. „Komm her." Lea nahm die Hand, die Lou ihr entgegenstreckte. „Erzähl mir lieber, wie dein Tag war."

„Grauselig, super-heavy." Sie setzte sich auf Lous Knie. „Und es wird noch schlimmer. Nächste Woche muß ich wieder reisen. Fotocall, zwei Pressekonferenzen, eine Premiere. Das übliche." Sie legte ihren Kopf an Lous Schulter. „Eigentlich hast du recht. Alle versuchen immer, an einer rumzudrehen, sie passend zu machen, ihre Ansicht durchzusetzen. Als ob eine nicht mal so sein könnte, wie sie ist. Schadet doch nicht. Deshalb knallen ja auch so viele Beziehungen auseinander."

„Eben."

„Aber erzähl du mir lieber noch ein bißchen, was du sonst noch so in das Buch reinpackst?"

Lou grinste. „Kein Bock auf Probleme wälzen, was?"

„Hm-hm."

Aus einem Hefter zog Lou ein Blatt mit dem Inhaltsverzeichnis heraus.

„Da wäre zum Beispiel die Geschichte um eine multi-ethnische Beziehung, *Kaleidoskop*, in der die beiden Frauen die Verachtung der eigenen *community* erfahren, Gefahr laufen, ausgestoßen zu werden, weil die Liebe der ‚Feindin' gilt. Wo beide dabei sind, am eigenen Mißtrauen zu scheitern. Gleichzeitig der ständige Zweifel, doch nur das exotische Feigenblatt zu sein, aus dem ein kleines weißes oder in dem Fall helleres Ego seine Befriedigung zieht, wie es häufig geschieht."

„Hast du diese Zweifel auch?"

„Natürlich. Es bleibt immer die Frage im Hinterkopf: Warum? Ist es die Exotik, oder ist es die Person, die gesehen, geliebt wird. Das wird sich auch nie ändern, weil es keine letztendliche Gewißheit gibt. Damit muß jede multi-ethnische Beziehung leben. Sei's drum. Hier ist was Nettes. Da wird ein Blick auf die Butches auf den Philippinen geworfen, hast du das gelesen? ... *wer ist die größte Butch im Land?* Die Verhaltensmuster könnten die Feministinnen hierzulande zu Schreikrämpfen treiben. Ich sehe schon die Missionarinnen Tickets buchen. Aber mal ehrlich, ist doch schön, wenn man die Tasche getragen bekommt, oder?"

„Chauviratte! Sei froh, daß du ..."

„... so ein nettes olles Kamel bist. Dem kann man nicht böse sein, gell. Außerdem: Denk an den Tatterbonus."

„Tatterbonus, da wüßt ich was von. Was hast du denn noch so zu bieten?"

„Och …"

„Ich meinte, welche Geschichten gibt's sonst noch." Lea grinste.

„Ach so. Na, auch Geschichten wie Lucrecias Bericht über ihr Leben als Lesbe in Peru und Connecticut haben hier einen Platz. Die Aufarbeitung einer Emigration, die einen etwas bitteren Nachgeschmack hinterläßt und in dem Entschluß gipfelt, wieder in die Heimat zu gehen, weil das Heimatumfeld zum eigenen Überleben wichtiger erscheint als jede wie auch immer geartete *community*."

„Die liest sich aber nicht sehr literarisch, ist mir aufgefallen."

„Könntest du mir bitte mal deine Definition von ‚literarisch' geben, Lea?" Lou stand auf und ging zum Fenster.

„Na ja, liest sich eher wie ein Interview."

„Ist ja auch eines. Und was ist daran nicht literarisch? Vielleicht nur die westliche Sichtweise und der akademische Kanon, der vorgibt, was als literarisch zu betrachten ist? Daran scheitern ja gerade so viele Schriftstellerinnen und Schriftsteller aus nicht-europäischen Ländern. Dem Verlag, dem Lektor, womöglich noch dem Dinosaurier-Zirkus, der sich ‚Literarisches Quartett' nennt, ist etwas ‚nicht literarisch' genug, weil man sich sonst von der eigenen Sichtweise lösen müßte, weil man Pfründe sichern muß und immer meint, man hätte die allein seligmachende Weisheit gepachtet."

Lou nahm einen Schluck aus der Bierflasche und schaute versonnen aus dem Fenster hinaus in die Großstadtnacht, auf die Lichter, die sich im Wasser des Flusses spiegelten.

„Europäische Kurzgeschichten und Erzählungen haben einen Anfang, eine Mitte und ein Ende; Plot, Höhepunkt und Auflösung, oft zusammengehalten durch eine Metapher, die sich durch das Material der Geschichte zieht. Die Metapher paßt zum Thema oder Subjekt, transformiert bestenfalls sowohl die Hauptfigur als auch die Leser gleichermaßen. Die Antwort zu den Fragen liegt zwischen den Zeilen der Geschichte.

Das ist bei Literatur nicht-europäisch-westlicher Herkunft nicht immer so. Vor der schriftlichen Festschreibung stand häufig die orale Tradition, die mündliche Überlieferung. Und die folgt einem anderen Erzählaufbau, anderen Gesetzen. Ist eine Geschichte, die sich geschrieben den Gesetzen der mündlichen Erzähltradition unterordnet und daher westlichem Empfinden unvertraut ist, deshalb weniger literarisch?"

„So gesehen nicht. Eigentlich kommt es mir sowieso immer erst mal darauf an, ob ich die Geschichten gerne lese, ob sie mir gefallen", meinte Lea und blätterte durch einen mit Heftklammern zusammengehaltenen Papierwust.

„*Schildkrötenmädchen.*" Lea zog die Stirn kraus. „Sag mal, was hat diese Geschichte denn mit Lesben zu tun? Es kommt nicht mal das L-Wort im Text vor."

„Muß es das?" Lou schaute Lea amüsiert an. „Ich denke, nein. Aber die Story wurde von einer Lesbe geschrieben, von Beth Brant, der großen ‚alten Frau‘ der lesbischen Native-American-Autorinnen. Das liebevollste Porträt eines alten Schwulen, das ich kenne. Er kommt im Alter zu einem Kind, sein Alleineleben wird wieder zum Familienleben, und während er sich um das Kind sorgt, läßt er sein Leben Revue passieren und sagt auf schlichte Art einige simple Wahrheiten. Und die gelten geschlechtsunabhängig. Schadet nichts, in eine Lesbenanthologie aufgenommen zu werden. Außerdem: Wenn wir schon immer so viel von *community* reden, dann gehört eine Geschichte, die indirekt das Wesen des *community*-Gedankens anspricht, bestimmt da hinein. Es gibt ja Leute, die übersetzen *community* mit „Szene". Aber für mich ist *community* mehr als Szene, Bars, Klamottenläden und Party-Events. *Community* ist Leben in jeder Ausprägung in einer Gemeinschaft, die füreinander da ist, auffängt, aufbaut, Leben möglich macht und in der das Wort Ausgrenzung nicht vorkommt.

Bei Nellie Wong kommt das Wort Lesbe auch nicht vor, mein Herz. Aber mir gefällt die Vorstellung der Frau, der Wunsch nach Rückgrat und Führungsqualität, nach *breiten Schultern* eben. Nellie Wong ist auch eine der Lesben, die für ganz viele andere den Weg geebnet haben, besonders in der Asiatisch-Amerikanischen Gemeinschaft."

„Ist das hier ’ne S/M-Geschichte? *Im Klub?* Oh-oh, wo bleibt die politische Korrektheit?"

Lou schnaubte und zündete sich die kalt gewordene Zigarre wieder an.

„Hoffentlich in der Versenkung. Verrate mir doch mal, was politische Korrektheit ist." Eine Qualmwolke waberte zwischen Lou und Lea.

„Ich möchte das wirklich gerne mal wissen. Wer kann eigentlich politisch korrekt leben? Du etwa? Oder ich? Und welche Politik ist denn die Korrekte? Wer gibt das vor, und wer stellt denn hier für wen die Regeln auf? Nur weil ich die Augen schließe, verschwindet ein Phänomen nicht. Nur weil ich es nicht zur Kenntnis nehme, werden bestimmt nicht alle Peitschen auf den Müllhaufen geschmissen. Und nur weil ich es nicht mag, dürfen es andere auch nicht mögen? Oder wie? Solange es Lesben gibt, die S/M-Phantasien haben, solange gehören S/M-Geschichten auch in eine Anthologie, die die weltweite Vielfalt des Lesbischseins zeigen will. Außerdem erscheint mir die Message der Geschichte keineswegs ein Plädoyer für S/M-Praktiken zu sein. Lies mal den letzten Abschnitt, und dann denk mal über Akzeptanz, Toleranz und das Aufstellen von Regeln für andere nach. Überleg dir mal, was das Gezeter der S/M-Gegnerinnen anderes ist als der Versuch, anderen Leuten ihre Regeln aufzupfropfen. Ich denke nicht daran, mich an so was zu beteiligen. Wenn ich etwas nicht will, mache ich es nicht. Was andere tun, ist ihre Sache. Wem die Story zu sehr S/M ist, soll sie nicht lesen. Ich warte schon darauf, daß sich die Vegetarierinnenfraktion darüber aufregt, daß sich einige Lesben mit einem Maiskolben einen netten Abend machen."

Lea lachte: „Ja, die Geschichte mit dem Maiskolben fand ich sexy. Wirklich MaISTERLICH. Es lebe der Maiskolben." Sie legte das Manuskript auf den Tisch zurück und setzte sich lachend auf Lous Schoß. „Überleg doch mal: Dildos aus nachwachsenden Rohstoffen, hautfreundlich, umweltschonend, und in Notzeiten kann der Vorrat in der Küche verarbeitet werden. Kennst du den? Ein EU-Kommissar kommt auf den Öko-Hof und fragt: ‚Was bauen Sie an?'"

„Lea, du bist pervers."

Sie kicherte in sich hinein. Mit der Nase schnüffelte sie an Lous Hals entlang bis zum Ohr und atmete tief aus. „Ah, ich mag das."

„He."

„Hm, Tabak, dein Rasierwasser, Schweiß."

Lou grinste und brummte und hielt sie fest, streichelte ihr den Rücken.

„Hab ich mit der S/M-Frage wieder einen Knopf gedrückt?" Sie rieb ihren Kopf an Lous Schulter.

„Ja. Das machst du doch immer, damit ich meinen täglichen Adrenalinstoß bekomme, gell?" Lou schob Lea ein Stück von sich weg und sah in ihre blau-grauen Augen.

„Die Geschichten sind nicht politisch korrekt und erheben auch keinen Anspruch darauf. Wer die eine oder andere nicht lesen mag, soll es eben lassen. Die Mädels sind doch angeblich alle erwachsen."

„Und die ‚Nicht-Erwachsenen', die du wohl vermutest, du arrogantes Kamel?"

„Die kriegen dann gleich mit, daß Lesben keine starre Kategorie bilden, daß Unterschiedlichkeit in Art, Aussehen, Vorlieben und in was-weiß-ich-noch-alles weltweit verbreitet, unabhängig von Alter, Nationalität und Einkommen und völlig okay und richtig ist, Madame Emanzipation."

Lou beugte sich vor und küßte Leas unter dem dünnen T-Shirt sichtbaren und aufgerichteten Nippel, strich mit der Zunge über den Stoff.

„Lesbischsein bedeutet doch für ganz viele an den verschiedensten Orten der Welt ganz Unterschiedliches. Für manche ist es Kern der Existenz, und alles andere ist dem untergeordnet. Manchen ist es völlig nebensächlich, bei anderen wird es sogar verdrängt, verleugnet, versteckt, und bei wieder anderen ist es Teil einer ganzen Reihe von Facetten, die ihr Dasein und ihr Leben ausmachen. Sicher, es prägt die Frauen. Und diese Prägung bestimmt in stärkerem oder schwächerem Maß den Alltag.

In den vielen verschiedenen *communities* ist unter Umständen eine ganz andere Agenda angesagt als bei uns. Da geht es weniger darum, wo die nächste schicke Disco ist oder ob die Homo-Ehe anerkannt wird, sondern manchmal ums blanke Überleben, wenn man sich überlegt, daß in den meisten Staaten Afrikas und Asiens Homosexualität immer noch ein Strafvergehen ist. Gefängnis ist das wenigste, was dich in Simbabwe oder im Iran erwartet, wenn man dich erwischt. Aber auch im westlich-britisch geprägten Tasmanien überlegen es sich Lesben und Schwule, ob sie so offen sein können, wie es hier einige sind. Aber selbst bei uns ist nicht alles Gold, was glänzt. Es gibt Lesben, die es sich dreimal überlegen, ob sie offen leben. Nicht von ungefähr reden wir mal wieder, besser gesagt immer noch, über ‚Diskriminierung von Lesben und Schwulen am Arbeitsplatz'.

Bleibt oft nur die Emigration in den ach so freien, liberalen Westen. Oder in die anonyme Großstadt, wenn du vom Land bist, wo du dann vor neuen, ungeahnten Problemen stehst. Und es stellt sich heraus, daß das gelobte Land vielleicht gar nicht so gelobt ist. Rassismus, Homophobie, all die Schlagwörter. Verlust von Heimat, die Schwierigkeit, in der Emigration eine neue Heimat zu finden, dazugehören und doch nicht dazuzugehören. und zu alledem als Lesbe leben zu können, sichtbar zu sein in einer patriarchalen, weißen Welt.

Wenn dir ständig andere sagen, was du bist und wie du zu sein hast, ist es sicherlich viel wichtiger für dich, die Macht zur Selbstbenennung zurückzubekommen, als das neueste Trendblättchen am nächsten Kiosk zu kriegen. Hier, lies das mal." Lou gab Lea eine Fotokopie.

„Da steht, daß die lesbisch-schwule Gruppe OCCUR in Japan Lexika- und Wörterbuchverlage dazu aufgefordert hat, Begriffe wie ‚abnormal', ‚pervers' und ‚abweichend' in Zusammenhang mit Homosexualität nicht mehr zu verwenden. Und dann haben sie das Bildungsministerium noch dazu gekriegt, eine Versicherung abzugeben, daß in einer ihrer Broschüren über ‚Jugendvergehen' der Passus gestrichen wird, der Homosexualität als ‚sexuelles Fehlverhalten' beschreibt."

„Ja. Und das war 1990. Vor neun Jahren! Noch nicht so lange her, was? Und bis vor einigen Jahren gab es in der Sprache noch nicht mal ein Wort für Frauen-die-Frauen-lieben, das Lesbischsein ausdrückt. *Doseiai* bezieht sich nur auf männliche Homosexualität. So wie *bencong, goluboj, maricón, tong xing lin, stabane* Bezeichnungen sind in Indonesien, Rußland, Panama, China und Südafrika für Homosexuelle oder Männer-die-Männer-lieben. Für die Frauen? Schwierig. Meist Fehlanzeige. Benennung hat also eine enorme Bedeutung. Silvera Makeda schreibt darüber in der Geschichte *Man Royal*, die von Jamaika erzählt, und auch Marou Izumo aus Japan spricht in *Watashi, Otambi, Lesbe* das Thema an."

Lea ging zum Fester und zog die Vorhänge zu. „Ich weiß wenig darüber, wie andere Frauen in anderen Ländern leben, stelle ich fest."

„Ich weiß auch nicht mehr, Lea. Deshalb liegen ja hier die ganzen Bücherstapel rum. Und deshalb so ein Buch."

„Und das zieht vielleicht andere nach sich, meinst du?"

„Ja. Wenn noch mehr Leute Lust haben, mehr zu erfahren."

Lea räumte die Gläser auf das Tablett.

„Ich hätt schon Lust, mehr zu erfahren."

„Na, dann laß uns das in der Horizontalen erledigen. Es ist schon nach eins." Lou ging mit dem Aschenbecher in der Hand hinüber zu Lea, stellte ihn auf den Tisch und nahm Lea in die Arme. „Ich könnte dir ja dann vielleicht erzählen, warum Maori fette Mösen mögen …"

Karen X. Tulchinsky

Eine andere Art von Liebe

Karen X. Tulchinsky ist eine jüdische Lesbe, die in Vancouver, Kanada, lebt. Ihre Arbeiten sind in zahlreichen Anthologien erschienen. Sie ist Mitherausgeberin von ,*Tangled Sheets: Stories and Poems of Lesbian Lust*', ,*Queer View Mirror I* und *II: Gay and Lesbian Short, Short Fiction*' und Autorin zahlreicher in Anthologien und Zeitschriften erschienener Kurzgeschichten sowie von ,*In Her Nature*' und dem gerade bei Firebrand Books erschienenen Roman ,*Love Ruins Everything*'.

Vergangenen Samstag entschied ich, es sei Zeit, meine Tochter Nomi zu besuchen. Vor sechs Monaten ist sie nach Kalifornien gezogen – auf die andere Seite des Kontinents. Natürlich war ich entsetzt. Ist es nicht natürlich, daß eine Mutter sich wünscht, ihre Tochter wohnt in ihrer Nähe? Sie ist ein braves Mädchen. Mein Mann Harry, möge er in Frieden ruhen, starb vor über einem Jahr. Nomi war damals so gut zu mir, hat für mich gesorgt wie eine Mutter für ihr Baby, so besorgt, ich würde unter der Belastung zerbrechen. Die Jungs haben auch ihr Bestes getan, Izzy und Joshua, meine Söhne. Sie haben nach mir gesehen, dafür gesorgt, daß ich Lebensmittel im Haus hatte, haben in der Einfahrt Schnee geschaufelt, das Gras geschnitten, den Müll rausgebracht. Trotzdem, ich habe kaum bemerkt, wer da war und wer nicht. Ein Jahr lang lebte ich in einem seltsamen Nebel. Wie im Traum. Ich habe kaum geschlafen. Wie konnte ich ohne meinen Harry ins Bett gehen? Neunundzwanzig Jahre lang schlief ich mit demselben Mann, im selben Bett. Er war ein Teil von mir. Wenn er sich umdrehte, hab ich mich umgedreht. Wenn er aufstand, bin ich aufgestanden. Neunundzwanzig Jahre lang hat er geschnarcht. Verstopfte Nebenhöhlen. Hat mich verrückt gemacht. Hat mich die halbe Nacht wachgehalten.

„Du schnarchst, Harry", habe ich gesagt und ihn mit dem Ellbogen angestoßen.

„Ja, ja", hat er gemurmelt. Eine Minute oder zwei hat das Schnarchen dann aufgehört. Dann hat er wieder angefangen. Ich kann euch sagen ... Jede Nacht, neunundzwanzig Jahre lang, hat er mich mit der Schnarcherei verrückt gemacht. Das Seltsame ist, jetzt vermisse ich sie.

Nachdem er gestorben war, konnte ich mich nicht dazu durchringen, mich in unser Bett zu legen. Ich wanderte die halbe Nacht durch das Haus. Wenn ich müde wurde, setzte ich mich ins Arbeitszimmer, in den alten braunen Sessel, in dem Harry immer gesessen hatte. Ich schaltete den Fernseher an und starrte durch ihn hindurch, während die Spätsendung lief. All die alten Filme – Bing Crosbie, Fred Astaire, Judy Garland, Debbie Reynolds, Shirley Temple, Bette Davis. Ich kann mich an keinen von ihnen erinnern. Der Fernseher leistete mir Gesellschaft. Es war zu still im Haus. Wer kann solche Stille aushalten? Gegen vier, fünf Uhr morgens war ich dann im Sessel eingeschlafen. Wenn ich aufwachte, liefen die Morgensendungen schon. Soaps, Talkshows, Sally Jessy, Joan Rivers, Oprah, Geraldo. Themen, wer weiß wie meschugge. Ihr würdet nicht glauben, was manche Leute für Probleme haben.

Ich war ein Zombie. Alle sorgten sich um mich. Ich konnte wirklich nichts hören oder sehen. Als wäre ich in Watte eingepackt, von Kopf bis Fuß. Die Leute haben mit mir geredet, ich weiß. Ich sah, wie ihre Münder sich bewegten. Aber, um die Wahrheit zu sagen, ich habe kein Wort von dem, was sie sagten, gehört. Und wenn ich was gehört habe, hat es mich nicht interessiert. Glaubt mir, ich wollte sie nicht beleidigen. Es war nur, daß ich nicht erwartet habe, daß mein Mann sterben würde. Vor dem Herzanfall war Harry ein gesunder Mann, und – das hätte ich vorher nie zugegeben – er war sogar ein bißchen jünger als ich. Ein paar Monate. Nachdem er von mir gegangen war, wußte ich nicht, wie es weitergehen sollte. An manchen Tagen hatte ich morgens nicht mal die Kraft, meinen Kopf vom Kissen zu heben. Alles, was ich weiß, ist, daß ich dablieb. Meine Schwester Rhoda, Gott schütze sie, rief jeden Tag an.

„Faygie. Wie geht es dir?"

„Wie soll's schon gehn?"

„Hast du geschlafen?"

„Wer kann jetzt noch schlafen?"

„Hast du deine Schlaftabletten genommen?"

„Wen kümmert das schon?"

Ich wollte keine Schlaftabletten. Ich wollte meinen Harry. Erst vierundfünfzig Jahre alt, als er starb. Ein junger Mann. Warum hat Gott ihn so bald von mir genommen?

„Faygie. Ich komme nach dem Mittagessen rüber."

„Komm nicht. Mir geht's gut."

„Ich komme rüber."

„So? Dann komm halt rüber." Rhoda meinte es gut, aber es gab nichts, was sie tun konnte. Das einzige, das etwas für mich verändert hätte, wäre gewesen, wenn sie mir Harry zurückgebracht hätte, und da sie das nicht konnte, war es mir egal, wer rüber kam und wer nicht.

Ein Jahr verging so schnell, daß ich es kaum mitbekam. Plötzlich war es Zeit für Harrys Gedenkfeier. Es war wieder wie bei der Beerdigung. Wir standen an seinem Stein auf dem Friedhof, ein bitterkalter Februarmorgen. Meine Füße waren wie Eis. Der Wind peitschte durch meinen Mantel, in meine Ohren, die Nase. Ich hatte ein Kopftuch auf, fest um den Hals gebunden, ein dickes Kopftuch. Der Frost ging aber regelrecht hindurch. Mein jüngster Sohn Joshua stand an einer Seite und hielt mich mit seinen Armen aufrecht. Nomi stand auf der anderen Seite und Izzy, mein anderer Sohn, neben ihr. Ich hatte meine schwarze Tasche über dem Arm. Sie war schwer. Wer weiß, was ich da alles dringehabt habe? Ich starrte geradeaus, während der Rabbi sprach. Ein ganzes Jahr war vergangen, und für mich fühlte es sich an wie ein Tag. Ich merkte, daß ich Harry zum letzten Mal „Auf Wiedersehen" sagte. Der Schmerz in meinem Kopf hätte ein Pferd umgebracht. Ich wollte sterben. Ich wollte, daß Gott herniederfährt und mich auch holt, mich zu meinem Harry bringt. Ich wollte nur noch einmal neben ihm liegen. Es war mir egal, wer zusah oder nicht – ich fing an zu weinen. Es war gut, daß Joshua und Nomi mich festhielten. Anderenfalls wäre ich zusammengebrochen.

Nach dem Gottesdienst brachte mich Izzy zu seinem Auto. Wir wollten alle zu Rhoda fahren. Offenbar hatte sie beschlossen, ein Buffet zu arrangieren und alle zu sich einzuladen. Bagels und Frischkäse, Lox, Salate, Rhodas kleine knusprige Brownies, von denen sie behauptet, sie seien nach einem Geheimrezept gemacht, das meine Mutter, sie ruhe in Frieden, nur ihr, meiner Schwester,

verraten hat, was ich mir nicht vorstellen kann, weil Rhoda, als
wir Kinder waren, nicht das geringste Interesse am Kochen hatte.
Ich war die einzige, die immer in der Küche half. Egal. Wenn sie
sagt, meine Mutter gab ihr das Rezept, wer bin ich, um das anzu-
zweifeln?

Auf dem Weg zum Auto bin ich zweimal fast hingefallen. Überall
Eis. Ich konnte die Kälte direkt durch die Sohlen meiner Stiefel
spüren. Als wir endlich zum Parkplatz kamen, stand ein Mann in
meinem Alter bei Izzys Wagen, schlug die Hände gegeneinander,
um warm zu bleiben. Gutaussehend. Freundliches Lächeln. Kein
Hut. Der Wind blies sein Haar durcheinander. Es war auf einer
Seite länger als auf der anderen. Ich sah, daß er es gewöhnlich
über den Kopf kämmte, um eine kahle Stelle zu verdecken. Harry,
Gott sei Dank, hatte bis zum Ende noch alle seine Haare, dicht,
lockig und grau. Der Mann lächelte und kam zu uns herüber.

„Hallo. Kannst du mir helfen, Junge?" rief er Izzy zu und zeigte
auf ein Auto, dessen Motorhaube offenstand. „Hast du ein Kabel?"

„Klar", sagte mein Sohn. „Einen Moment. Ma, warum steigst du
nicht schon ein?"

Der Mann schaute zu mir herüber. „Tut mir leid. Vergeben Sie
mir." Er streckte seine Hand aus. Ich nahm sie. Er trug dicke
schwarze Lederhandschuhe. „Ich heiße Murray. Murray Feinstein."

„Hallo", sagte ich. „Ich bin Faygie Rabinowitsch. Das ist mein
Sohn Izzy."

„Hier, ich helfe Ihnen." Mr. Feinstein öffnete die Tür. Er hielt
meinen Arm, während ich einstieg.

„Danke." Ich setzte mich langsam. Vom Stehen in der Kälte
schmerzte mein Rücken. Mein Herz war vor lauter Gedanken an
Harry weit offen, mein Haar selbst unter dem Kopftuch vom Wind
ganz zerzaust, meine Augen rot und geschwollen. Ich muß vielleicht
ein Anblick gewesen sein. Ich strich mir eine Strähne aus der Stirn.

„War mir ein Vergnügen", sagte er mit einem schiefen Lächeln.
Seine blauen Augen strahlten, und ich wurde rot. Es war verrückt,
aber einen Moment lang sah es so aus, als würde er mit mir flirten.
Selbst in der Kälte konnte ich spüren, wie meine Wangen glühten. Er
schloß die Tür und lief um den Wagen herum. Izzy hatte schon die
Haube aufgemacht. Ich saß drinnen, lauschte ihren Stimmen, dem
Knirschen des Schnees unter ihren Füßen, mechanische Geräu-

sche, als sie am Motor herumfingerten. Durch den Schlitz, den die Motorhaube freiließ, konnte ich ihre Hände sehen. Murrays schwarze Handschuhe. Von der gleichen Art, wie Harry sie immer getragen hatte. Dickes Leder mit breiten Nähten an den Seiten der Finger.

Ich saß im kalten Wagen, wartete, dachte an das erste Mal, als ich Harry getroffen hatte, bei der Bar Mitzwa meines Cousins Herbie. Harry war älter als die anderen Jungen an unserem Tisch. Während sie sich schmutzige Witze erzählten, sich stritten, wer die größten Blasen ins Soda-Pop blasen und am lautesten rülpsen konnte, aß Harry schweigend sein Mahl und blickte von der anderen Seite des Tisches zu mir herüber. Ich war zu schüchtern, um mit ihm zu sprechen, und ich schätze, so ging es ihm auch, doch Rhoda neckte mich, flüsterte mir ins Ohr, daß er was für mich übrighätte.

„*Er hot Ojgn far dir*", versicherte mir Rhoda in Jiddisch. „Er macht dir schöne Augen." Mir fiel ein, wie ich mich fühlte, als Harry mich das erstemal ansah – Schmetterlinge im Bauch. Natürlich, es stellte sich heraus, daß Rhoda recht hatte.

Warum mußte ich daran denken?

Ich sah Mr. Feinstein in seinen Wagen steigen und den Motor anlassen. Er lächelte Izzy zu. Mein Sohn strahlte. Mr. Feinstein stieg wieder aus, sagte etwas zu Izzy, und sie gaben sich die Hand.

„Wer ist das?" fragte Nomi, als sie die hintere Wagentür öffnete und hereinglitt.

„Er heißt Feinstein", sagte ich und mochte, wie es klang.

„Oh, ja", sagte Joshua, der neben Nomi eingestiegen war. „Michael Feinsteins Vater. Seine Mutter starb im Oktober."

Als wir bei Rhoda ankamen, räumte Mark, ihr Sohn, mit der Schneeschaufel die Einfahrt. Seine jüngere Schwester Rachel half ihm mit einer roten Kinderschippe. Izzy parkte an der Straße. Er half mir beim Gehen, die Hand unter meinem Arm, als ich merkte, daß jemand hinter mir war. Ich drehte mich um. Ich kann euch sagen, fast bekam ich einen Herzanfall. Da stand Murray Feinstein, in voller Lebensgröße, lächelnd in Rhodas Einfahrt. Er hob die Hand und winkte mir.

„Ist Ihr Wagen schon wieder liegengeblieben?" fragte ich.

„Nicht unbedingt." Er sah hinunter auf seine Schuhe. Schöne Schuhe. Braunes Leder. Ich merkte, daß er etwas auf dem Herzen hatte.

Ich schaute Izzy an. Er grinste, als hätte er ein großes Geheimnis. Nomi zog die Brauen zusammen, während sie Mr. Feinstein ansah, als traute sie ihm nicht. Joshua ging zu seinen Cousins.

„Mrs. Rabinowitsch", sagte Mr. Feinstein. „Die Wahrheit ist, daß ich Ihnen hierher gefolgt bin."

„Wie bitte?"

Er wandte sich an Nomi und Izzy. „Macht es euch Kindern was aus, wenn ich einen Augenblick mit eurer Mutter alleine spreche?"

Izzy zuckte mit den Schultern. „Ist dir das recht, Ma?"

Nomi starrte Murray an.

Ich dachte darüber nach. „Sicher. Warum nicht? Ich möchte hören, was Mr. Feinstein zu sagen hat."

Ich stand in der Einfahrt im Schnee, während mein Sohn und meine Tochter hineingingen. Die anderen Kinder waren unten am anderen Ende der Einfahrt, in der Nähe der Straße, und beendeten ihre Arbeit. Ich schaute hinüber zum Haus. Meine Schwester Rhoda stand am Fenster und beobachtete uns. Ich wandte mich wieder Murray Feinstein zu.

„Mrs. Rabinowitsch ..."

„Bitte ... nennen Sie mich Faygie."

„Okay. Faygie. Ich ... Ich bin nicht sehr gut darin. Ehm. Meine Frau ist gestorben. Vor ein paar Monaten. Ich war heute an ihrem Grab. Ich ... also, ich frage mich, ob vielleicht, irgendwann mal, das heißt, wenn Sie wollen – ob Sie mit mir eine Tasse Kaffee trinken würden?"

„Mr. Feinstein!" Ich starrte ihn an. Das war die Gedenkfeier meines Mannes. Mein letzter Abschied von dem Mann, den ich einst heiratete.

„Bitte nennen Sie mich Murray."

„Mr. Feinstein. Ist das eine Einladung zu einem Rendezvous?"

Er nickte langsam. „Ja, Faygie. Das ist es."

„Mr. Feinstein", ich hielt inne. „Murray. Das ist die Gedenkfeier meines Mannes."

„Ja, ich weiß."

„Also, ich glaube nicht, daß das angemessen ist."

„Nicht?"

„Sie vielleicht?"

„Ich weiß nicht. Ich meine, das letzte Mal, als ich eine Dame um ein Rendezvous bat, war vor dreißig Jahren, und ich habe sie geheiratet."

Gott allein weiß, wie wir beide ausgesehen haben, als wir in Rhodas eisiger Einfahrt standen. Ich war streng zu ihm, aber ich habe es eigentlich nicht so gemeint. Ich war nicht ärgerlich. Ich war geschmeichelt. Mein Herz raste in meiner Brust. Zum ersten Mal seit einem Jahr fühlte ich mich glücklich und lebendig. Ich wollte ja sagen. Ich wollte ausgehen und eine kleine Tasse Kaffee trinken. Was ist daran so schrecklich? Er schien ein netter Mann zu sein. Aber es war nicht recht, an einem Tag wie diesem ein Rendezvous zu vereinbaren. Dann dachte ich, wenn ich vielleicht ein Zeichen von Gott – oder von Harry – bekäme, dann wäre es in Ordnung. Es könnte irgendwas sein. Mir wurde kalt, doch ich wollte noch nicht hineingehen. Dann, und Gott ist mein Zeuge, bekam ich mein Zeichen. Aus heiterem Himmel begann Murray plötzlich Harrys Lieblingslied zu singen, und gerade so wie Harry streckte er die Arme seitlich aus und drückte die Brust heraus – ein echter Tony Bennett.

You got to give a little, take a little, and let your poor heart break a little. That's the story of, that's the glory of love.

Was sich Murray dabei gedacht hat, weiß ich nicht. Vielleicht fühlte er sich für einen Moment wie Fred Astaire, denn genau dort in Rhodas Einfahrt begann er zu steppen wie ein Vaudeville-Tänzer.

You got to laugh a little, cry a little, until the clouds roll by a little. That's the story of, that's the glory of love.

Und dann, ihr werdet es kaum glauben, tippte er sich an den Hut und hielt seine Hand ausgestreckt, als wären wir auf einer Bar Mitzwa und er würde mich zum Tanzen auffordern. Genau dort, in der Einfahrt. Und? Ich tanzte ein paar Schritte mit ihm, und ich lachte sogar ein bißchen, als er mich unter seinem Arm drehte.

As long as there's the two of us, we've got the world and its charms. And when the world is through with us, we've got each other's arms.

Er drehte mich noch einmal, und als ob das nicht schon genug wäre, ging er vor mir auf ein Knie für das große Finale.

You got to win a little, lose a little, and anyway have the blues a little. That's the story of, that's the glory of love.

Wir blieben beide stehen, um Luft zu schöpfen, und wir lachten. Es hört sich verrückt an, doch einen Augenblick lang fühlte ich mich wie eine junge Frau. Ich lächelte so breit, daß ich dachte, mein Gesicht würde zerreißen.

„Also, wie ist es damit, Faygie?" Er stand auf. „Nur eine kleine Tasse Kaffee. Was schadet es denn? Was ist so schlimm daran, wenn wir beiden es uns ein bißchen schön machen? Immerhin, geht es nicht im Leben genau darum?"

Ich schaute ihm in die Augen. Woher kannte er das Lied? Ich wendete mich von ihm ab und schaute in die Höhe. „Danke, Harry", sagte ich leise, damit Murray es nicht hören konnte. „Okay." Ich drehte mich wieder um. „Eine Tasse."

„Ja?"

„Warum nicht?"

Ich will nicht prahlen, aber ihr hättet das Lachen auf seinem Gesicht sehen sollen. Als wäre er der glücklichste Mann auf der Welt.

„Danke, Faygie. Danke dir." Er wandte sich zum Gehen. Ich hielt ihn am Arm fest.

„Nun, da du schon mal hier bist, warum kommst du nicht mit hinein und ißt mit uns?"

„Danke." Er lächelte noch breiter. Man hätte denken können, er hätte gerade den Nobelpreis gewonnen. Wir drehten uns um und gingen die Einfahrt hinauf. Im Wohnzimmerfenster sah ich Rhoda, ihren Mann Stanley, meine Freundin Irma, ihre Freundin Molly, deren Mann Joe, meinen Sohn Izzy und meine Tochter Nomi. Und alle beobachteten uns.

Eine Woche später kam Murray vorbei und holte mich ab. Wir gingen zum Bagel-Deli auf der Bathurst Street und unterhielten uns. Er bestellte mir Kaffee und ein Stück Käsekuchen. Wir hatten eine schöne Zeit. Später brachte er mich nach Hause und küßte mich an der Tür auf die Wange. Ich fühlte mich jung. Es war schön. Die folgende Woche gingen wir wieder aus. Er nahm mich mit in eine Show, ein nettes Lustspiel. Ich war so aufgeregt, ich kann mich noch nicht mal mehr erinnern, wie es hieß. Dann, das Wochenende darauf, lud er mich zur Hochzeit seines Neffen ein. Er war in einem Frack herausgeputzt. Brachte mir sogar Blumen mit. Und? Was soll's? Seit der Zeit habe ich mich ständig mit ihm getroffen.

Er ist sehr freundlich. Drängt mich niemals. Bezahlt immer die Rechnung, öffnet die Tür, hilft mir in den Mantel. Wir gehen in eine Show, in ein Restaurant, trinken Kaffee und essen Donuts. Ich weiß nicht, was mit uns beiden noch werden wird, aber inzwischen geht das Leben weiter.

Nun besuche ich also meine Tochter Nomi. Sie ist von allen Orten der Welt ausgerechnet nach San Francisco gezogen. Vor ein paar Monaten. Mit ihrer Freundin Mondstein. Oder Safir? Ich kann es mir nie merken. Sie sind Lesben. Da. Ich hab's gesagt. Mir ist nicht ganz wohl bei dem Wort, aber Nomi sagt, so soll ich sie nennen. Es macht mir nichts aus, daß sie Mädchen mag. Wenn sie glücklich ist, bin ich glücklich. Ich bin ein gelassener Mensch. Ich glaube, das Wort stört mich mehr als alles andere. Zu meiner Zeit jemanden Lesbe zu nennen war eine Beleidigung. Heute? Die Dinge haben sich verändert, sagt mir meine Tochter. Sie sagen das Wort sogar in den Nachrichten um sechs Uhr. Schwule dies, Lesben das. Wie kann das sein? Die Welt verändert sich so sehr im Leben eines Menschen. Ich kann kaum so schnell hinterherkommen. Meine Kinder halten mich aber auf dem Boden der Tatsachen. Meine Söhne sind beide auch ein bißchen verrückt. Vielleicht liegt das in der Familie. Joshua spielt Gitarre in einer Rock 'n' Roll-Band. Jetzt will er sogar davon leben.

„Was ist das für ein Leben für einen netten jüdischen Jungen?" fragte ich ihn.

„Ma, mach dir keine Sorgen", sagt er zu mir. „Eines Tages werde ich berühmt sein. Du wirst mich in Videos im MTV sehen." Ich wußte nicht mal, was dieses Em-Ti-Vi eigentlich ist, bis er es mir erklärte. Er ist ein netter Junge, aber manchmal erkenne ich ihn mit seinem wilden Haarschnitt kaum.

Izzy, mein Mittlerer, ist ein Träumer. Er sagt, daß er etwas Wichtiges erfinden wird. Ein Erfinder? Was ist denn das für ein Leben? Seine Wohnung ist voller Müll. Alte Reifen, Drähte, Radioteile, Fernseher, Sachen, die ich noch nicht mal erkenne. Letztesmal, als ich ihn besuchen ging, auf halber Treppe in seinem Haus, hörte ich, einen großen Knall. Ich war beängstigt, rannte den Rest des Weges hinauf. Glaubt mir, ich war außer Atem, als ich oben ankam.

„Mach dir keine Sorgen, Ma. Ich bin okay", sagte er, als er die Tür öffnete.

„Wie okay?" fragte ich ihn. Sein Gesicht war rußbedeckt. Überall Rauch. „Was versuchst du gerade? Früh ins Grab zu kommen?!"

„Ma, es ist nichts. Ich muß nur ein paar kleine Schnitzer in den Griff kriegen, aber ich werde das erste biologisch abbaubare Kondom der Welt erfinden."

Einige Leute wären vielleicht schockiert gewesen. Ich, ich bin für alles offen. Wenn es etwas gibt, das ich über das Muttersein gelernt habe, dann ist es, daß die Kinder machen werden, was sie wollen, ganz egal, was man sagt. Also? Ich lasse sie machen, was sie wollen. Besonders jetzt, da sie alle erwachsen sind. Sie haben ihr eigenes Leben. Wer bin ich, ihnen zu sagen, was sie glücklich macht?

Mein ganzes Leben lang habe ich auf mein Gefühl gehört. Aus irgendeinem Grund habe ich vergangenen Samstag, in der Sekunde, in der ich aufwachte, an Nomi gedacht und wollte sie sehen. Und? Ich habe ein Reisebüro angerufen und ein Flugticket nach San Francisco gebucht. Dann habe ich Nomi angerufen und ihr gesagt, daß ich komme. „Nur eine Woche", sagte ich, „dann bist du mich wieder los."

„Ma, bitte fang nicht so an. Du kannst zwei Wochen bleiben, wenn du willst."

Um die Wahrheit zu sagen, ich bin ein bißchen aufgeregt. Ihr würdet es nicht glauben, aber ich war noch nie in der Wohnung meiner Tochter. Als sie in der Nähe wohnte, kam sie immer zu mir. Ich gebe es zu. Ich hatte immer ein bißchen Angst, zu ihr nach Hause zu gehen. Ich weiß nicht, was Lesben tun. Es ist verrückt, ich weiß. Sie ist meine Tochter. Ich hab ihre Windeln gewechselt. Wovor also Angst haben? Aber zu meiner Zeit haben wir es „andersrum" genannt. Es war eine entsetzliche Sache. Heute scheint es, als wären alle jungen Leute so.

So, hier bin ich also, in einem Flugzeug nach Kalifornien. Ich bin noch nie zuvor alleine gereist. Wenn ich irgendwo hinfuhr, fuhr ich mit Harry. Izzy brachte mich heute morgen zum Flughafen. Ich bat ihn, mich früh abzuholen, damit ich einen Fensterplatz bekommen konnte. Neben mir sitzt ein netter junger Mann. Er hat kurze Haare, einen ordentlich gestutzten Schnurrbart und wie Joshua einen Ohrring im linken Ohr. Ich denke, er ist vielleicht auch in einer Rockband, aber nachdem wir uns ein bißchen unterhalten haben, finde ich heraus, daß er in einem Reisebüro angestellt ist.

„Ich arbeite direkt an der Castro", sagt er, als wenn ich wüßte, was das bedeutet. Der einzige Castro, von dem ich je gehört habe, ist Fidel.

Er spricht viel über „seinen Partner".

„In der Reisebranche?" frage ich.

„O nein, er ist im Showgeschäft."

Ich denke einen Augenblick darüber nach. „Nun, wenn er im Showgeschäft ist und Sie sind in der Reisebranche, wie kann er dann Ihr Partner sein?"

„Oh, Honey", er wedelte mit der Hand in der Luft. „Daher kommt es doch, daß wir seit acht Jahren zusammen sind. Ich arbeite tagsüber, und er arbeitet nachts. Das ist perfekt."

Ich weiß nicht, wovon er redet, aber er redet so viel, daß es mich ganz schwindelig macht. Der Flug ist lang. Sie servieren Frühstück. Nicht schlecht. Eier mit einem Stückchen Schinken, glaube ich. Bei mir zu Hause koche ich koscher, aber wenn ich alle Jubeljahre mal in ein Restaurant gehe oder in einem Flugzeug fliege, will ich keine Umstände machen. Nicht? Ich bin Schinken nicht gewöhnt. Um die Wahrheit zu sagen, schmeckt er ein bißchen wie Montrealer Rauchfleisch. Nach dem Frühstück zeigen sie einen Film. Für fünf Dollar kann man sich Kopfhörer leihen. Wer braucht schon einen Film? Wenn ich einen Film sehen will, gehe ich ins Kino. Heute fahre ich nach Kalifornien. Ab und zu sehe ich aber trotzdem auf die Leinwand, ohne Ton. *Philadelphia* mit Tom Hanks. Er sieht am Anfang des Films wie ein netter junger Mann aus, aber später wird er sehr krank. Muß wohl Krebs sein. Ich bin froh, daß ich nicht bezahlt habe, um den Ton zu hören. Ich habe genug, worüber ich nachdenken muß. Je näher wir Kalifornien kommen, desto aufgeregter fühle ich mich. Ich weiß nicht, was ich erwarte, vorzufinden. Nomi kennt dieses Mädchen Safir seit zwei Jahren. Ich habe sie nicht einmal getroffen.

„Bring sie zum Essen mit", habe ich Nomi gesagt.

„Wir sind dafür noch nicht soweit, Ma, aber trotzdem danke."

„Wofür muß man denn soweit sein?"

„Wir sind gerade dabei, uns kennenzulernen. Ich bin noch nicht soweit, sie meiner Familie vorzustellen."

„Auch gut", gab ich nach, „nur daß du dann nicht sagst, ich hätte es nicht angeboten."

Jetzt, endlich, werde ich die Freundin meiner Tochter kennenlernen, und ich bin aufgeregt. Ich weiß nicht, warum. Was könnte
denn so beängstigend sein? Was denke ich denn? Wilde Sexorgi-
en in der Küche? Nomi sagt mir, ihre Liebe unterscheidet sich
nicht von der Liebe zwischen Mann und Frau. Und? Ich sollte für
alles offen sein, nicht wahr?

Auf dem Flughafen schaue ich mich nach Nomi um. Es ist Gedränge. Leute hasten vorbei. Reisende mit Taschen, Leute, die abgeholt
werden, Piloten in Uniform, Stewardessen, die Taschen auf kleinen
faltbaren Rollgestellen mit sich herumschleppen. Ich sehe den jungen Mann, der im Flugzeug neben mir gesessen hatte, in den Armen
eines anderen jungen Mannes. Sie küssen sich. Auf die Lippen. Wie
Liebende. Mir dämmert plötzlich, daß er ein *Feygela* ist, schwul, wie
Nomi. Wer hätte das gedacht. Er sieht aus wie alle anderen.

Ich möchte mich nicht verlaufen, deshalb bleibe ich in der Nähe
des Ausgangs stehen. Nomi ist spät dran. Vielleicht im Verkehr
steckengeblieben. Wer weiß. Auf dem Flughafen ist mehr los als
auf dem in Toronto. Alle paar Minuten kommt eine Durchsage
über Lautsprecher. Eine Frau, die neben mir steht, zündet eine
Zigarette an. Am starken Geruch erkenne ich, daß es eine ameri-
kanische ist. Ein kleiner Junge rennt im Kreis um sie herum, die
Arme wie Flügel ausgestreckt. Er gibt Geräusche wie ein Flugzeug
von sich. Ich greife in meiner Tasche nach den *Craven A*'s und zün-
de mir eine an. Ich fange an, mir Gedanken zu machen. Vielleicht
stehe ich am falschen Platz. Vielleicht sollte ich ein Telefon suchen
und anrufen. Vielleicht ist etwas schiefgegangen.

„Ma!" Ich höre die Stimme meiner Tochter hinter mir.

„Nomi, *Mamelah*. Du siehst großartig aus. Laß dich anschauen."

Ich trete etwas zurück, um sie anzusehen. Sie sieht gesund und
glücklich aus. Ihre Haare sind kürzer als das letzte Mal, als ich sie
gesehen habe. Sie trägt blaue Jeans, ein Herrenhemd, schwere
schwarze Stiefel. Wie ein Junge. Manchmal überrascht mich das.
Aber ich sage kein Wort. Schließlich, wer bin ich, um zu urteilen?

Sie beugt sich herunter, und wir umarmen uns. Sie scheint
größer als letztesmal, als ich sie sah, aber vielleicht liegt das an mir.
Vielleicht werde ich kleiner. Das kann passieren. Meine Mutter,
möge sie in Frieden ruhen, wurde zehn Zentimeter kleiner, bevor
sie starb.

„Ma. Du siehst gut aus." Sie hält meine Hände und tritt zurück, um mich anzusehen. „Du siehst verändert aus. Was ist passiert?"

„Was soll denn passiert sein? Nichts ist passiert. Alles wie immer."

Sie schaut mich skeptisch an. „Nein. Irgendwas ist anders." Sie lächelt. „Triffst du dich immer noch mit diesem Mann? Wie heißt er noch?"

„Wer? Meinst du Murray?"

„Wer?" neckt sie mich. „Was meinst du mit ‚Wer'? Mit wie vielen Männern triffst du dich denn?"

„Schscht, Nomi. Bitte. Okay. Ich treffe mich noch mit ihm. Ist das so schlimm?"

„Schlimm? Nein, Ma. Es ist toll." Nomi nimmt meine kleine Reisetasche. „Komm. Dein Koffer ist an der Gepäckausgabe." Sie nimmt meinen Arm und dreht mich nach rechts.

Mit meinem Koffer gehen wir hinaus zu ihrem Auto.

„Es ist sehr schön hier", sage ich, als wir zu ihrer Wohnung fahren. Der Himmel ist leuchtend blau, und die Sonne scheint. Wir fahren an Palmen und Sträuchern vorbei, die ich noch nie gesehen habe. Manche blühen, haben leuchtend rote, violette und orange-farbene Blüten. Die Häuser sind hübsch, gut in Schuß, alte viktorianische Bauten, alle kunterbunt bemalt. Immer wieder sehe ich die gleiche gestreifte Fahne aus Fenstern und von Veranden hängen. Mit unterschiedlich bunten Streifen.

„Was sind das für bunte Fahnen?" frage ich. „Ich glaube nicht, daß ich solche Fahnen schon mal gesehen habe."

„Das ist die Regenbogenfahne, Ma."

„Die was?"

„Die Regenbogenfahne. Sie steht für Gay Pride. Die Leute hängen sie hinaus, um zu zeigen, daß es ein schwuler oder lesbischer Haushalt ist."

„So offen? Warum müssen sie es der ganzen Welt auf die Nase binden?"

„Warum nicht? Es gibt nichts, wofür man sich schämen müßte. Nicht die Schwulen und Lesben haben ein Problem. Der Rest der Welt hat ein Problem. Was willst du? Willst du, daß ich verberge, wer ich bin?" Meine Tochter ist immer so leidenschaftlich. Wenn sie sich ereifert, erinnert sie mich an ihren Vater. Wenn Harry sich über etwas Politisches aufgeregt hatte, hat er geschimpft und gezetert. Sein Gesicht wurde dann ganz rot. Die Adern am Hals traten hervor.

„Beruhige dich, Harry", habe ich dann zu ihm gesagt, „denk an deinen Blutdruck."

„Ich habe ja nur gefragt", sage ich zu meiner Tochter. „Beruhige dich."

Ein paar Minuten später parken wir vor einem großen Haus am höchsten Punkt einer steilen Straße. State Street. Gerade oberhalb einer Straße namens Castro, wo der junge Mann aus dem Flugzeug arbeitet. Die Simse an Nomis Haus sind violett, gelb und rosa, und zu meiner Überraschung hängt aus einem Fenster im zweiten Stock die Regenbogenfahne.

„Oy, Nomi. An deinem Haus auch?" Ich kann meinen Schock nicht verbergen, während ich die Fahne anstarre. „Was ist mit den Nachbarn? Hast du Schwierigkeiten mit denen?"

„Was? Oh, du meinst die Fahne?" Sie lacht. „Ma, mach dir keine Sorgen, die halbe Straße ist homo."

„Wirklich?" Ich steige aus und schaue auf die Nachbarhäuser, um zu sehen, ob sie ungewöhnlich aussehen. Nebenan steht auf einem winzigen Stück Rasen ein grüner Busch mit leuchtend roten Blüten, die mich an Bürstenenden erinnern. Das Haus ist sehr gepflegt, in drei unterschiedlichen Lavendeltönen frisch gestrichen. Wir steigen über ein Gullygitter, und ein modriger Gestank dringt mir in die Nase, mischt sich mit dem frischen, süßen Duft einer riesigen rosa Geranie, groß, wie ich sie nie gesehen habe, die auf Nomis winzigem Rasen vor dem Haus wächst. Ein Block die Straße hinunter reparieren einige Arbeiter die Fahrbahn. Das Preßlufthammergetöse vibriert in meinen Ohren. Welch ein Lärm! Während wir die Stufen zur Veranda hinaufsteigen, bemerke ich Nebel, der die Sonne verschleiert. Die Luft fühlt sich kühl an. Nomi öffnet die Eingangstür, und ich folge ihr die steile Treppe hinauf.

Das Innere der Wohnung sieht überhaupt nicht seltsam aus. Es gibt links ein Wohnzimmer mit einer Couch, einigen Pflanzen, einem großen Sessel und Bildern an der Wand. So weit, so gut. Ein Flur führt zur Rückseite des Hauses. Jenseits des Wohnzimmers kann ich die Küche sehen.

„Komm, Ma, ich stell dich Sapphire vor."

Ich folge Nomi durch das Zimmer. Ich gebe es nicht gerne zu, aber mein Herz schlägt bei dem Gedanken, das Mädchen endlich

kennenzulernen, etwas schneller. Ich habe ein bißchen Angst,
daß ich vielleicht einen Herzanfall bekomme, wenn ich mich nicht
beruhige.

Am Herd rührt eine gutaussehende junge Frau in einem Topf.
Sehr feminin. Ich bin überrascht. Nach Nomi und ihrem Män-
nerhaarschnitt all die Jahre habe ich erwartet, daß ihre Freundin
noch mehr wie ein Mann aussieht. Wenn ich sie auf der Straße sehen würde, würde ich noch nicht mal vermuten, daß sie eine Lesbe ist. Sie dreht sich um und lacht mich an.

„Ma, das ist Sapphire."

Sie hält mir die Hand hin, und ich schüttele sie.

„Willkommen in unserem Zuhause, Mrs. Rabinowitsch", sagt sie
zu mir. „Möchten Sie eine Tasse Tee oder ein Glas Ginger Ale?"
Nomi muß ihr gesagt haben, was ich gerne trinke.

„Eine schöne Tasse Tee, wenn es nicht zuviele Umstände macht,
meine Liebe." Ich setze mich an den Tisch, um meine Beine auszuruhen. Es gibt so viele Hügel in San Francisco, selbst vom Auto
zum Haus zu gehen ist wie einen Berg zu erklimmen.

„Hi, Babe", Nomi geht hinüber zu ihrer Freundin. Sie legt beide Arme um ihre Taille, drückt sie fest und küßt sie auf die Lippen.
Sapphire streichelt das Gesicht meiner Tochter und schaut sie lange mit einem Blick an, den man auf dem Gesicht einer Braut sieht,
kurz bevor sie den Bräutigam küßt. Es scheint so natürlich. Eine
Minute lang vergesse ich, daß ich daran nicht gewöhnt bin.

Nach dem Tee zeigt mir Nomi die Wohnung. Im hinteren Teil be-
findet sich das „Herrenzimmer", das sie „unser Schlafzimmer"
nennt. Das Badezimmer ist altmodisch, mit einer separaten Toilette, einem Waschbecken und daneben einer alten Badewanne
auf Klauenfüßen. Am anderen Ende der Wohnung, zur Straße raus,
liegt ein kleines Schlafzimmer mit einem Doppelbett, einem
Schreibtisch mit Computer, einem Bücherregal, einigen Schreib-
utensilien und Notizbüchern.

„Das ist Sapphires Büro", sagt sie, „aber wir benutzen es auch als
Gästezimmer."

„Ihr Büro? Also, Nomi. Ich will sie nicht vertreiben. Ich schlafe im Wohnzimmer. Zumal ich seit dem Tod deines Vaters im Arbeitszimmer geschlafen habe. Ich bin daran gewöhnt."

„Ma. Das ist schon in Ordnung. Wir haben das besprochen. Du
schläfst hier drin."

Ich gehe hinüber zum Fenster, um hinauszuschauen. Unten auf der Straße, wo wir den Wagen abgestellt haben, fährt ein Bus vorbei. Dann ein Motorrad. Zwei junge Männer auf Skateboards rasen mitten auf der Straße den Hügel hinunter.

„Muß sie nicht hier arbeiten?" Von meiner Tochter weiß ich, daß ihre Freundin Bücher lektoriert.

„Ich bringe ihren Computer ins Eßzimmer. Wir hatten nur noch keine Zeit dazu. Es war eine hektische Woche."

„Bitte, Nomi. Ich möchte nicht, daß ihr euch solche Umstände macht."

„Das sind keine Umstände, Ma. Es ist alles besprochen. Du bleibst hier drin."

Sie zieht den Stecker heraus und hebt den Computer hoch.

„Vorsicht, *Mamelah*. Dein Rücken." Ich bleibe im Gästezimmer, packe meine Sachen aus. Ich habe ein paar Blusen dabei, die nicht verknittern sollen, deshalb hänge ich sie in den Schrank. Von der Straße her ist es sehr laut. Alle paar Minuten fährt ein Bus vorbei. Leute hupen. Kinder schreien. Es muß eine Schule in der Nähe sein. Ich lege mich hin und mache die Augen zu. Nur einen Augenblick. Als ich aufwache, geht es mir besser, also laufe ich den Flur entlang zum Wohnzimmer. Nomi sitzt in dem großen Sessel, ihre Freundin steht hinter ihr, massiert ihr die Schultern. Manchmal sieht Nomi ihrem Vater so ähnlich, daß ich erschrecke. Ich erinnere mich, wie ich genauso hinter Harry stand.

„Komm nur rein, Ma", sagt Nomi, als sie mich in der Tür stehen sieht.

„Ich möchte euch nicht stören …"

„Ma. Du störst nicht. Sapphire massiert mich. Habe mir einen Muskel gezerrt."

„Das ist das beste, was man in dem Fall machen kann." Ich setze mich auf die Couch.

„Sapphire kocht heute abend, Ma. Hausgemachte Burritos. Weißt du, was das ist?"

„Nomi, bitte." Ich werfe meiner Tochter einen Blick zu und zwinkere dann zu ihrer Freundin hinüber. „Ich mag ja alt sein, aber ich bin nicht von gestern. Manchmal hat dein Vater mich in ein mexikanisches Restaurant in der Stadt ausgeführt."

Nach dem Essen sage ich den Mädchen, daß ich müde bin, und gehe in mein Zimmer. Es ist komisch, meine Tochter mit diesem

Mädchen zu sehen. Sie halten Händchen und berühren sich häufig. Nicht häufiger als andere Frischvermählte, die ich gesehen habe, aber ich bin halt nicht daran gewöhnt, zwei Mädchen so zusammenzusehen. Ich mache mich bettfertig und krieche unter die Decke, um noch in einem Buch zu lesen. Am Flughafen habe ich einen neuen Bestseller gekauft. Ab und zu mag ich gute Krimis. Lenkt meine Gedanken ab von meinen eigenen Sorgen. Ich döse ein. Irgend etwas weckt mich auf. Geschrei auf der Straße.

„Du hast meine Lederjacke geklaut!" schrie ein Mann. „Ja, du! Während ich geschlafen habe. Dafür krieg' ich dich dran, du Scheißkerl. Ich finde dich. Das ist meine Jacke, du Scheißtyp!"

Ich schlüpfe aus dem Bett und gehe auf Zehenspitzen zum Fenster, wo ich die Vorhänge gerade weit genug zurückziehe, um hinaussehen zu können. Ein Mann, dessen lange blonde Haare zu einem Pferdeschwanz zusammengebunden sind, steht mitten auf der Straße. Er schwankt, als wenn er betrunken wäre. Ein Wagen fährt vorbei und hupt. Verfehlt ihn nur um Zentimeter.

„Leck mich am Arsch!" schreit er und zeigt den Mittelfinger. „Leckt mich doch alle!" Ich mag diese Schimpfworte nicht, aber selbst von hier oben aus werde ich mit einem betrunkenen Mann nicht streiten. Ich ziehe den Vorhang wieder vor und gehe zurück ins Bett. Ich döse eine Zeitlang. Dann wache ich vom Geräusch eines Busses auf. Ich höre Jungs auf Skateboards, aber ich muß wohl träumen. Es ist fünf Uhr früh. Wer sollte um diese Zeit mit dem Skateboard fahren?

Um sieben stehe ich auf und gehe in die Küche. Wenn ich schon nicht mehr schlafen kann, kann ich genauso gut auch Frühstück machen. Ich finde eine gußeiserne Bratpfanne, die an einem Haken an der Wand hängt. Bevor Nomi oder ihre Freundin wach sind, beginne ich, einen Stapel *Latkes* zu machen.

„Ma. Was machst du denn so früh schon auf?" Nomi kommt im Bademantel in die Küche.

„Scht. Was ist daran so schlimm? Ich mach nur ein kleines Frühstück. *Latkes*." Ich will Nomi nicht sagen, daß ich nicht schlafen konnte. Sie wird sich sonst nur Sorgen machen.

„Kartoffellatkes! Die hab ich schon ewig nicht mehr gehabt." Nomi setzt sich an den Tisch. „Nun sag mal, Ma. Wie findest du Sapphire? Du hast bis jetzt noch kein Wort gesagt."

„Sie scheint sehr nett zu sein, Liebes. Sehr feminin. Ich hätte nie gedacht …"

„Was hast du denn erwartet, Ma?"

„Ach, du weißt schon. Ich dachte, sie wäre … anders." Ich öffne den Schrank unter der Spüle und finde eine große Tüte mit Kartoffeln.

„Du meinst, du dachtest, sie wäre mehr butch?"

„Also, wenn du das so nennst." Ich nehme sechs mittelgroße Kartoffeln heraus und lege sie in die Spüle.

Nomi lacht. „Ich glaube, ich bin eher die Butch, Ma."

„Ist das so bei euch, Nomi? Die eine ist wie der Mann, die andere ist wie die Frau?" Ich drehe den Wasserhahn auf und beginne, die Kartoffeln zu schrubben.

„Nein, Ma, nicht ganz. Wir sind beide Frauen. Aber du weißt, daß mein Stil immer schon eher butch war."

„Ein komisches Wort. Kenne ich gar nicht. Sind alle lesbischen Mädchen so, Nomi? Eine … butch und die andere ist feminin?"

„Nein. Überhaupt nicht. So war es früher, in den fünfziger Jahren. Aber heute kannst du sein, wer du willst. Bei einigen Paaren sind beide femme oder beide butch. Einige Lesben sind … einfach androgyn."

„An… was?" Die Hälfte der Zeit weiß ich nicht so recht, worüber meine Tochter redet. Aber ich muß fragen. Stimmt's? Wie soll ich sonst was lernen? „Wo ist eure Reibe, Nomi?"

„Androgyn", wiederholt sie. „Das bedeutet: ein bißchen von beidem, Maskulinität und Femininität. Viele Lesben sind so. Wir haben eine Moulinex, Ma." Sie deutet auf eine Küchenmaschine, die in der Ecke der Anrichte steht. „Warum nimmst du die nicht?"

„Warum? Weil ich dreißig Jahre lang die Kartoffeln mit der Hand gerieben habe. Und es hat immer funktioniert. Warum soll ich das jetzt ändern?"

Sie lacht und steht auf. „Okay. Mal sehen, ob ich eine Reibe finde." Sie kramt in den Schränken. In der Zwischenzeit gebe ich etwas Öl in die Bratpfanne und öffne einen Schrank über der Spüle. Ich finde eine Tüte mit Matzemehl und eine Dose Backpulver. Das Salz steht schon draußen. „Hast du Eier?"

„Da ist sie ja." Sie gibt mir die Reibe. „Ja, im Kühlschrank." Sie öffnet die Tür und holt ein Dutzend braune Eier heraus. „Ma, ich freue mich, daß du gekommen bist. Es bedeutet mir eine Menge, daß du weißt, wie ich lebe."

„Ich bin deine Mutter", sage ich und fange an, Kartoffeln in eine große Edelstahlschüssel zu reiben. „Warum sollte ich nicht wissen wollen, wie du lebst?"

„Du würdest dich wundern, Ma. Viele meiner Freunde haben keine Mütter wie dich. Einige wollen noch nicht mal mit ihren Kindern sprechen, weil sie homo sind. Einige dürfen nie wieder in ihr Elternhaus kommen. Wie Sapphire. Als sie es ihren Eltern erzählte, flippten die aus. Sie hat sie seit fünf Jahren weder gesehen noch gesprochen."

„Nein. Das kann nicht sein. Wie kann eine Mutter ihrer Tochter das antun? Das arme Kind. Es ist eine Schande." Ich halte einen Moment mit dem Reiben inne. Ich gebe es zu. Manchmal verstehe ich meine Tochter nicht. Oft hat sie mich schockiert, aber nicht einmal habe ich daran gedacht, sie zu verstoßen. Harry auch nicht. Und er war immer altmodischer als ich. Oh, er hat einen Aufstand vollführt, geschrien und gebrüllt, wenn die Kinder komische Sachen machten, aber er hat am Ende immer eingelenkt. Er hat nie aufgehört, seine Kinder zu lieben, ganz egal für wie verrückt er sie hielt.

„Nomi. Ist das wahr?" Ich fahre mit dem Reiben fort. „Ihre Eltern sprechen nicht mit ihr?"

„Ja, Ma, das ist wahr."

Ich spüre einen Stich in meinem Herzen. Nicht nur wegen dem Mädchen, auch meinetwegen. Meine Mutter war eine harte Frau. Sie hat Harry nie gemocht. Sie wollte, daß ich einen reichen Mann heirate – einen Doktor, einen Anwalt oder einen Geschäftsmann. Aber ich habe mich in Harry verliebt, einen armen Jungen aus einer armen Familie. Als ich ihn das erstemal mit nach Hause brachte, nahm sie ihn in die Zange. Als sie herausfand, daß er Maler war, ein Künstler, ging sie an die Decke.

„Wenn du diesen Traumtänzer heiratest, wird dein Leben ein einziges Jammertal sein", sagte sie. Direkt vor Harry. „Wie will er dich denn ernähren? Erwarte bloß keine Hilfe von uns, Faygie, wenn du dieses Nichts heiratest."

Mein Vater versuchte, sie zu beruhigen, aber es hatte keinen Zweck. Meine Mutter war eine halsstarrige Frau. Sie weinte auf meiner Hochzeit Tränen des Bedauerns. Nicht einmal hat sie ein freundliches Wort zu Harry gesagt. Nicht einmal. Okay, wir haben nie wie Millionäre gelebt, aber wir haben auch nie gehungert. Einige Bilder konnte Harry verkaufen. Wenn kein Geld da war, hat er bei *Sears* Radios verkauft. Sein alter Freund Myer war dort Abteilungsleiter. Wenn Harry Arbeit brauchte, hat Myer ihn eingestellt. Mein Mann war ein guter Mensch, und meine eigene Mutter hat das nie gesehen.

Hier bin ich, dreißig Jahre später, und schaue meiner Tochter ins Gesicht. Ich merke, daß ich den Fehler meiner Mutter wiederholen könnte. Bis zum Tod meiner Mutter lebte ich mit ihrer Enttäuschung wegen mir und Harry. Wie könnte ich meiner Tochter dasselbe antun? Ich habe meiner Mutter nie vergeben, und ich stand ihr nie wieder nahe. Ich möchte nicht, daß meine einzige Tochter sich wegen mir genauso fühlt. Sie liebt also eine Frau? Und? Ihre Freundin hat also einen komischen Namen? Und? Sie hat also einen anderen familiären Hintergrund? Und? Wenn ich in Nomis Augen sehe, erkenne ich ihre Liebe zu diesem Mädchen. Wenn ich alles andere in meinem Kopf beiseite räume und wirklich hinschaue, sehe ich, wie glücklich sie ist. Und wenn ich an den Schmerz in meinem eigenen Herzen denke, all die Jahre, in denen meine Mutter sich weigerte, meinen Harry zu akzeptieren, weiß ich, daß es nur eines zu tun gibt. Ich drehe mich zu meiner Tochter um.

„Das ist also entschieden", sage ich und gebe zu meinen Kartoffeln eine halbe Tasse Matzemehl.

„Was ist entschieden, Ma?" Nomi schaut mich mit großen braunen Augen an.

„Deine Freundin kann Ma zu mir sagen. Sie ist noch jung, und ich sehe, wie glücklich du mit ihr bist. Wenn ihre eigenen Eltern nicht sehen, was für ein nettes Mädchen sie ist, dann kann sie mich als ihre Mutter betrachten." Als ich wieder in das Gesicht meiner Tochter blicke, stehen ihr Tränen in den Augen. „*Mamelah*, was ist denn los? Warum bist du so traurig?"

Sie steht auf und schlingt ihre Arme um mich. „Ma, du bist die Größte."

„Schon gut." Ich tätschele ihr sanft den Rücken. „Ich bin deine Mutter, und ich liebe dich. Zudem wird keiner deiner Brüder so schnell heiraten. Also ist sie meine erste Schwiegertochter. Hab ich recht?"

„'türlich hast du recht, Ma. Warte hier, ich werde es Sapphire erzählen."

„Warte hier? Wo sollte ich denn sonst hingehen?" Sie rennt hinaus, um ihre Freundin zu wecken.

Ich stehe am Herd, löffele Teig in das zischende Öl und versuche
mir vorzustellen, wie eine Mutter ihre eigene Tochter so ausschließen kann. Dann muß ich an Murray Feinstein denken. Ich
habe ihm immer noch nichts von Nomi erzählt. Immerhin, wir
sehen uns ja auch erst seit ein paar Monaten. Ich möchte wissen,
wie er die Neuigkeit aufnimmt. Manchmal kann man Menschen
nur schwer einschätzen, auch wenn man glaubt, man kennt sie. Eines ist sicher: Wenn Murray es nicht akzeptiert, dann ade. Wo er
herkam, gibt es noch mehr Männer, aber ich habe nur eine Tochter. Es ist mir egal, wie verrückt ihre Ideen sind, sie ist immer
noch mein kleines Mädchen. Und überhaupt, wenn man es richtig bedenkt, was ist so schlecht daran? Einige Leute haben mich
dafür kritisiert, daß ich so bald nach Harrys Tod mit Murray ausging. Andere Leute mögen Nomis Liebe zu Sapphire nicht verstehen. Aber wenn ich sehe, wie meine Tochter in die Augen ihrer
Freundin blickt, sehe ich mich selbst, als ich mich in Harry verliebte. Es ist nur eine andere Art von Liebe. Das ist alles.

~ Übersetzung: Käthe H. Fleckenstein

Kitty Tsui

Eine Femme in Männerkleidern

Kitty Tsui ist eine asiatisch-pazifische Lesbe, deren Gedichte, Kurzgeschichten, Essays und Erotika in vielen Anthologien erschienen sind. Geboren wurde sie in der Stadt der Neun Drachen im Jahr des Drachens. Sie wuchs in Hongkong und England auf und emigrierte 1968 in die USA. Zusammen mit Nellie Wong und Merle Woo war sie Gründungsmitglied der Gruppe „Unbound Feet", einem Frauen-Kollektiv Chinesisch-Amerikanischer Schriftstellerinnen, die Originalwerke zugänglich machten. Außerdem ist sie Bodybuilderin, Künstlerin, Schauspielerin und sagt: „Ich bin eine Visionärin die / blut- und couragetriefende Geschichten schafft / mit zahllosen ah goongs und ah poas. / Ich schließe mich zusammen mit Frauen, mit Männern, um / die Krankheiten einer patriarchalen Vergangenheit zu bekämpfen."

Körperteile faszinieren mich. Da gibt es Titten und Arsch. Und Arsch und Beine. Arsch und Schenkel. Schenkel machen mich an. Harte, muskulöse Schenkel. Schenkel wie Baumstämme. Freundliche, offene Schenkel. Und runde Bizeps und lange Unterarme. Und dann die Lippen. Volle Lippen. Zarte Lippen. Irgendwie rot angemalte Lippen. Oder ungeschminkt, doch blutrot angelaufen von langer, heftiger Küsserei. Lippen, die sich an der Innenseite meines Schenkels nach oben bewegen und dann den Quadrizeps hinauf. Lippen, die sich um den Dildo im Schritt meiner 501er schließen. Zähne, die sich in meinen Bizeps graben. Zähne, die meine Haut reizen. Zähne, die sich in mein Fleisch versenken.

Körperteile. Da sind Rücken und Schultern. Große Rücken. Breite Schultern. Brüste, die meine Hände füllen. Dunkelbraune Nippel. Feste Unterarme. Unnachgiebige Knie, die ihre Beine gespreizt halten. Die gewölbte Ausbuchtung des Bauchs. Die Linie ihres Halses. Die Wölbung des Wangenknochens. Die Andeutung eines Lächelns. Das Spiel des Bizeps. Das Hufeisen des Trizeps. Da sind zarte, süße Zehen, zerbrechliche Fesseln und eine sanft geschwungene Ferse.

Ich bin jetzt seit über zwei Jahrzehnten praktizierende Lesbe, und Frauen faszinieren mich noch immer. Die Art, wie eine Frau sich bewegt. Schreitet. Einherstolziert. Dieser besondere Blick in

ihren Augen. Gewiß. Verführerisch. Oder scheu, aber danach ver-
langend, genommen zu werden. Die Art, wie sie ihr Haar aus dem
Gesicht wirft, auf irgendwie arrogante Weise. Besonders, wenn sie
weiß, daß ich jede ihrer Bewegungen beobachte.

Laßt mich von meiner Femme erzählen. Sie hat langes schwarzes Haar und ist einssiebzig groß in Strümpfen. Das ist für eine
Chinesin groß. Ihre Nägel sind kurz, aber perfekt maniküırt.
Manchmal lackiert sie die Nägel in einem Rotton, der sich Real Ru-
by nennt, aber nur, wenn wir ins Schlafzimmer wollen, nicht, wenn
wir ausgehen. Ihre Brüste sind zart, süß wie reife Mangos.

Sie trägt einfache weiße T-Shirts, Bluejeans und Reeboks, und
sie hat eine schwarze Motorradjacke. Marke Schott. Das ist meist
ihre Uniform. Jedenfalls wenn sie nicht arbeitet. Sie trägt ihre
Haare lang und offen. Sie liebt es, einem Mann direkt in die Augen
zu sehen, ihr Haar auf eine gewisse Art zurückzuwerfen, als wolle
sie sagen: *Ich bin schön. Ich bin 'ne Lesbe. Und du kannst mich nicht
haben.*

Als ich sie zum ersten Mal sah, hat sie mir den Kopf verdreht. Ich
kam aus einer Matineevorstellung von *Phantom der Oper.* Mit einer
Reihe von Theaterbesuchern stand ich an einer Straßenecke in der
Nähe, wartete brav an der Ampel auf grünes Licht, als eine Frau in
Leder selbstsicher durch das Gewirr stehender Autos schritt. Fahrer glotzten. Einige schnappten nach Luft. Aber keiner hupte. Sie
war ganz in Leder gehüllt. Lederhemd. Lederhose. Lederstiefel.
Schwarzes Leder. Damit das klar ist: es war Hochsommer in Chicago, nicht in San Francisco! Sie sah cool aus – und sehr, sehr heiß.

Sie fing meinen Blick auf und sah mich an: *Ich weiß, daß du
weißt, daß ich eine bin wie du.* Absichtlich lief sie dicht an mir vorbei und lächelte mich unverschämt an. Ich erhaschte einen Hauch
ihres Parfüms. Shalimar, mein Lieblingsduft.

Meiner Meinung nach ist nichts so erotisch aufgeladen wie eine Frau in Leder. Ich kämpfte mich aus der Menge und folgte ihr
wie ein Schoßhündchen. Halb die Straße hinunter drehte sie sich
zu mir um und sagte: „Geh neben mir. Ich weiß, daß du keine
Sklavin bist. Ich will eine Top-Butch oder eine Bottom-Butch.
Noch besser, eine Switch, aber keine Sklavin."

Glaubt es oder nicht, so sind wir uns begegnet.

Es ist schwer zu sagen, welches mein Lieblingskörperteil ist.
Mein Geschmack scheint von Frau zu Frau verschieden zu sein. Je

nach Zeit. Aber ich liebe Ärsche. Besonders ihren. Aber eigentlich tut es jeder Arsch. Ausladend, fest und eng. Groß und rund und griffig. In Jeansstoff oder in Spitze. In Leder oder in einem Harness. In Slips oder Jockstraps. In Flanell oder Jockeys oder Seiden-Boxershorts. In weißen Baumwoll-Calvins oder Victoria-Spitzen. Sie zieht nicht immer Höschen an. Sie weiß, wenn ich richtig erregt bin, existiert kein Vorspiel. Ich möchte schnell zum Kern der Dinge vordringen.

Ich mag es, ihren Arsch zu beobachten. Manchmal, wenn wir spazierengehen, falle ich ein paar Schritte hinter sie zurück, damit ich die Muskeln anschauen kann, die sich in ihrem Arsch bewegen. O ja, ich mag ihren Arsch, wenn er in die Höhe ragt. Ich mag ihren Arsch, wenn sie rittlings auf meinem Rücken sitzt. Ich mag ihren Arsch, wenn sie sich über mein Gesicht beugt.

Frauen faszinieren mich. Die Art, wie sie sich bewegen. Stöhnen. Riechen. Lächeln. Seufzen. Wie sie Zigaretten halten. Mein Handgelenk halten. Ihre Beine übereinanderschlagen. Ihre Beine spreizen. Ihre Lippen lecken. Meinen Schwanz lecken.

Meiner Femme gefällt es zu spielen. Sie trägt Leder- und Spitzenkleider, einen Hüftgürtel und Strümpfe mit schwarzer Naht. Sie weiß, daß ich das mag. Manchmal, auf dem Weg ins Schlafzimmer, schminkt sie sich und verwandelt sich, wie ein Chamäleon, von einer Femme zu einer High-Femme. Gewöhnlich trägt sie kein Make-up. Sie weiß, daß ich sie am liebsten unverziert mag, gerade so, wie sie ist. Sie zieht ihre höchsten Stilettos an und läßt das Höschen aus.

Ich zwinge sie auf Hände und Knie, spiele mit ihren Brüsten, die vor ihr herunterhängen. Ich reize ihren Arsch mit meiner Zunge, quäle ihre Schenkel mit meiner Berührung. Ich mag es, langsam in sie einzudringen, damit sie jeden Zentimeter spüren kann. Ich halte sie fest, während ich in sie stoße, und ficke sie ordentlich und hart, so wie ich weiß, daß sie es will.

Manchmal binde ich sie aufgespreizt aufs Bett. Mit lammfellgefütterten Lederfesseln. Ein andermal fessele ich sie mit Lederbändern, die einschneiden. Ich schnalle meinen größten Dildo um und paradiere vor ihr herum, halte sein Gewicht in der Hand. Manchmal überhäufe ich ihren Körper mit Küssen, bis sie mich anbettelt, in sie einzudringen. Manchmal stoße ich ohne Vorspiel in sie hinein, weil ich weiß, daß sie so naß ist wie die Meeresbrandung. Ich stoße gnadenlos in sie hinein, bis sie weint und schluchzt und meinen Namen schreit. Und wenn sie kommt, weigere ich mich, sie aufhören zu lassen.

Ich mag, daß sie Chinesin ist. Wir haben eine gemeinsame Sprache und Kultur, selbst wenn sie im Mittelwesten geboren wurde und ich im Fernen Osten. Und ich Kantonesisch spreche und sie nicht. Ihre zweite Sprache ist Französisch. Ich mag es, daß ich nicht dauernd zu erklären habe, zu belehren, zu unterhalten. Wir teilen die gleiche Liebe zu Lernen und Leder. Zu Essen. Essen ist eine sehr esoterische Angelegenheit. Und wir Chinesen lieben einen esoterischen Speisenmischmasch.

Um nur einiges zu nennen: Es gibt *jook* zum Frühstück, *dim sim* zum Mittagessen und Tofu mit flüssigem Rohrzucker zum Nachtisch. Vergorene schwarze Bohnen. Fermentierter Bohnenquark. Küken. Tintenfisch. Muscheln. Ochsenschwanz. Austernsauce. Fischsauce. Seegurken. Bittermelonen. Wintermelonen. Hühnerkrallen-Erdnußsuppe. Gedämpftes Schweinefleisch mit Schinken-*yu*, Salzfisch. Tarowurzel und Rindersehnen. Süße Mandelsuppe.

Meine Femme ist in der Küche genauso geschickt wie im Schlafzimmer. Sie kann genausogut mit einer Messerklinge umgehen, wie mit einer Faust. Sie kann genausogut braten wie küssen, schlägt Sahne genausogut, wie sie ein Kondom auspackt.

Wir spielen genausooft in der Küche wie im Schlafzimmer. Der Küchenboden kann das bestätigen. Ich habe sie auch schon gegen die Wand gelehnt gefickt, aber für mich ist es besser, sie liegt auf der Anrichte. Je einfacher es für meinen Rücken ist, desto mehr Ausdauer habe ich. Das *I Ching* sagt es: *Beharrlichkeit ist förderlich.*

Im Lederbustier kocht sie Huhn mit Shiitake-Pilzen. Gedämpften Klippenbarsch mit Ingwer und Schalotten. Brathähnchen mit Soße. Braten, der im eigenen Saft zergeht. Gebratene Nudeln ohne alles. Gekochten Reis. Wir essen zu jeder Mahlzeit Reis. Weißen Reis. Sie macht mir mitten am Nachmittag Earl-Grey-Tee mit hausgemachtem Shortbread. Heißer Tee in einem Glas. Sehr chinesisch.

Sie füttert mich mit den Fingern. Ich lecke sie der Länge nach ab, wie ich das Fleisch aus einer Krebsschere lecke. Sie ißt ihr Eis von meiner Brust, leckt dort, wo es hintropft. Sie trinkt aus meinem Mund.

Sie ist meine Femme in Männerkleidern. Sie trägt 501er, Leder-Chaps, Arbeitsstiefel und Männerhemden auf der Straße. Kaschmir, Seide und Satin im Bett. Sie weiß, wie sie am schnellsten meine Hose öffnet und wie sich mich am schnellsten mit ihren Lippen auf meiner Klitoris zu mehrfachen Orgasmen bringen kann.

Sie hat mir erzählt, das erste, was sie an mir bemerkte, war, daß ich Chinesin bin. Das zweite war die Größe meiner Hände. Ich bin die erste. Ich habe ihr gesagt, daß es weh tun würde, aber sie war zu allem bereit. Ich nehme sie, ohne zu zögern. Hart und fordernd. Tief und langsam. Alles im Griff. Immer wieder streichele ich das Zentrum ihrer Lust. Und ich lasse sie nicht gehen.

~ Übersetzung: Käthe H. Fleckenstein

~ *jook* – Reissuppe mit Fleisch, Huhn oder Fisch
~ *dim sim* – gebackene, gebratene oder gedämpfte Klößchen, die zum Frühstück sehr beliebt sind

Sherece Taffe

Im Klub

Sherece Taffe ist eine schwarze frauenliebende
Frau, die ihre Zeit damit verbringt, ihre Tochter zu
versorgen, ihre widerstrebende Seele wieder in
ihren durch Aktivismus angeschlagenen Körper zu
locken und ihr wahres göttliches Selbst zu sein. Sie
lebt in Ontario/Kanada.

Als ich den Klub betrete, werde ich von laut dröhnender Soca-Musik begrüßt. Die Luft ist geschwängert vom Sexgeruch, und meine Hormone beginnen, meine lesbischen Sinne zu überwältigen. Um mich herum ein Meer wunderschöner Körper hübscher junger schwuler Männer. Sie sind daran schuld, daß ich als Lesbe Gedanken verberge, die mich in Schwierigkeiten mit den radikalen Lesben bringen könnten, die glauben, sie seien die Hüterinnen lesbischer Etikette. Wenn sie wüßten, daß ich insgeheim die Körper hübscher schwuler Männer begehre, würden sie mit Sicherheit meine lesbische Daseinsberechtigung aufheben. Ich verzehre mich nach einem hübschen kleinen schwulen Jungen. Nicht nach einem minderjährigen schwulen Jungen. Der schwule Junge, den ich meine, ist ein schwuler Mann, der klein ist und hübsch und frisch und süß und willig und kontrollierbar. Der schwule Junge, den ich meine, ist einer, den ich überrage, damit ich die ganze Macht habe. Damit ich ihn in die Ecke treiben und verlangen kann, daß er sich bückt, und dann kann ich es ihm mit einem Dildo besorgen, so, wie ich es schon immer einem schwulen Jungen besorgen wollte.

Die Jungs im Klub bedrohen den Ort in meinen Gedanken, an dem ich diese Phantasien hüte. Die Jungs im Klub wecken die Nöte, die ich hüte. Wie beäuge ich – eine auffällig große, schwarze Lesbe – schwule Jungs, ohne von den anderen Lesben, die den Klub bevölkern, bemerkt zu werden? Wird es Verdacht erregen, wenn ich einen der hübschen Jungs zum Tanzen auffordere? Diese Gedanken gehen mir durch den Kopf, während ich den Klub betrete. Dann, ohne Vorwarnung, kreuzt der süßeste Junge, den ich je gesehen habe, meinen Weg. Alle Gedanken an meine eigene Wirkung auf andere verschwinden, als ich ihm zur Bar folge. Ich fange den Blick des Barmannes auf und frage den Jungen, was er trinken will. Als die Drinks kommen, manövriere ich ihn in eine ruhige Ecke des Klubs und fahre fort, ihm meine besten Sprüche zu servieren. Während ich ihn anmache, bin ich mir der Blicke, die uns zugeworfen werden, bewußt. Das macht mich an. Es gibt Männer, die sich anscheinend fragen, ob ich ein Mann im Fummel bin oder eine Hete in Drag, oder ob wir beide Lesben beim Rollenspiel sind. Die Aufmerksamkeit, die man uns schenkt, versetzt mich in Hochstimmung, und so zerre ich ihn auf die Tanzfläche. Während die Musik durch meinen brennenden Körper pulsiert, ziehe ich ihn zu mir heran und schlage vor, den Klub zu verlassen.

Im Taxi stoße ich ihn zurück, als er versucht, mich zu küssen. Er erzählt mir, daß er noch nie zuvor Sex hatte, und das versetzt mich in freudige Erregung. Der Fahrer beobachtet uns, und ich weiß, daß er sich fragt, was er von uns halten soll, aber das kümmert mich weniger als der Umstand, daß ich langsam merke, daß dieser Junge denkt, ich sei ein Mann. Er erzählt mir, daß Drag Queens ihn schon immer fasziniert haben. Er erzählt mir, daß er sich nach Travestieshows in der Herrentoilette einen runterholt. Er erzählt mir, daß ich die erste Drag Queen bin, die sich dezent kleidet, statt sich aufzumotzen wie ein „Glamour Girl". Ich packe seinen Kopf und küsse ihn fest auf den Mund, stoße ihn aber wieder zurück, als er versucht, mich zu berühren.

Als wir bei mir zu Hause ankommen, weise ich ihn an, sich hinzusetzen, während ich im Schlafzimmer verschwinde. Ich gehe zu meinem Nachtschränkchen, hole Dildo und Harness heraus und schnalle beides um. Dann gehe ich hinaus und stelle mich vor ihn hin. Er bittet mich, das Licht anzuschalten, damit er mich sehen kann. Ich sage ihm, wo der Schalter ist, und als er hingeht, packe ich ihn von hinten und werfe ihn über die Lehne der Couch, so daß sein Hintern vor mir in die Luft ragt. Er gibt ein überraschtes leises Winseln von sich, und meine Säfte fließen. Als ich ihm die Hosen vom Hintern reiße, sagt er, ich solle langsamer machen, weil das sein erstes Mal sei und er es genießen wolle. Ich fahre ihn an, die Klappe zu halten, den Augenblick im Gedächtnis zu speichern und später zu genießen. Er soll ruhig sein, außer er will seiner Lust Ausdruck geben. Er nickt, und ich verlange, daß er auf meine weiteren Fragen mit einem Nicken antwortet, weil ich nun das Sagen habe, und wenn ich seine Stimme höre, bevor er einen Orgasmus hat, wäre Schluß mit dem Fest und er kann seinen Arsch nach Hause bewegen.

Damit ist er einverstanden, und ich beginne, ein Kondom über meinen Dildo zu rollen, Handschuhe anzuziehen und Gleitmittel auf seinen wartenden, zitternden, bereiten Arsch zu schmieren. Allein diese Empfindung entlockt ihm ein verzücktes Stöhnen, deshalb frage ich ihn, ob er mag, wie sich das anfühlt. Als er langsam nickt, lasse ich meinen Finger in sein zuckendes Loch schlüpfen, und er unterdrückt einen Schrei. Während ich meinen Finger hinein und hinaus und rundherum führe, bäumt sich sein Rücken, und er stöhnt erneut auf. Lauter. Ich ziehe meinen Finger fast ganz heraus und versuche, noch einen in ihn hineinzustecken, als er einen Schrei ausstößt, so voller Entzücken und Schmerz, daß ich innehalte und meine Hand zurückziehe, was ihn in einem sich hebenden und senkenden Haufen auf der Couch zusammenbrechen läßt. Ich warte, bis er zu Atem gekommen ist, bevor ich drei geschmierte Finger in seinen Arsch ramme und ihn dazu veranlasse, vor Schmerz aufzuschreien und zu betteln, sanfter vorzugehen. Daraufhin schlage ich ihm auf den Hintern und sage ihm, daß er gehen muß, weil er sich nicht an die Regel gehalten hat.

Während er mich noch anfleht, ihn doch bitte nicht unbefriedigt nach Hause zu schicken, nutze ich die Gelegenheit, meinen Dildo einzuschmieren und dann in das zarte, frische, jungfräuliche, entblößte Loch zu treiben. Dieser hübsche kleine schwule Junge stößt einen Schrei aus, so stechend, daß es mich auf der Stelle innehalten läßt. Diese Handlung oder, besser gesagt, Nichthandlung macht ihn verrückt, und er bettelt wieder. Diesen Jungen darum betteln zu hören, daß ich ihn ficke, treibt mich voran, und die Butch in mir übernimmt schließlich die Kontrolle. Jetzt bin ich sicher, daß ich tatsächlich *spüre*, wie mein Schwanz sein zartes Fleisch penetriert. Als ich ihn tiefer und heftiger ramme, wallt die

Intensität der Situation in mir auf, und ich fange an, seinen weichen, geschmeidigen Arsch zu versohlen. Das treibt ihn in ein wildes Rasen, und seine Stimme wird wenigstens um drei Oktaven höher. Während ich den Schwanz tiefer in sein Fleisch stoße, spüre ich, wie er kurz davor ist, in einem Orgasmus zu explodieren, und ich verlangsame meinen Rhythmus gerade genug, um diesen Drang zu verringern und die Empfindung zu verlängern.

Mein Junge schlägt nun wild um sich, bettelt und bettelt und bettelt und bettelt. Er schreit und schlägt um sich und bettelt und weint und lacht und schreit noch ein bißchen. Der Junge ist schweißgebadet, und sein schwarzer Körper glänzt im Mondlicht. Er kann kaum an sich halten, während ich ihn in die Welt des reinen lusterfüllten, bewußtseinverändernden, gefühlsüberladenen, enthemmten, körperauslaugenden, traumauslösenden, phantasieerfüllenden Sex einführe. Als ich spüre, wie mein Orgasmus sich anschickt, mich zu überrollen, kehre ich zu den tiefen, rhythmischen, pumpenden Stößen zurück, die meinen Jungen über die Klippe treiben, hinein in das Land orgasmischen Irrsinns. Am Rande meines eigenen Abstiegs in den gleichen Irrsinn bin ich plötzlich auf die Tanzfläche des Klubs zurückversetzt, wo ich mit dem süßesten, hübschesten Jungen, den ich je gesehen hatte, getanzt habe. Als ich gerade beginne, ihn anzumachen, sehe ich eine Frau, die mich dazu bringt, meine Phantasie für den Augenblick zu verwerfen. Ich danke ihm für den Tanz und eile auf diese Lesbe zu, die butch aussieht, wie eine Femme agiert, und die fast genauso angezogen ist wie der hübsche schwule Junge.

Sie ist auf der Tanzfläche wild, und wir nähern uns einander, ohne irgendwelche Worte zu wechseln. Nach dem Tanz lade ich sie zu einem Drink ein, und sie erzählt mir, daß sie mich und den Jungen beobachtet hat. Sie fragt mich, bist du bi, und ist erleichtert zu hören, daß ich es nicht bin. Dieses Gespräch enthüllt unser gemeinsames Interesse, Jungs anzumachen, und wir beschließen, zusammen auf Jagd zu gehen.

Ihr dabei zuzusehen, wie sie die Jungs unter die Lupe nimmt, erweckt in mir eine Welle des Verlangens, so tief, daß ich den Drang bekämpfen muß, sie zu packen und es ihr sofort hier im Klub zu besorgen. In diesem Augenblick beginne ich zu glauben, daß meine Phantasie von dieser Frau erfüllt werden kann, die so sehr wie ein Junge aussieht. Gedanken an ihr nacktes Fleisch, das über meine Couch drapiert ist, steigen in mir auf, und unser Cruisen wird zu einem Schleier, der meine schamlose Gier abschirmt, die anfängt, das Bedürfnis, meine Phantasie auszuleben, zu ersetzen.

Als der Morgen graut, verabreden wir uns, wollen uns nächste Woche treffen und die Jagd nach hübschen, frischen, zarten Jungs fortsetzen. Dabei beobachten wir, wie der Klub sich leert, und spekulieren, welchen Jungen wir am leichtesten flachlegen könnten. Auf meinem Nachhauseweg, allein im Taxi, schreibe ich meine Phantasie um, so daß meine Lesbe, die so butch aussieht, doch wie eine Femme agiert und ebenso lüstern auf Jungs ist wie ich, die Jungs ersetzt, die vor ihr waren. Vielleicht ist das eine Phantasie, die ich mit den radikalen Lesben teilen kann, ohne Angst haben zu müssen, ausgestoßen zu werden.

~ Übersetzung: Käthe H. Fleckenstein

Lynx

Es ist richtig

„Ich höre sehr viel zu. Höre Ideen, Geschichten und Unterschwelliges. Ich spreche, wenn ich meine, ich hätte etwas zu sagen, das es wert ist. Das kann einschränkend sein. Wesentliche Komponenten meines Lebens sind Pferde, meine zwei Töchter, meine Liebhaberin, der Nachthimmel, Lernen, Schreiben, Filme und das Meer ... Ich studiere Recht an der Universität Auckland, pendele zwischen Auckland und Waiheke Island hin und her, arbeite für Greenpeace ... und versuche bei Sinnen zu bleiben."

Ich hätte nichts sagen sollen. Ich hätte es ihr nicht erzählen sollen. Kit schloß die Augen und preßte sie fest zusammen. Sie hätte ihrer Intuition vertrauen sollen. Den Knoten in ihrem Magen bemerken sollen und den Kloß in ihrem Hals. Als sie die Augen öffnete, war das Zimmer immer noch ein Vakuum. Keine Merry. Ihre immer anwesende, immer fröhliche, korpulente Großmutter Merry. Fette Großmutter Merry, die mit einem Glitzern in den Augen jedem, der sagte, dem wäre dem nicht so, zurufen würde:

„Ich bin F-E-T-T, fett. Daß du das ja nicht vergißt, du dürres Klappergestell. Schwere Knochen, Quatsch mit Soße!"

Und sie würde mit zurückgeworfenem Kopf lachen, und Kit dabei an die schönen hoch aufragenden Spinnaker erinnern, die den Hafen zierten. Doch nicht jetzt. Jetzt lachte sie nicht.

Sie hatte vorhin auch nicht gelacht. Deshalb erinnerte sich Kit so deutlich an ihre Worte.

„Wenn du mit mir reden willst, Kit, komm her, hörst du? Es gibt nichts in dieser verrückten, hochgestochenen Welt, was du nicht mit mir bereden kannst. Denk daran."

Das war vor siebeneinhalb Jahren gewesen, an ihrem achten Geburtstag. Merry war zu ihrer Geburtstagsparty gekommen, mit einem großen leuchtend gelben Kleid, einem wallenden gelben Umhang und einem gelben Hut; fegte mit einem Geburtstagskuchen mit Kerzen drauf in die Küche herein, als wäre die Sonne selbst gekommen.

„Wann immer du mit mir reden willst, Kit, komm vorbei, hörst du?"

Sie hatte es nicht vergessen. Doch ihr von Helen zu erzählen, war selbst an Merrys Grenzen gestoßen.

Ich hätte nichts sagen sollen!

Wochenlang hatte sie daran gekaut. An drei aufeinanderfolgenden Samstagen war sie mit dem Bus zu Merry gefahren, hatte jedesmal versucht, den Mut aufzubringen. Und jedesmal hatte sie versagt. Heute morgen hatte sie eine Tüte weiße Rüben aus dem Garten ihres Vaters vorbeigebracht, garantiert chemikalienfrei, aber voller Schnecken. Langsam hatte sie die Schnecken abgesammelt und sorgfältig auf ein Stück Zeitung gelegt, den Blick auf die schleimigen braunen Körper gerichtet, hatte gewartet. Darauf gewartet, daß Merry aufhörte, über den Mann zu lachen, der gekommen war, um ihre Waschmaschine zu reparieren, und schrie, als er in der Waschküche den Molch an seinem Bein hochkrabbeln sah.

„Merry, ich muß dir etwas sagen."

Merry wendete sich ihr zu, ein letztes tiefes Lachen hallte durch die Küche.

Noch eine Schnecke, plopp, auf das Papier.

„Ich kann es Ma nicht erzählen. Sie würde es nicht verstehen."

Merry verschränkte die Arme, hob lächelnd die Augenbrauen und brüllte:

„Schieß los, Kleine!"

Kit war nicht fähig gewesen loszuschießen. Sie war schlaff und verschwitzt, wie immer, wenn sie vor der Klasse etwas vortragen sollte.

„Erinnerst du dich an Helen, Merry? Ich habe sie im vergangenen Jahr mit zum Essen hierhergebracht." Natürlich erinnerte sie sich. Merry erinnerte sich immer. Kit hatte weiter gestottert, ohne aufzusehen.

„Wir sind seit langer Zeit Freundinnen. Drei Jahre. Nicht einmal in all der Zeit haben wir gestritten. Letzte Woche hat Trish Palmer mich beschuldigt, ich hätte während der Chemiearbeit abgeschrieben. Helen hat zu Trish gesagt, daß niemand von ihr abschreiben würde, denn sonst könnten sie sicher sein durchzufallen. Helen denkt sich immer so was aus. Ich komme mir immer nur blöd vor." So wie jetzt, dachte sie verzweifelt. Hör auf rumzustottern. Komm zur Sache.

„Ihre Familie will sie wegschicken. Nächste Woche. Runter nach Christchurch."

Merry hatte unbeweglich dagestanden, den Kopf leicht zur Seite gelegt, wie ein Papagei. Hatte geschwiegen. Gewartet.

Noch eine Schnecke.

„Wir machen alles zusammen. Alles, Merry."

Kits Stimme hatte gezittert, und die Worte waren geradezu herausgestolpert.

„Wir schlafen zusammen, wenn wir Gelegenheit dazu haben. Ich kann mir nicht vorstellen, mit jemand anders zu schlafen."

Merrys Augen waren groß geworden. Ansonsten stand sie nur da wie eine riesige Marmorstatue. Kalt. Ohne Lächeln. Absolut ruhig.

„Helens Mutter hat uns eines Nachts zusammen im Bett erwischt, als ich bei ihr übernachtet habe. Sie hat mich dreckige Lesbenschlampe genannt und hat mir gesagt ..."

Merry war einen Schritt nach vorn getreten, die Arme halb erhoben. Dann ein Stöhnen, ein unverständlicher Ausruf und ihr donnernder Abgang aus der Küche.

„Ach, Scheiße! Scheiße, warum habe ich es gesagt?"

Kit starrte immer noch auf die Tür, als das Haus plötzlich unter dem Erdbeben von Merrys Stimme erzitterte.

„Gottverrrdammt!"

Kit stieß sich zurück, preßte sich an den Spülstein wie ein Stück Papier, das vom Wind gefangen war, als ihre Großmutter durch den Kücheneingang in den Raum donnerte. Sie trug einen großen blauen Koffer.

„Den Scheißkerlen zeigen wir's, Kit, wirst schon sehen. Weißt du, die werden dir erzählen, daß du da rauswächst, aber das wirst du nicht. Jedenfalls nicht, wenn du schlau bist. Was sie meinen ist: Wir schnüren dich zu einem kleinen Paket zusammen und sorgen dafür, daß du paßt. Die haben versucht, mich passend zu machen, aber mich zerquetscht man nicht so leicht. Herauswachsen – von wegen! Kit, mein Schatz, Christchurch kann im Juli kalt sein. Komm, wir gehen ein paar Wollpullover einkaufen."

Und sie hüllte Kit in ihre mächtigen, liebevollen Arme.

~ Übersetzung: Käthe H. Fleckenstein

Ngahuia Te Awekotuku

He Tika

Ngahuia Te Awekotuku kam in Ohinemutu, Ro-
torua, zur Welt, einem typischen Maoridorf am
Rande von Tourismus und Veränderung. In ihrer
weitläufigen Familie wurden Geschichten erzählt,
gewoben und überliefert. Deshalb liebt sie von jeher die Magie der Worte, das Muster und die Entstehung von Geschichten. Sie war Gründungsmitglied der zweiten Welle der Frauenbewegung auf
Aotearoa sowie der Gay Liberation. Als Vertreterin
für Aotearoa und den Pazifikraum sprach sie anläß-
lich des Stonewall-Gedenkmarsches 1994 in New
York. Die Kunsthistorikerin an der Universität
Auckland/Neuseeland ist Autorin mehrerer Geschichten und Essays sowie Liebhaberin von Katzen, Leder und Schokolade.

Sie stand zitternd im Regen vor der Tür. Tante Roi hatte sie aufgefordert, hereinzukommen, aber das wollte sie nicht, denn der Regen verbarg ihre Tränen, vermischte sich mit den langen, silberfarbenen Linien, die ihr die Wangen hinunterrannen, in die Mundwinkel sickerten, von ihrem zitternden Kinn tropften. Dann rief die andere Tante, sie solle sich nicht so anstellen und sofort reinkommen, um sich am Feuer aufzuwärmen. Wer wolle sich schon eine Erkältung holen?

Also ging sie hinein und fiel fast über das *whariki*, denn sie war auch immer noch ein bißchen betrunken, und die Tanten nahmen jede einen Ellenbogen und führten sie hinüber zur Couch, wo sie zusammenbrach wie eine müde Konzertina und anfing zu weinen, als sie in die Gesichter der Tanten blickte, zu weinen, zu weinen. Heftig. Und lange. Bittere, schwere Tränen der Einsamkeit und der Wut, und sie tat sich obendrein selbst so verdammt leid; tat sich selber leid, weil: wem sollte sie sonst leid tun?

Tante Roi genehmigte sich noch ein Bier, hielt den Literkrug gegen ihren sauberen Overall, schaute auf das arme, dumme Kind, das da heulte. Was zum Teufel war nur los? Sie wartete, mit einem Ohr am Radio in der Ecke, während von der Küche die Geräusche vom Teekochen zu vernehmen waren. Sie wartete, denn Tahuri würde ihr früh genug alles erzählen, wenn sie aufgehört hatte zu weinen. Sie tätschelte ihrer Nichte die Schulter, bemerkte den Riß im Pullover, fragte sich, wie das passiert sein konnte, machte tse-tse-tse, nahm einen Waschlappen von dem kleinen Trockengestell am Kamin, gab ihn dem Mädchen, damit sie sich das Gesicht abwischen konnte, dann legte sie noch ein Holzscheit aufs Feuer. Sie würde schon reden, wenn sie soweit war.

Tahuri fuhr mit dem Tuch über ihr Gesicht, zog an den Ecken.

„Ich mußte Tante Valma heute abend von der Party im Hockeyclub nach Hause bringen. Sie war zu voll, um es alleine zu schaffen, und sie hatten Angst, sie würde die Abkürzung über den *ngawha* nehmen, weißt du, wo die schweren Regenfälle den Boden aufgeworfen haben und es entlang der Straße nach Ruapeka überall herausquillt, und vielleicht ist der Boden jetzt ja zu weich, um darauf zu laufen … Also, alle meinten, ich wäre die einzige, die noch nüchtern genug wäre, und ich hätte keine Begleitung, um die ich mich kümmern müßte, ich wäre allein, also wäre das in Ordnung, und mir war es recht, auf Vallie aufzupassen und dafür zu sorgen, daß sie sicher und gesund nach Hause kommt.

Sie torkelte wirklich herum, weißt du, und deshalb hab ich meinen Arm um sie gelegt, um sie zu stützen, und wir sind die Straße hinaufgestolpert, und es hat wieder angefangen zu schütten, und es war wirklich 'ne harte Nuß, weil sie so groß ist und schwer, und zweimal sind wir fast umgefallen, und einmal hat sie mich an der Rückseite von Tuis Schuppen fast totgedrückt, aber das war okay.

Dann waren wir bei ihr zu Hause, und niemand war da, sie waren alle übers Wochenende zum Strand gefahren. Na ja. Sie fing an herumzuschimpfen, daß ihr kalt wäre und wie naß sie sei, und es sei eine einsame Nacht und was sie brauche, wäre ein bißchen Liebe, um sie anständig aufzuwärmen, weil das besser sei als Whiskey, und wie es denn mit mir wäre, wollte ich vielleicht auch so was? Und ich wurde richtig keck, weil ich auch schon halb zu war, und deshalb hab ich sie gefragt, Whiskey oder Liebe? Sie erwidert, such's dir aus, Kiddo, und ich sage Whiskey, bitte, und gehe direkt ins Wohnzimmer, sogar ohne die Schuhe auszuziehen, und sie bringt mir einen mit Eis, und ich denke, das ist toll, und ich bin vielleicht 'ne coole Nummer, sitze hier, schlürfe Black Label.

Das nächste, was ich weiß, ist, daß die Hälfte der Lichter aus sind und auch das meiste von Tante Valmas Klamotten, und sie rollt auf mir herum, drückt mir ihre Riesentitten an den Mund, und ich wußte nicht, was ich machen sollte, aufhören oder anfangen oder kotzen, weil ich fast erdrückt wurde, oder sie begrapschen und einfach mitmachen oder die Augen schließen und so tun, als wäre ich ohnmächtig oder als würde das alles gar nicht stattfinden … Ihre Fingernägel waren so lang, daß sie dauernd an meinem Pullover hängengeblieben ist, und einer ihrer Ringe zog einen Faden, und sie mußte einen Augenblick innehalten, und so rollte ich unter ihr hervor und raste zur Tür. Ich war zu langsam, und die Wolle hing fest und zog den Pullover auf, und ich wußte nicht, was ich machen sollte, und sie zog daran herum und schrie mich an, ich soll ihn ausziehen, und ich lag auf dem Boden mit dem Drink und Eis überall und fragte mich, was da zum Teufel nur vor sich ging, und sie fing an, sich auf mich einzuschießen. Sie spuckte mich an und fluchte und sagte, sie wisse, daß ich so wäre und daß es da dieses Mädchen gab, letztes Jahr beim *Hui Topu*, weißt du, die Gitarristin von flußaufwärts, und Big Amo im Hockeyteam wäre auch mit mir zusammengewesen und oh, Tante Roi, ich weiß nicht. Es war schrecklich, ich wollte sie schlagen, aber ich habe nur ein Loch in meinen Pullover gerissen und stand auf und bin aus der Tür rausgeschossen und bin hierhergekommen, zu dir gekommen, weil ich nicht wußte, wo ich sonst hingehen sollte, und ach, Tante, es tut mir so leid, es tut mir so leid, ich bin eine Nervensäge, aber ich weiß nicht, was ich machen soll, und es ist blöd, und ich bin betrunken, und Tante Valma ist doch auch meine Tante, und ich liebe Mirimiri, und ich vermisse sie, und ich will mit ihr immer zusammensein, und ist das falsch, Tante? Sind es wirklich all die schrecklichen, ekeligen Sachen, die Tante Valma gesagt hat? Ist es so, Tante Roi?"

Dieses Luder, dachte Tante Roi, als sie einen Schluck nahm. Dieses gierige, alte Miststück kann noch nicht mal ein Kind in Ruhe lassen.

Sie verdrängte all das und tröstete ihre Nichte.

„Beruhige dich, *kare*, beruhige dich. Es wird alles gut."

Tahuri schaute sie dankbar an und starrte dann ins Feuer, die Schultern gebeugt. Ein leichter Schatten fiel über den Rost; Tante Hiria war geräuschlos hereingekommen, lehnte sich gegen die Rückenlehne von Tante Rois Sessel und begann zärtlich, ihren

Nacken zu massieren, kleine Kreise genau unterhalb der Ohren. Die dicke Frau griff hinauf, packte die kleine Hand und legte sie sanft zur Seite. Tante Hiria seufzte leise, setzte sich auf eine ausladende alte Ottomane, arrangierte ihre in Slipper steckenden Füße so, daß eine kleine schwarzweiße Katze sich faul darüberlegen und vor dem Kamin dösen konnte. Sie lehnte sich bequem auf die Armlehne des Sessels und schaute nachdenklich auf die völlig durchnäßte junge Frau. Tante Hiria hatte auch aufmerksam zugehört.

Hiria wußte alles über die bösartige Tante Valma, die vor so vielen Jahren in ihr Leben gestürmt war, am Arm ihres gutaussehenden Cousins, dem Fußballhelden. Valma, das kultivierte Stadtmädchen mit glänzenden rotlackierten Nägeln und dem glattgebügelten Haar und einem Schönheitsfleck, der von Wange zu Wange wanderte. Valma, die alles wollte, doch nichts versprach, die damit protzte, was sie alles wußte und wen sie alles kannte, die so gewagt und bezaubernd und sorgenfrei schien. Ja, Valma wußte alles und lachte darüber, wie wenig ihre kleinstädtischen Schwiegerverwandten wollten, besonders die prüde, hoffnungslose, hübsche Hiria, die sich so sehr anstrengte zu verbessern. Doch Hiria war nicht interessiert daran; und wenn sie sah, was sie wollte, wußte sie es einfach und wartete dann auf sie. Roimata, die ganze lange, intensive Zeit vor Ewigkeiten ...

Sie erinnerte sich an das erste Mal, als sie Roi gesehen hatte; sie stieg mit einem alten Lederkoffer und einer mit Flachs zusammengebundenen Pappschachtel aus dem Zug, und doch zeigte irgend etwas an Roimatas Erscheinung, daß ihr die ganze Stadt gehören konnte, wenn sie es wollte. Ihre Größe war ein Teil davon, und ihr welliges dunkelbraunes Haar mit den feinen feuerroten Sprenkeln darin; und das spitzbübische Lachen hinter all den Sommersprossen. Ihre Schuhe schienen zu eng zu sein und ihr Jackett zu groß, und ihr Rock hing hinten herunter, bedeckte mächtige, muskulöse Fesseln in langen komischen Socken. Aber Kleidung war ihr ja so egal.

Hiria lief dann auf sie zu, die Arme zur Begrüßung ihrer Cousine vom Land weit ausgebreitet, und beide wußten, daß alles *kapai* sein würde, in Ordnung; Roimata würde es hier gefallen, und sie würde das Beste daraus machen. Besonders als sie zum *pa* zurückkamen, nach dem langen, staubigen Marsch vom Bahnhof, und

Hiria zeigte ihr die kleine *bach*, wo sie ihre Sachen abstellte. Sie zeigte auf ein großes Eisenbettgestell und sagte, daß sie dort schlafen würden. Dann tranken sie eine Tasse Tee, dick gezuckert wie Sirup in angeschlagenen Emailbechern, und Roimata hatte endlich ein richtiges Zuhause.

Sie waren nie ganz sicher, was zwischen ihnen eigentlich vorging oder wann es genau angefangen hatte; sie waren immer zusammen gewesen, und ihr Zusammensein war die Balance, ein Zusammenklingen wohltönender Stimmen, daß niemand es hinterfragte. Es war eine Gegebenheit – sie waren zusammen, und so war es eben. Sie waren die Cousinen; sie waren die Mädchen. Manchmal hatte Hiria einen Liebhaber. Meist einen unbeholfenen schlurfenden jungen Mann, der an zwei Sonntagen hintereinander mit ihr zur Kirche ging, stolz auf sie an seinem Arm, in ihrem leicht zusammengerafften Rock und dem schief sitzenden kleinen Hut mit den Stiefmütterchen drauf, der Schatten über ihr seltenes und strahlendes Lächeln warf, weiße Zähne blitzten im Sonnenlicht. Zwei Sonntage hintereinander, und nicht mehr.

Hiria ging niemals öfter als zweimal mit demselben Liebhaber aus – sie war immer zu sehr beschäftigt damit, nach der *kuia* zu sehen, und sie ging auch nicht ins Kino. Das machte sie mit Roimata. Das gehörte nur ihnen. Wie die Weihnachtstage und Ostern, und die *tangis* und die Hochzeiten und die Taufen, die stattfanden, und dann brachten die Jahre neue Babys von einer Nichte oder anderen Verwandten, und schon bald hatten sie ihre eigene Familie und die Zukunft der Jüngeren zu planen und sich auszumalen unter den schwammigen Decken des alten Eisenbettes, das sie immer noch jede Nacht teilten.

Selbst Valma mit ihrem kehligen, schwellenden Lachen und den wackelnden Hulahüften, sie konnte ihren Frieden nicht stören. Und oh, wie sie es versucht hatte, machte sich über Hirias weiße Spitzenkragen und Manschetten lustig („Sie sieht aus wie ein Möchtegern-Meßdiener!"), und Roimatas Fred-Astaire-Schuhe („Welche Frau hat denn so riesige Füße?"). Doch niemand schenkte ihr viel Gehör, und drei Kleine kurz hintereinander und später dann die Zwillinge hielten Valma lange Zeit in Atem. Und dann hatte der Fußballheld zwei Taxen laufen – eines für die Touristen –, und sie hatten es geschafft. Valma war noch beschäftigter und auch sehr, sehr glücklich. Sie ging oft alleine weg und flirtete mit den Besuchern aus Übersee, die „wirklich Klasse" hatten. Das erfreute die Cousinen sehr. Sie hatte mehr als genug mit ihren eigenen Angelegenheiten zu tun, und fünf herrliche Kinder dazu, so klug und gehorsam. Wie ihr Vater.

Diese Valma. Alle waren erschüttert, als der Fußballheld mit dem Taxi verunglückte. Aber die Familie blieb finanziell gesichert zurück, und endlich erfreute sich Valma aller Annehmlichkeiten einer reichen und glücklichen Witwenschaft, ihre Kinder waren fast erwachsen. Sie war wieder versessen auf gute Zeiten und darauf, diese zwei knickrigen alten Vetteln zu striezen. Sie würde es ihnen zeigen.

Hiria schaute auf Roimata und seufzte tief, zufrieden. Das große Haus war jetzt ihr Heim, seit die alten Leute gegangen waren; zwei ihrer Neffen schliefen draußen im *bach,* und der Älteste war bei der Armee. Die drei Mädchen hatten das lange Zimmer oben nach vorne raus, und Betten wurden langsam knapp. Die Tanten sprachen davon, am *bach* anzubauen, als ihre Tahuri hereingeschneit war. Die Clevere, nannten sie sie stolz. Die, die eines Tages zur Universität gehen würde, solange sie sich aus Schwierigkeiten raushielt. Ihre Trinkerei war etwas überraschend; das dachten sie beiden, im stillen. Möglicherweise hat Valma sie dazu gebracht; sie kannten ihre Tricks.

Roimata war keine, die gerne trank. Sie mochte ihr Gläschen nach einem harten Tag Arbeit – und ja, sie arbeitete hart jeden Tag in der Autowerkstatt, wo sie das Büro führte, aber sich so oft sie konnte auch unter die Autos legte. Und Hiria mochte ab und zu ein *Shandy.* Manchmal gingen sie mit den Verwandten zum Pub. Doch wie bei den meisten Freuden sollte Alkohol eine Belohnung sein, meinte Roi jedenfalls; ein Preis, etwas Besonderes für später. Wie Hiria, dachte sie bei sich, während ein leichtes Grinsen über ihre Lippen glitt, und sie schaute auf ihre Hände. Sommersprossige, blasse Haut, fleckig von jahrzehntelangem Umgang mit Schmiermittel und Farbentferner, und die berühmte Narbe von dem Angelhaken, die sich bösartig unter dem knorrigen Knöchel ihres rechten Daumens entlangwand. Nägel kurzgeschnitten und sauber, die Nagelhaut zurückgeschnitten; sie lächelte erneut, erinnerte sich daran, wie sie so wurden.

Es war ein Weihnachtsgeschenk gewesen, vor, so schien es ihr, hundert Jahren. Das Maniküretui. Roimata hatte es in einer Glasvitrine in Colemans Stoffladen bemerkt, ein weinrotes Samtetui, wie eine Muschelschale geformt. Sie entschied, daß es wohl für Schmuck sein mußte und daß es das ideale Geschenk für Hiria war – etwas Ungewöhnliches, aber nicht zu teuer. Etwas genau Richtiges. Die Verkäuferin legte es auf den Ladentisch, schlug den Deckel auf, streichelte das glatte Satinfutter, wollte es für sich selbst.

„Es ist das Allerneueste! Zwei Pounds zehn!"

Zwei Pounds zu teuer, stöhnte Roimata innerlich. Aber mit ein bißchen Sparen schaffte sie es.

Hiria war entzückt. All diese feinen kleinen Werkzeuge mit den Perlmuttgriffen, sie bildeten einen glänzenden Fächer, jedes einzelne an seiner eigenen winzigen Stelle, die im Futter ausgespart war. Scheren und Klipper und Pinzetten und Feilen und ein zierliches flaches Löffelding und häutige Schmirgelpapierstreifen und eine winzige halbe Gabel. Wunderschön! Sie schnitt und feilte und formte und polierte und glänzte und kürzte; sie war überhaupt nicht eitel, ihr Aussehen war ihr völlig gleichgültig, und sie war kaum jemals modisch. Aber sie freute sich an ihren Händen – bei all der schweren Arbeit, die sie machte, blieben sie geschmeidig und seidig, die Haut zart golden an langen spitz zulaufenden Fingern, mit glatten Nägeln an den Spitzen, blaß wie gebleichte Mandeln, hart wie Elfenbein. Hände, die streichelten und ihre Geschichte in die Luft seufzten; Hände, die liebkosten und trösteten; Hände, die lachten und heilten und liebten. Hände, die an jenem Weihnachtsabend Roimata die riesigen, schmuddeligen Handschuhe ausgezogen hatten, sich ihrer Hände annahmen, sich um jede Schwiele, jeden Splitter gekümmert hatten, die rauhen Enden geglättet, die scharfen Risse weggeschmirgelt, die Risse geschlossen hatten. Die die Hände der Frau ihren eigenen ähnlich machten, aber nicht gleich.

Vielleicht war dies die Nacht, dachte Roimata bei sich. Diese Weihnachtsnacht vor ewigen Zeiten. Und wir wachten am anderen Morgen auf und fragten einander, ob es falsch gewesen war, was wir gemacht hatten, und dann kamen alle möglichen Leute, und den ganzen Tag war es viel zu geschäftig, um sich darüber Sorgen zu machen, und so lebten wir halt unser Leben, und dieser Nacht folgte eine andere, und keiner wußte es. Und es ging sie sowieso nichts an, und niemand belästigte uns, außer dieser Valma. Hmhm. Sie. Hat sich überhaupt nicht geändert, die.

Sie spreizte ihre großen knorrigen Finger, breitete sie über ihren Oberschenkeln aus. Saubere, praktische Arbeiterhände; vorsichtig legte sie eine über Hirias Hand; nur einen Moment schlangen sich ihre Finger ineinander.

Sie waren beide wieder in der Gegenwart und beobachteten ihre Nichte. Heißer Tee wartete auf dem Tisch auf sie, mit geröstetem Brot, von dem Zuckersirup tropfte. Das Feuer war auf dem Rost heruntergebrannt, doch eine entspannende Wärme durchflutete den gemütlichen, vollgestopften Raum. Tahuri blinzelte und schlug die Augen auf.

„Tante Roi! Tante Hiria! Oh! Oh! Was mach ich hier? Oh! Scheiße! Oh, es tut mir leid, Tante, es tut mir leid. Mir fällt Tante Valma wieder ein. Oh!"

Sie begann schon wieder, sich aufzuregen. Tante Hiria beugte sich zu ihr hinüber und berührte zärtlich ihre Wange, leise Mottenflügel, ihre riesigen Augen glühten, als wären sie von innen her beleuchtet. Sie lächelte, bestätigend.

Wie auf ein Stichwort begann sie wieder. Tahuris Worte brachen aus ihr heraus, zwischen Schnüffeln und Schlucken milchigen gezuckerten Tees.

„Ich vermisse sie, Tante, ich vermisse sie wirklich, und ich vermisse auch Amo, aber am meisten vermisse ich Mirimiri, und ich denke an das, was wir gemacht haben, und ich liebe sie so sehr, glaube ich, und ich will für immer bei ihr sein, und ich habe es satt zu warten, und Leute wie Tante Valma habe ich auch satt, die versuchen, mich anzumachen, und dann sagen, es wäre schrecklich und ekelig, Tante, aber das ist es nicht, aye, das ist es nicht, weil ich Mirimiri liebe, und was wir gemacht haben, Tante, ist es falsch? Ist es falsch? Ist es?"

Sie kleckerte sich Tee aufs Kinn und warf sich wieder auf ihr Kissen. Eine Tante nahm die Tasse; die andere wischte ihr wieder das Gesicht mit einem Waschlappen ab. Sie antworteten – zwei Stimmen, eine Stimme, verbanden sich perfekt nach all den Jahren.

„Wenn es falsch wäre, *kare*, wären wir nicht hier, um in diesem Zustand nach dir zu sehen. Aber wir sind hier. Und wir lieben dich.

Und wir wissen Bescheid, aye, wir wissen Bescheid. Den Schmerz, den du gerade durchmachst, wie wund du bist, wie weh es tut. Das Gefühl, das du deiner Freundin von flußaufwärts entgegenbringst. Wir wissen es. Das ist richtig. Für dich. Es ist richtig. *He tika*. Es ist, Tahuri, es ist richtig ..."

Sie schloß dann ihre Augen.
Und Tante Valma sollte der Teufel holen.

~ Übersetzung: Käthe H. Fleckenstein

~ *bach* – (sprich: batch) Hütte, Anbau am Haus, Wochenendhäuschen
~ *hui* – Versammlung, Treffen
~ *kare* – Liebes, Liebling
~ *kapai* – okay, fein, das ist gut
~ *kuia* – geehrte ältere Frau des Stammes, der Familie
~ *pa* – Wohnort
~ *Shandy* – neuseeländische Bezeichnung für Bier mit Limo
~ *tangi* – Maoribegräbnis

Suniti Namjoshi

Vogelfrau

Suniti Namjoshi wurde 1941 in Bombay geboren
und lebt heute zusammen mit ihrer Partnerin
Gillian Hanscombe in East Devon, Südengland.
Zahlreiche Bücher mit ihren Gedichten, Märchen,
Fabeln und Satiren wurden weltweit publiziert.

Es war einmal ein Kind, dem wuchsen Flügel. Sie wuchsen ihr aus den Schulterblättern heraus, und zuerst waren sie nur kümmerlich. Aber sie wuchsen schnell, und in Nullkommanix hatte sie Flügel mit beträchtlicher Spannweite. Die Nachbarn waren entsetzt. „Sie müssen sie abschneiden lassen", sagten sie zu den Eltern des Kindes. „Warum?" fragten die Eltern. „Na, das ist doch offensichtlich", sagten die Nachbarn. „Nein", erwiderten die Eltern, und dies schien so endgültig, daß die Nachbarn gingen. Doch ein paar Wochen später kamen sie wieder. „Wenn Sie die Flügel nicht abschneiden wollen, dann stutzen Sie sie wenigstens." „Warum?" fragten die Eltern. „Nun, das würde wenigstens zeigen, daß Sie etwas unternehmen." „Nein", sagten die Eltern, und die Nachbarn gingen. Dann erschienen die Nachbarn ein drittes Mal. „Zweimal haben Sie uns nun schon weggeschickt", erklärten sie den Eltern, „aber denken Sie doch auch mal an das Kind. Was tun Sie dem armen kleinen Ding an?" „Wir bringen ihr das Fliegen bei", sagten die Eltern bestimmt.

~ Übersetzung: Käthe H. Fleckenstein

Beth Brant

Schildkrötenmädchen

Beth Brant ist eine Bay of Quinte Mohawk aus dem
Tyendinaga Mohawk Territory in Ontario. Die lesbische Mutter und Großmutter wuchs mit dem
Heulen der Fabriksirene im Ohr auf, die das Leben
der Familie regierte. Sie ist Herausgeberin der
bahnbrechenden Anthologie *A Gathering of Spirit*,
der ersten Kunst- und Poesie/Prosa-Anthologie
von First Nation-Frauen, Autorin von *Mohawk Trail*
und vielen Kurzgeschichten und Essays in zahlreichen Anthologien. In der Gemeinschaft der First-
Nations ist sie Aktivistin, lehrt, liest, hält Work-
shops und arbeitet unter anderem mit inhaftierten
First-Nation-Frauen.

SueLinns Mutter war Indianerin. Sie wußte nicht, woher sie kam, nur daß Dolores ein Perlenarmband trug, gelbe, blaue und grüne Perlen zu Mustern geknüpft. Ausgebrannt von Alkohol und Sozialhilfe, gab Dolores an einem späten Nachmittag auf, sprach zu ihrer Tochter in einer fremden Sprache, legte das Armband um das Handgelenk des dürren Mädchens, von wo aus es über die Hand rutschte. Sie drehte ihr Gesicht zur Wand und starb. 4. November 1968.

SueLinn sah ihre Mutter sterben und wußte aus irgendeinem Instinkt heraus, daß es so das Beste war. Besser für Dolores; doch ihr Kinderhirn, ihr neun Jahre altes Gehirn, hatte bisher noch nicht an die Möglichkeiten und Strafen gedacht, die auf kleine Mädchen ohne Mama warteten. Sie dachte an ihren Freund, James William Newton, der auf der anderen Seite des Flurs wohnte. Sie ging und holte ihn, und er brachte SueLinn zurück in das Zimmer, in dem ihre Mutter tot lag.

„Gott, Gott, Gott, Gott", lamentierte der alte Mann, erwies seinen Respekt, deckte die noch warme Frau mit einer ausgebleichten roten Decke zu. Seine müden Augen, tränenfeucht, schauten hinab auf das Kind, das dicht neben ihm stand.

„Geh, hol jetzt deine Sachen, kleines Mädchen. Bring alles, was du hast. Deine Kleider, alles."

Mit seiner Hilfe entfernte sie all ihre Spuren aus der dunkel werdenden Wohnung. James William begab sich auf eine letzte, schnelle Suche, dann ermunterte er das Kind, seiner Mutter Auf- wiedersehen zu sagen. Er wartete im Flur, das gelbe Gesicht voll- er Falten. Seine Hand zitterte, als er in seiner Hosentasche nach dem ordentlich gefalteten Taschentuch tastete. Er schüttelte das dünne, weiße Tuch, führte es an die Augen, wo er die Tränen weg- wischte, und dann putzte er sich die Nase.

SueLinn stand neben dem Bett, das sie und ihre Mutter geteilt hatten, solange das Mädchen denken konnte. Sie zog die Decke vom Gesicht ihrer Mutter und schaute Dolores eindringlich an. Dolores' Gesicht sah ruhiger, jünger aus. Ihre breite Nase erschien irgendwie zarter. Ihre Augen waren geschlossen, die dunklen Wimpern wie Tintenzeichen auf der rötlichen, glatten Wange. Sue- Linn spürte ein Ersticken, das sich von ihrem Magen hinauf durch ihr Herz, ihre Lungen, ihre Kehle bis in den Mund bewegte. Mit ei- nem schroffen Atemzug nahm sie eine Locke von Dolores' schwarzem Haar in ihre kleine Faust. Sie hielt sie fest, zog, als ob sie ein letztes Stück Leben aus ihrer Mama ziehen wollte. Sie ließ los, wandte sich ab und schloß die Tür hinter sich. James William wartete, die Arme bereit, das Mädchen zu halten, bereit, sie zu schützen.

Gemeinsam öffneten sie die Tür, gingen in das Zimmer, das ein- ladend auf sie wartete. Usambaraveilchen saßen aufgereiht entlang der Fensterbank, ihre violetten, weißen und blauen Blüten zitter- ten von der Vehemenz des Türschließens. SueLinn ging hinüber, um die pelzigen Herzblätter zu berühren, fragte sich wieder ein- mal, welchen Zauber der alte Mann in sich trug, um diese seltsa- men, exotischen Pflanzen mitten an einer müden, schmutzigen Straße wachsen zu lassen.

James William stellte den Sack mit SueLinns wenigen Besitz- tümern beiseite und trug dem Kind auf, sich in seinen Sessel zu setzen, während er ging, um den Krankenwagen zu rufen.

„Mach die Tür nicht auf. Mach kein Geräusch. Sitz still, kleines Mädchen, und ich bin im Nu wieder zurück."

SueLinn saß in James Williams Lieblingssessel, einem mit Gold- brokat bezogenen Thron, mit Armlehnen, die sich zu breiten, ho- hen Flügeln bogen. Sie starrte auf das Fenster. An den Veilchen vorbei, vorbei am Efeu, das in einem Topf, der an einer Schnur hing, frisch und voll Leben vor dem Glas baumelte. Sie schaute auf die Straße, die Avenue, an der ähnliche Apartmenthäuser standen, groß und grau. Einige hatten eingeschlagene Scheiben, bei anderen waren die Fenster mit Plastikblumen verschönt. Manche hatten Kreuze als Dekoration, und „Jesus ist mein Fels" war von innen dagegengepinselt. Der Harbor-Lights-Komplex der Heilsarmee stand niedrig und kompakt, die Lichter wurden bereits eingeschaltet, warfen einen gedämpften Schein auf den beigefarbenen Zement. Die Luft war kalt, die Menschen auf der Straße zogen die Mäntel und Jacken fester um ihre Körper, während sie vornübergebeugt durch die Menge eilten, vorbei an den chinesischen Restaurants, dem Lebensmittelgeschäft, den Bars, den Apartmenthäusern. Autos machten Lärm; Geräusche vom Rost, von Auspuffrohren, die fast abfielen, Lärm der Hupen, von wütenden Händen betätigt. Busse luden Menschen aus, Türen öffneten sich, um Körper und Gesichter in vielen Gestalten und Farben auszuspucken. Die Avenue schien sich ewig hinzuziehen, als Zementstraße mit hohen Gebäuden, Menschen, Maschinen, bis sie schließlich in der Innenstadt endete, aufgefangen in einem Gewirr anderer Avenues, Straßen und Boulevards.

James William ging die drei Stockwerke hinunter zum Telefon in der Eingangshalle. Er rief die Vermittlung, um eine tote Frau zu melden, dann ging er die drei Treppenabsätze wieder hinauf. Seine Gedanken sprangen und schlugen gegen sein Hirn, während sein Herz holperte und stolperte vom Treppensteigen. Als er den Raum betrat, drehte sich das Kind um, schaute den Mann an.

„Die sind bald hier, Kind. Wir stecken's keinem, daß du hier bei mir bist. Wir sind ganz leise. Wir lassen die vom Krankenwagen sich um alles kümmern. Wir sagen kein Wort. Ummmhmmm, wir sagen kein Wort."

Er kam zum Fenster und hielt nach dem Krankenwagen Ausschau, der schließlich kreischend am Bordstein zum Stehen kam. Zwei weiße Männer, ihre Gesichter gequält und nervös, stiegen aus und betraten das Gebäude. Ein Polizeifahrzeug kam. Die Polizisten gingen in das Gebäude, wo der Hausmeister sich mit den Sanitätern stritt.

„Ich weiß nichts von 'ner toten Frau! Wer hat euch gerufen? Wer soll die sein?"

Der Polizist beschleunigte die Angelegenheit; der Hausmeister zog wütend seine Schlüssel heraus.

„Ist vielleicht die Indianerin. Die trinkt die ganze Zeit und macht Radau. Die und das verschlagene, schlitzäugige Kid. Wer, habt ihr gesagt, hat angerufen? Niemand hat's mir gesteckt."

Im dritten Stock bildeten Polizisten, Sanitäter und Hausmeister eine Phalanx rund um die Tür von Wohnung 3D. Sie klopften, bekamen keine Antwort, schlossen die Tür auf und traten in das Zimmer. Den ganzen Flur entlang wurden Türen einen Spalt weit geöffnet. Augen spähten heraus, sammelten Informationen, die gehortet wurden und durchdacht und dann vergessen.

„Kennt jemand die Frau?" riefen die Polizisten in den Flur.

Türen schlossen sich. Schweigen antwortete. Einer der Beamten hämmerte an eine Tür. Eine sehr alte Frau öffnete, ein Lichtstrahl hinter ihr.

„Kennen Sie die Frau in 3D? Wann haben Sie sie das letztemal gesehen?"

Ihr dunkelbraunes Gesicht legte sich in Falten, während sie sprach.

„Ich kenn sie nicht. Hab gehört, sie war 'ne 'ndianerin. 'ne 'ndianerin aus'm Westen. Ich weiß nix."

Der Polizist winkte angewidert ab. Er und sein Partner stiegen die Treppe hinunter, ihre schweren schwarzen Schuhe schlurften über die Stufen, das Leder ihrer Holster knarrte, als es sich an den Waffen rieb.

James William stand, das Ohr an die Holzplatten der Tür gepreßt. SueLinn sah weiter durch die Glasscheibe. Da waren Schritte, die sich entfernten, das Geräusch von schwerem Atmen, als der Körper von Dolores die drei Treppen hinunter- und hinausgetragen wurde in das kalte Novemberzwielicht.

Kinder waren auf den Gehsteigen zusammengekommen, die Gesichter lebhaft und aufgeregt. Mütter riefen sie, die Luft schwirrte mit Worten in Chinesisch, Englisch, anderen Sprachen, die zusammenstießen und einen Klang ergaben. Gemeinsam beobachteten SueLinn und James William, wie der weiße Wagen zurückstieß, wendete und Richtung Uptown zum Leichenschauhaus fuhr. Die Polizisten folgten.

James William war siebzig Jahre alt. Bluessänger, Prinz des Georgia-Blues, „der Süße William". Er trat vom Fenster zurück, ging zur Einbauküche und stellte einen Kessel auf. Langsam ging er zum Kühlschrank, dann zum Schrank, nahm einen Topf heraus und stellte ihn auf die Kochplatte. Alles, was James William umgab, war klein und winzig wie er. Der Tisch, bedeckt mit blauem Wachstuch, war gerade groß genug für zwei. Kleine Holzstühle waren dicht an die Tischkanten herangeschoben, warteten darauf, daß die Hände des Süßen William die Plätze arrangierten. An dem einen Fenster in der Küchenecke hingen gestärkte weiße Gardinen, mit königsblauer Zackenlitze eingefaßt. Eine einzige Wand war mit einer mit Teekannen und Kesseln gemusterten Tapete tapeziert, in Rot und Blau auf gelbem Grund. Die Wand war mit der Zeit ausgeblichen, sah aber immer noch fröhlich und wundersam aus. Ein weißgestrichener Schrank enthielt die schweren Teller und die Lebensmittel. Reis, rote Bohnen, Gewürze, Maismehl, Salz, Honig und Zucker. Ein Pappkarton auf dem gebrochenen, gelben Linoleum enthielt die Kartoffeln und Zwiebeln, die papierartigen Schalen fielen manchmal auf den Boden, blieben beim Besen und der Kehrschaufel liegen, die an der Teekannenwand lehnten.

Am ersten Abend von SueLinns neuem Leben beobachtete sie James William bei der Küchenarbeit, ließ die Augen nicht von seinem runden Körper, während er die paar Schritte über das Linoleum ging, Blätter aus einer Blechbüchse nahm, sie in eine braune Teekanne legte, summendes Wasser über den Tee goß. Er setzte den Deckel auf die Kanne, nahm einen Teewärmer vom Haken und zog ihn über die Teekanne. Das Kind, fasziniert von der Routine des Süßen William, seiner peniblen Küchenarbeit, seinen Händen, die abstaubten und glätteten, fühlte sich durch die vertrauten Tätigkeiten getröstet. Oft hatte der Süße William dem Kind Abendessen bereitet. Hatte Reis gekocht, ein Handtuch um die fette Taille geschlungen, hatte Kartoffeln gestampft, Büchsenmilch und Butter hinzugefügt. Manchmal gab es Schweinsfüßchen oder Kutteln. Die scharfen, würzigen Gerichte waren wunderbar, aus Luft und ein bißchen Salz gemacht.

James William sang leise vor sich hin, während er sich mit dem Suppentopf beschäftigte. Er warf schnelle Blicke zum Sessel und zu dem dünnen, goldenen Kind, das ihn mit leeren Augen beobachtete. Kleine Hautfalten bedeckten ihre Augenlider, die sie hastig öffnete und schloß. So wie sie dasaß, so ruhig, mit den Augen blinzelnd, blinzelnd, erinnerte sie den alten Mann an die

Schildkröte, die er vor langer Zeit zu Hause in Georgia gesehen hatte.

Als sie im Sumpf herumstocherten, hatten er und seine Freunde eine gefleckte Schildkröte gefunden, auf dem Rücken liegend, darum kämpfend, sich wieder aufzurichten. Er hatte die Schildkröte aufgehoben und ihren Kopf betrachtet: der wird eingezogen, in Panik schließen sich Lider über die Augen, öffnen sich wieder, starren ihn an. Er hatte die Schildkröte auf die Beine gestellt, und sie war weitergezogen. Die Jungen hatten zugesehen und über die langsame Wanderung der Kreatur gelacht. James erinnerte sich der Schildkröte, erinnerte sich seiner Freunde; an deren Aufrichtigkeit. Erinnerungen wie diese kamen häufig wie in einem Dunstschleier. Wenn sie ihm einfielen, packte er sie, hielt jede Minute fest, befürchtete, sie nie wieder zu sehen. Er rief sich den Tag zurück. So heiß und reich, man konnte die Luft in den Händen halten und sie feucht auf der Haut spüren. Er erinnerte sich an den Geruch des Sumpfes, einen grünen Geruch, einen salzigeren Geruch. Er erinnerte sich an das Schilfgras, aus dem Morast gezogen, zwischen die Lippen gesteckt. Der Geschmack von bitterem Gras vermischte sich mit einem anderen Geschmack der Süße, fast wie die Lakritzstange, die sein Daddy ihm aus der Stadt mitgebracht hatte. Er versuchte, sich seine Freunde wieder in Erinnerung zu rufen, ihre Namen, ihre Farben, braun und hellbraun, aber die Erinnerung ließ nach. Doch er erinnerte sich der schwarzen Haut von Isaak, seinem besten Freund. Erinnerte sich, wie Isaak seinen Arm gehalten hatte, die schmalen ausgestreckten Finger sahen aus wie Melasse, die gegen seinen eigenen gelblichen, fast weiß aussehenden Arm geschüttet worden war. Isaak?

Während er die Suppe umrührte, sang er Liedfetzen, die er aus den Erinnerungen an seine Mama gekramt hatte, an die Kirche, und aus Erinnerungen an die Band, Big Bill und die Brown Boys. Weisen trudelten von seinen Lippen. Töne und Akkorde spielten in seiner Kehle, begannen irgendwo in seinem Geist, sickerten hinunter durch seinen kratzigen Kehlkopf, kamen heraus, rund, klagend und volltönend. Der Süße William sang. Sein Gesicht veränderte sich, als er die Musik hinein- und hinauswob, hinein und hinaus aus seinem Körper. Sein Kopf bewegte sich und nickte, seine Schultern zuckten und ruckten, um ein Wort hervorzuheben, einen Satz. Für SueLinn war es genauso vergnüglich, zuzusehen, wie der Süße William sang, wie ihm zuzuhören. Seine Worte und die Musik waren fast immer eines. Traurige und einsame Worte, Worte, die vom Herzschmerz kamen, einem Heim ohne Möbel.

„Gott, was mach ich mit dem Kind da. Hör zu, Mädchen. Du wirst mein kleines Mädchen sein. Wir sind Mama und kleines Mädchen. Wir sind eine Familie. Mmmmhmmm, wenn dich jemand fragt, du gehörst zu mir. Wird nicht einfach sein. Der alte James William hier muß sich 'n bißchen Geschwätz ausdenken, um die Leute reinzulegen, die hier rumschnüffeln. Die Regierungstypen. Jawoll, Mam, James William muß sich ernsthaft Gedanken machen. Gott! Alter Mann wie ich mit 'm Kind. 'nem Baby! Ich sag dir, du weißt, daß ich nie verheiratet war. Wenigstens nich so, wie die Regierungsleute meinen, daß es richtig wär. Nur ich und Big Bill, fuhrn mit der Band rum. Ich bin oft ein Narr gewesen, wegen irgend 'nem süßen Jungen, der Süßholz raspelte und ohne Verstand. Aber dieser Big Bill, das war schon ein Mann. Hat mich immer wieder genommen, als hätt ich niemals nix Falsches gemacht. Jawoll, Mam, ich war oft ein Narr. Aber ich hatt immer ein bißchen Arbeit. An Autos gearbeitet manchmal. Kind, ich verfluch das Metall in meinem Blut! Ich kann immer noch den Lärm hören. Wuuh, er hätt mich am liebsten umgebracht! Dieser Lärm, diese Autos, die übers Band rasten, warteten auf 'n bißchen Schrauben hier, 'n bißchen Stoßen da. Aber ich hab's gemacht! Ich hab's gemacht! Ja, das hab ich, und ich und Big Bill, wir haben uns ein Zuhause geschaffen. Ja, das taten wir. Wir taten es. Und bevor der Blutzucker und der hohe Blutdruck ihn gekriegt haben, waren wir eine Familie, der feine Mann und ich. Mmmmhmmm. Jetzt schau sie dir an, wie sie da sitzt mit Schildkrötenaugen. Sie kann nicht sprechen! Nun hör mal her, Baby, deine Mama hat jetzt ihre Ruhe, gesegnet sei ihr armseliges kleines Leben. Jetzt hast du eine andere Art Mama. Ich paß schon auf mein Baby auf. Deine Mama hat jetzt Frieden. Mit den Engeln und den Indianern. Sie ist auf dem Weg nach drüben, mmhmm. Sie wird glücklich sein. Jetzt muß ich hier dieses Schildkrötenmädchen glücklich machen. Du mußt manchmal weinen, Kind. Lämmchen, du mußt weinen. Wenn du nicht trauerst und flennst, setzt es sich in dir fest, fängt an, dich innen drin ganz schrecklich zu verdrehen. Mädchen! Es tut nicht weh zu weinen. Hör auf den alten Mann. Der Süße William, der weiß, wovon er spricht."

Teurer Herr, nimm meine Hand
Führ mich ins gelobte Land
In deinem Reich ist Barmherzigkeit nah
Im Himmelskönigreich, fürwahr.

Der alte Mann begann sein Lied mit einem Flüstern. Als er die
Suppe in die Schüsseln schöpfte, wechselte er von einer Hymne
zum Blues. Beides paßte zusammen wie Strophe und Refrain. Er
nickte dem Kind zu, forderte es auf, mitzusingen. SueLinns leise
Stimme gesellte sich zu James Williams volltönender.

Der Himmel weint, scheint, als ob der Regen weiter runtergießt
Der Himmel weint, scheint, als ob der Regen weiter runtergießt
Dieser Himmel gibt nicht auf
Seit mein Baby die miese olle Stadt verließ.

Sie sangen gemeinsam. Sangen für Dolores. Sangen für Big Bill.
Sangen füreinander. Blues vom Armsein, Farbigsein, Pleitesein.
Blues über Heimat. Und Heimat war ein heißer, freundlicher, grüner und brauner Ort. Heimat war der Ort, an dem deine Mama auf
der Veranda wartete oder Gemüse kochte. Heimat war, wo du jemand warst. Dein Name war wirklich, und die Leute kannten deinen Namen und riefen dich bei deinem Namen. Als du in die Stadt
gingst, wurde dein Name zu einer unsichtbaren Sache, neben den
anderen Namen, mit denen du gerufen wurdest, bekannten Namen gleichwohl. Nigger, Miststück, Hure, Wichser, Boy. Es war
damals, als du in die Stadt kamst, daß du anfingst, an deinem Namen zu ersticken und an deinem Atem, und eine neue Sorte Blues
wurde gesungen. SueLinn fragte oft nach Heimat. Und der Süße
William sang und sang.

Teurer Herr, nimm meine Hand
Führ mich ins gelobte Land
In deinem Reich ist Barmherzigkeit nah
Im Himmelskönigreich, fürwahr.

Der Mann kam aus der Küche und nahm das Kind auf seinen
Arm, setzte sie auf seinen Schoß in dem Brokatsessel, deckte sie
beide mit seiner Lieblingswolldecke zu, und die beiden schaukel-
ten und schunkelten.

„'s ist wie ein Vogel, kein Gewicht an ihr, überhaupt nicht. Ich
schaukele gern in dem alten Sessel. Hilft 'nem Menschen zu denken und die Sachen zu bedenken, die uns plagen. Jawoll, Mam,
nur schaukeln und über diese Sachen nachdenken."

SueLinns Tränen fingen an zu laufen. Sie schluchzte, das Jammern drang durch das Zimmer, kam als Echo zurück. James William sang, gurrte, wischte ihre Augen und seine eigenen mit den trockenen Handflächen.

„Mein Baby. Mein Schildkrötenmädchen. Lord, ich weiß noch, wie meine eigene Mama starb. Es tat so weh! War 'ne gute Frau, hat uns zehn Kinder aufgezogen. Mein Daddy hat sich mit Arbeit früh ins Grab gebracht. Es tut weh, wenn die Mama stirbt! Scheint, sie sollte immer nix andres als unsre Mama sein. Schreien, wir sollen brav sein, stolz sein, wenn wir's verdienen. Deine Mama, die hat ihr Bestes versucht. Sie war 'ne arme Frau. Hat dich geliebt, kleines Mädchen. Und ich lieb dich. Wir sind jetzt 'ne Familie. Big Bill! Hörst du das? Eine Familie! SueLinn Longhorse und James William Newton. Jetzt werden sie sich umgucken, bei dieser Familie. Ich sag dir. Ich sag's dir! Es wird alles gut, mein Kleines. Es wird alles gut."

SueLinn hörte so plötzlich auf zu weinen, wie sie begonnen hatte. Ihr schmales Gesicht mit den Schlitzaugen, der kleinen Nase und den vollen Lippen wurde milder.

„Aber James William! Ich hab gehört, wie Leute über den Himmel gesprochen haben. Meine Mom hat daran nicht geglaubt, aber wo geht sie jetzt hin? Ich weiß nicht, wo sie ist! Und manchmal … Manchmal hat sie gesagt, sie wünschte, ich wär nie geboren worden."

Das Mädchen starrte in das Gesicht des alten Mannes. Traute ihm zu, ihr eine Antwort darauf zu geben. Traute ihm zu, ihr zu erklären, warum sie so voller Schmerz war, warum sie sich immerzu alleine fühlte und wie ein Wesen, das nicht auf diese Erde gehörte. Seine Haut war glatt, abgesehen von den Runzeln um seine Augen herum und seine Wangen hinunter, die in seinen Mundwinkeln endeten. Seine Augen waren braun und gelb, paßten zur Farbe seiner Haut, wie gesprenkelter Mais, mit Hunderten von Sommersprossen bedeckt. Er hatte wenige Zähne außer dem einen oder anderen verblüffend weißen Stumpf hier und da. Wenn er seinen Mund öffnete, um zu singen, sahen sie aus wie Sterne auf einer schwarzen Himmelskarte. Seine Lippen waren breit und dunkelbraun. Seine Nase platt, die Nasenlöcher tief.

„Baby, ich weiß nix über 'nen Himmel. Meine Mama hat wirklich dran geglaubt. Aber ich glaub, ihre Geschichte über die zwölf

Himmelstore ist nur Unsinn. Scheint, als wär nix verkehrt an dieser Erde hier. Der Dreck deckt sie zu, und das ist für sie richtig. Sie vermißt den Himmel, den Regen und das Land. Hat's mir oft erzählt. Scheint, daß im Vergleich zu dem Himmel, wo die Leute rumhängen, Harfen spielen und Süßholz raspeln, diese Erde hier nicht so schlecht ist. Deine Mama, die wär ganz schön unglücklich an einem Ort, wo's keine Partys oder Liebschaften gibt! Scheint, daß das Geschwätz vom Himmel nur so 'ne Art ist, die Leute mit dem Elend, das sie in dieser Welt hier auszuhalten haben, zu versöhnen. Wenn du erst mal glaubst, daß eine Belohnung auf dich wartet, dafür daß du arm bist und farbig, Mensch, dann drückt es dich noch mehr runter. Du kommst gar nicht dazu, darüber nachzudenken, genau hier, gleich jetzt etwas dagegen zu tun. Mmmm-hmmm, die Weißen, die denken an alles. Aber es gibt 'ne Menge, was sie nicht wissen. Alles heißt nicht immer ,alles'! Ich glaub wirklich, daß Dolores mehr Ruhe in dem braunen Dreck findet. Ach Gott, Kind, jede Mama wünscht sich seit jeher manchmal, daß ihre Kinder nicht geboren wären! Das ist so. Mmmmhmmm. Honey, sie liebt dich. Sie ist nur so voller Schmerz, daß sie vergißt, es dir zu sagen. Grad wie bei mir und Big Bill. Mensch, da gab's Tage, an denen wir vergessen haben zu sagen ,Big Bill, du bist mein Einzigster.' Oder ,James William, du bist ein toller Mann'. Dann fängst du an zu denken: ,He, dieser Kerl liebt mich nicht mehr!' Und du hast Angst zu fragen, weil du glaubst, es ist seine Sache, daran zu denken. Dann wirst du wütend und traurig, und dann sprichst du irgendwie so knapp und gemein. Du vergißt, daß jeder seinen eigenen Schmerz und seine eigenen schlimmen Dinge mit sich rumträgt. Das Nicht-Erinnern ist etwas, das aber passiert. Wir sind närrisch, wir Menschen. Und da kommen wir nicht drum rum! Wenn wir vollkommen wären, wären wir, so scheint's, Weiße, da oben im Himmel, den sie so besonders finden! Ja, ja, wir wären in diesem weißen Himmel, mit den weißen Himmelstoren und den weißen Gewändern und den weißen Pantoffeln. Kind! Kind Gottes! Wow!"

Und er lachte und lachte, drückte SueLinn fest, seine Brust rumpelte an ihrem Ohr. Sie lachte auch, selbst wenn sie nicht genau wußte, was der Witz war. Doch sie fühlte sich besser auf Williams Schoß, den Kopf an sein Herz gedrückt, die Wolldecke in den leuchtenden Farben deckte ihre Kälte und Angst zu. Sie hatte mit

Dolores gelacht. Meist darüber, wie Dolores die Leute auf der Straße oder in der Bar nachäffte. Sie verwandelte sich fast in diese Leute, so gut konnte sie eine Geste, eine Stimme, eine Körperhaltung darstellen. In diesem Unsinn lag keine Gemeinheit, nur Spaß, ein Lachen, ein Geschenk für SueLinn.

„Ach, mein Schildkrötenmädchen, dieser alte farbige Mann hat mehr geschwatzt, als er sollte. Ich sag immer, nach einem Lied und einem Weinen gibt's nichts Besseres als eine heiße Suppe und Pfefferminztee. Ich glaub, ich hab sogar ein bißchen Bananenkuchen für dich."

Sie erhoben sich aus dem Brokatsessel und gingen zum Tisch. Der kleine Schwarze mit der hellen Haut. Das kleine Mädchen mit der goldenen Haut und dem Indianerhaar, eingewickelt in eine Wolldecke, die Williams Hände gehäkelt hatten. Die Farben wanderten über ihren Rücken, die Enden schleiften auf dem Boden. Als William den Tee eingoß, blendete sein weißes Hemd das kleine Mädchen. Sie beobachtete, wie er auf kurzen Beinen langsam zum Herd ging, an den kleinen Füßen die Filzpantoffeln, die er nie auszuziehen schien. Er trug seine Lieblingshosen aus grauem Flanell, mit schönen Bügelfalten vorn und schmalen Umschlägen an den Hosenbeinen. Und seinen Lieblingsgürtel, einen breiten Krokodillederstreifen, der sich durch die grauen, wollenen Gürtelschlaufen wob. Die Schnalle war aus massivem Silber, rund und mit den eingravierten Worten: *Florida Everglades*. Er war ein Geschenk von Big Bill gewesen, so viele Jahre her, daß Datum und Anlaß für das Geschenk James Williams Erinnerung entglitten waren. Er erinnerte sich nur an das Gesicht von Big Bill, als er James William den Gürtel gab. Das dunkle Beige seiner Haut erhitzt und gerötet, als er ihm das in Papier eingewickelte Geschenk hinschob und sagte: „Hier, Honey. Für dich. Ein Geschenk."

An James Williams gestärktem weißen Hemd waren die Manschetten zurückgeschlagen, befestigt mit silberfarbenen Manschettenknöpfen. Ein roter Stein glitzerte in der Mitte jeder Metallfassung. Sie betrachtete die Steine, die etwas zu signalisieren schienen: An – Aus – Halt – Rot bedeutete Halt.

Das hatte sie in der Schule gelernt, als sie dort in den Kindergarten gekommen war. Vor vier Jahren. Jetzt war sie in der dritten Klasse, ein großes Mädchen. Sie mochte die Schule. Wenigstens, wenn sie hinging. Wenn ihrer Mom einfiel, sie hinzuschicken. Wenn SueLinn daran dachte, ihr T-Shirt auszuwaschen, damit sie sauber war. Wenn sie sich sicher genug fühlte, um Dolores zu bitten, ihr langes Haar zu flechten, ohne daß die Frau zu weinen anfing. Wenn Dolores gute Laune hatte, weil sie ein bißchen zusätzliches Geld hatte und SueLinn buntkarierte Kleider kaufte und weiße Socken und Schuhe, die glänzten und Schnallen hatten statt Schnürsenkel. Dolores sprach in jenen Zeiten laut davon, daß ihre Kleine genausogut wie jeder andere auch war, und außerdem war sie sowieso bei weitem das hübscheste Kind in der Schule. SueLinn hatte ihre Last, das Gerede zu verstehen. In der Schule trugen alle alte Kleidung und Schuhe mit Schnürsenkeln. Es ergab keinen Sinn. Vielleicht hatte es etwas mit den Illustrierten zu tun, die in den Häusern ausgetauscht wurden. Die Leute auf den glänzenden Seiten waren immer weiß und standen in seltsamen Posen da. Sie trugen komische Kleider und Mäntel, die aus Tieren gemacht waren. Sie sahen aus, als spielten sie Standbild, was SueLinn einmal mit den anderen Kindern in der Schule gespielt hatte. Es war ein beängstigendes Gefühl, anzuhalten und so still stehenzubleiben, bis das Kind, das gerade an der Reihe war, sagte, man dürfe sich wieder bewegen. Dennoch mochte sie es. Sie fühlte sich dann unsichtbar. Wenn sie wirklich ein Standbild wäre, wäre sie aus Stein oder aus Holz, aus irgend etwas Hartem. So wie die Statuen an dem Ort, an den ihre Lehrerin, Miss Terrell, sie mitgenommen hatte. Miss Terrell hatte das riesige Gebäude „Museum" genannt und die Statuen „Skulpturen". Sie hatte auf die eine gedeutet, die von einem farbigen Mann geschaffen worden war. Sie zeigte ihnen den Chinesischen Saal. Die chinesischen Kinder hatten befangen herumgestanden, jede Verbindung zu einem Volk verleugnet, das auf Seide malte und grüne Schüsseln machte, die so dünn und fein waren, daß man durch sie hindurchsehen konnte. Sie zeigte ihnen eine Vitrine, in der Indianerschmuck auf Holzstücken lag. Die indianischen Kinder hatten gefeixt und sich gegenseitig angestoßen und waren im Hintergrund geblieben, während alle anderen sich die Perlen- und Silberarbeiten anschauten, die so phantastisch waren, daß kein menschliches Wesen auch nur im entferntesten mit dem Tragen dieser Schmuckstücke in Verbindung gebracht werden konnte. SueLinn war das Perlenarmband ihrer Mutter eingefallen, und sie starrte in die Vitrine. Sie hätte aus irgendeinem unerfindlichen Grund am liebsten geweint. Der Chinesische Saal und die Indianervitrine blieben ihr noch lange Zeit danach im Gedächtnis. Sie erzählte ihrer Mom davon. Dolores sagte, es wäre nett, mal dorthin zu gehen, einmal wäre sie dort gewesen, glaubte sie. Aber sie sprachen nie wieder darüber. SueLinn war keine Statue, aber dürr und mit zartgoldener Haut bedeckt und rauhem schwarzem Haar, das ihr bis unter die Schulterblätter reichte. Sie übte zu Hause „Statuen", stellte sich auf die abgewetzte grüne Couch, versuchte, sich in dem welligen Spiegel an der gegenüberliegenden Wand zu sehen.

„Na, selbstverliebt, Kleine? So hat's bei mir auch angefangen. Mit Vorbehalt. So sollten wir uns sehen. Wir sind nur Haut und Knochen, Schatz. Haut und Knochen."

Das Kind sah in seiner Mutter viel mehr als nur Knochen und Haut und Salz. Sie war der Ansicht, Dolores sei wunderschön, und war stolz darauf, mit ihr über die Straße zu gehen. Der Tag, an dem sie die Lebensmittelgutscheine bekamen, war überhaupt der beste Tag. Dolores war an diesen Tagen nüchtern. Sie saß am Tisch, schrieb Listen und Speisezettel. An diesen Tagen schuftete Dolores schwer, blätterte ihre Illustrierten durch, schnitt Rezepte aus für „schmackhafte, nahrhafte Mahlzeiten für jeden Geldbeutel". SueLinn blieb an diesen Tagen in der Nähe ihrer Mutter, von Dolores' Aktivitäten fasziniert.

„Würde dir ein Hühner-Gemüse-Eintopf am Montag gefallen? Dann am Dienstag könnten wir Hähnchen ‚Hawaii' machen. Ich hab ein Rezept für Erdnußbutter-Plätzchen gefunden. Da steht, daß Erdnußbutter eine gute Eiweißquelle ist. Möchtest du, daß Dolores dir ein paar Plätzchen backt, Baby? Vielleicht können wir sie zusammen machen." SueLinn schüttelte den Kopf, ja, und stellte sich noch dichter neben ihre Mutter. Glänzendes Papier mit Speisen in leuchtenden Farben lag schmuck auf dem Tisch. SueLinn war von Dolores' Worten gefangen. Ihr verzauberndes Gerede von Eintöpfen und Plätzchen. Sie schrieb Worte nieder, die als Mahlzeit zurückkamen. Essen war etwas Wirkliches, aber dennoch Mysteriöses. Essen war etwas, das nie ausreichend vorhanden war. Und sie wußte, daß es Menschen auf der Welt gab, die *immer* genug zu essen hatten, die sogar wählen konnten, was sie essen wollten. Leute, die in Läden gingen und Restaurants und die Etiketten lasen und die Rubriken und vielleicht auf den Preis schielten, doch häufig auf solche Kleinigkeiten gar nicht achteten. SueLinn wußte nicht, woher sie wußte, daß es so war, doch sie wußte es einfach. Sie aß in der Schule kostenlos. Immer hungrig, aß sie zu schnell, merkte gar nicht, was sie aß, aß einfach, und hatte schon bald wieder Hunger. Miss Terrell fragte jeden Morgen, ob irgend jemand vergessen hätte zu frühstücken, weil sie gerade zufällig Orangensaft und Graham-Cracker von zu Hause dabei hätte. Es gab immer genug für alle. Miss Terrell war eine zauberhafte Lehrerin. Ihr ganzes Wesen war zauberhaft. Ihre Haut war dunkler als die jeder farbigen Person, die SueLinn kannte. Fast ein reines Schwarz, wie der Stein, der neben der Schultür hing und verkündete, wann die Schule gebaut worden war (1910) und zu wessen Ehren (Jeremy Comstock). Marmor, ja, so hatte Miss Terrell ihn genannt. Schwarzer Marmor, so war Miss Terrells Haut. Ihr Haar war sehr kurz geschnitten. Es kringelte sich dicht an ihre Kopfhaut. James Williams Haare waren auch so, aber irgendwie nicht so dicht gelockt, und seine waren weiß, während die Haare von Miss Terrell so schwarz waren wie ihre Haut. Sie trug roten Lippenstift, manchmal purpurfarben, passend zu ihrem Kleid mit den weißen und rosa Punkten auf der Schärpe. Auch ihre Kleider waren ein Wunder. Blaue Röcke und rote Jacketts. Grüne Kleider mit goldenen Knöpfen. Ihre Schuhe aus rot oder schwarz glänzendem Material mit ganz spitzen Spitzen und flachen hölzernen Absätzen. Miss Terrell war groß und dick. Einige Jungs lachten und tuschelten über Miss Terrells „Möpse". SueLinn sah nichts, worüber es etwas zu lachen gäbe, wußte nur, daß Jungs über Sexangelegenheiten kicherten. Sie war der Ansicht, daß Miss Terrells Brust sehr schön wäre. Sie stand weit heraus und sah irgendwie stolz aus. Als sie das James William gegenüber erwähnte, hatte er gesagt: „Kind, diese Alveeta Terrell ist eine von Haus aus stolze Frau. Warum sollte ihre Brust nicht so stolz sein wie der Rest? Sie sieht verdammt gut aus und ist eine blitzgescheite Lady. Weißt du, du kannst von Glück sagen, daß du die stolze Alveeta Terrell als Lehrerin hast!"

Einmal, und das war das Beste, war Miss Terrell in einem gelben Kleid zur Schule gekommen, über dem sie ein Stück Stoff trug, das aus bunten Fäden – aus grün, rot, purpur, gelb und schwarz – gemacht war. Sie hatte es Kente-Stoff genannt und der Klasse erzählt, daß es in Afrika gewoben worden war und daß die Leute dort, sogar die Männer, so was jeden Tag trugen. Es war an einem Tag, an dem die schwarzen Menschen feierten, daß sie Afrikaner waren, und selbst wenn sie wer weiß wo lebten, sie waren trotzdem einst aus Afrika gekommen. Dann hatte sie ihnen eine Karte von Afrika gezeigt und dann Linien gezeichnet, die von diesem Kontinent nach Amerika, den Westindischen Inseln, nach Südamerika, nach überallhin führten. Amos fragte, wenn Afrika so toll war, warum haben die Menschen dann Afrika verlassen? Miss Terrell sagte, die Menschen haben Afrika nicht verlassen, weil sie wollten, sondern weil andere Völker, Spanier, Briten, Amerikaner, Franzosen, Sklaven wollten, die auf ihren Ländereien arbeiteten und Dinge für sie wachsen ließen, damit sie reich wurden. Und die gleichen Leute hatten die Indianer getötet und Land gestohlen, hatten gelogen und betrogen, um mehr Land von Völkern zu bekommen, die die rechtmäßigen Besitzer waren. Und die gleichen Leute, diese Weißen, brauchten Arbeitskräfte, die nichts kosteten, damit sie reicher und reicher werden konnten. Sie hatten schwarze Menschen gefangen, als wären sie Viehherden, und sie in Ketten gelegt und sie in Länder gebracht, wo ihre Arbeitskraft gebraucht wurde. Die Kinder dachten minutenlang darüber nach, bevor sie die Finger hoben und Fragen stellten. Der ganze Schultag war so, die Kinder dachten nach und fragten, Miss Terrell antwortete in ihrer klaren, bestimmten Stimme. Es schien, als wüßte sie alles. Sie erzählte ihnen von Denmark Vesey, Nat Turner, Chrispus Attucks, dessen Nachname „Hirsch" bedeutete, weil seine Mama eine Choctaw war. Sie erzählte ihnen von Touissant L'Overture, von den Maroons in Jamaika, sie erzählte ihnen, wie die Seminolen und Afrikaner in Florida eine Armee aufstellten, um die US-Soldaten zu bekämpfen, und wie sie diesen Kampf *gewonnen* hatten. SueLinns Kopf war so voll mit wundersamen Tatsachen, daß sie sogar nachts davon träumte. Und es ging ihr auf, daß Miss Terrell eine Nährerin war. Ihre Gedanken und Tatsachen, die sie mitteilte, waren wie die Graham-Cracker, die sie jeden Morgen auf ihr Pult legte. Jeder konnte sich davon nehmen, um welche sofort zu essen oder um sie für später aufzuheben, wenn man wirklich hungrig wurde. SueLinn schrieb ihre Beobachtung in ihr kleines Notizbuch, das sie überall mit sich herumtrug. „Miss Terrell ist eine Nährerin." Sie erzählte es James William, der zustimmte.

Tag der Lebensmittelgutscheine. Dolores, die aus nichts etwas macht. Was bedeutete das? Alles bedeutete etwas. Das hatte sie ganz von alleine herausgefunden: auf der Straße, von den Leuten um sie herum, vom Umstand, ein Kind zu sein. SueLinn wollte Dolores fragen, war aber zu schüchtern.

Dolores war soweit. SueLinn trödelte am Tisch herum, versuchte Zeit zu schinden, das Beisammensein mit ihrer Mutter auszudehnen. SueLinn war noch nicht bereit für den Laden. Es passierte jedesmal. Dolores wurde traurig. Der Laden schaffte sie. Es war ein Kampf, mit anzusehen, wie weit sie durch den Gang hinunter kam, bevor sie aufgab. Das welke Gemüse, das grünlichbraune Fleisch, das Fehlen all dessen, was dem guten Essen in den Illustrierten ähnlich war. SueLinn spürte es, bevor es kam. Das kaum wahrnehmbare Schulterzucken Dolores', das Kopfschütteln, als wolle sie einen Nebel oder einen Traum verscheuchen. Dann gingen sie schnell weiter, Dolores griff Sachen, die billig waren und den Bauch füllten, wenn auch nur für ein paar Stunden. Das kleine Mädchen versuchte, die Aufmerksamkeit ihrer Mama auf komische Leute im Laden zu lenken, auf eine verrückt verpackte Schachtel voller Luft und Stärkemehl. Alles, *bitte, bitte,* was den Ausdruck von Dolores' Gesicht nehmen würde. Den Ausdruck von Wut und Verachtung. Den Ausdruck des Verlierens. Am Ende würden sie mit ein paar Sachen nach Hause kommen, wie Brot und Dosenmais und manchmal vielleicht Hamburgern, Cornflakes in einer Schachtel und einer Flasche Milch. Dolores würde die armseligen Waren wegpacken, ausgehen und nicht vor dem nächsten Morgen zurückkommen.

Dolores nahm ihre Einkaufsliste und die Gutscheine, legte beides in ihre Tasche, eine beigefarbene Plastiktasche mit ihren Initialen in Goldbuchstaben. D.L. Dolores Longhorse. Sie ging zu dem welligen Spiegel und trug mit ihrem kleinen Finger blauen Lidschatten auf, weil: „Man weiß nie, wen man trifft". Sie bürstete ihr schwarzes Haar, bis es funkensprühend und lebhaft über ihren breiten Rücken fiel. In zu engen blauen Jeans, einem rosa Pullover, der unten ausgefranst war und sich aufribbelte, mit ihren goldfarbenen Ohrringen, die hin- und herschwangen, bot sie jedem und allem die Stirn, der oder das behauptete, sie würde nicht existieren. Wollte sie doch mal sehen, ob jemand oder etwas sagen würde, sie existiere nicht. „Los, gehn wir."

Die Tochter nahm die Hand ihrer Mutter und starrte zu Dolores hinauf, als wolle sie sich das Bild ihrer Mama ins Gehirn, den Geruch von Maiglöckchen-Parfüm in die Nase brennen. Die blauumrandeten braunen Augen schauten auf das Kind hinunter. Dunkle Augen beobachteten dunkle Augen. Zwei Frauen, eingeschlossen in eine Umarmung aus Farbe, Blut und irremachender Liebe. Dolores brach die Intensität des Augenblicks, blickte sich in der Wohnung um, bannte in die Erinnerung, wohin sie gekommen war, festigte den Griff um SueLinns Hand und sagte noch einmal: „Los, gehn wir." Sie schloß auf, und die beiden gingen hinaus auf die Straße.

SueLinns Augen schlossen sich bei dieser letzten Erinnerung. Ihr Kopf senkte sich über der Suppe. James William stand vom Tisch auf und klappte das Bett herunter. Er glättete die Decke, schüttelte die Kissen auf und machte es aufnahmebereit für den müden Körper des Kindes. Er hob sie hoch und trug sie die paar Meter bis zum Bett. Vorsichtig legte er sie unter die Decke, nachdem er ihr die Schuhe ausgezogen hatte, und schob ihr das Kissen unter dem Kopf zurecht. Die Wolldecke legte er ans Fußende des Bettes, ordentlich zusammengefaltet.

James William Newton ging zu seinem Sessel und saß im nächtlichen Licht. Zwischen zwei Gebäuden auf der anderen Seite der Straße konnte er ein Stück Mond sehen.

„Alter Mond, was denkst du? Jetzt hab ich dieses Kind hier. Die von der Behörde wolln sicher wissen, wo das Kind ist. Oder? Könnte sein, daß zuviele sich darum Gedanken machen, wo das Kind ist. Ach, ich mach mir keine Sorgen darüber, das Schildkrötenmädchen hier aufzuziehen. Das ist etwas, was ich bereit bin zu machen. Mond, wir brauchen einen Plan. Ich bin 'n alter Mann. Die Kleine hier braucht mich, ja, wirklich. Da müssen Vorbereitungen getroffen werden. Big Bill? Lachst du mich aus? Wir sitzen in der Klemme. Mmmmhmmm, 'ner richtigen Klemme. Big Bill? Ich brauch 'n paar von den Worten, die du immer parat hast. Honey, es wird mir immer ein Rätsel sein, wie ein Mann so viel reden und trotzdem noch verstehen kann, was er meint, wie du! Ich sitze hier und wart auf dich. Jawoll, Sir, ich sitze und warte auf dich."

Er saß die ganze Nacht, füllte viele Male seine Tasse. Seine Erinnerung kam und ging wie der Pfefferminztee, den er trank. Irgendwann vor Sonnenaufgang trank er seinen letzten Schluck Tee, spülte dann die Tasse aus und stellte sie umgedreht in die Spüle. Er legte sich auf die blaue Chaiselougne, zog die Wolldecke hinauf zu seinen Schultern. Er schaute noch einmal auf das Kind, ihr dunkles Haar versteckte halb ihr schlafendes Gesicht.

„Kind, schlaf weiter und träume. Der Süße William ist hier. Alles wird gut. Jawoll, Mam, alles wird gut."

Er schloß die Augen und schlief.

~ Übersetzung: Käthe H. Fleckenstein

~ Im Original lautet der Titel dieser Geschichte „Turtle Gal", und die Übersetzung erschließt nicht auf Anhieb die volle Bedeutung. Turtle Island ist die Bezeichnung der First-Nation-Völker für die Landmasse, die heute Amerika heißt. So ist hier nicht nur das Erinnerungsbild von James William angesprochen, sondern auch die Tatsache, daß SueLinn zu den Völkern der First Nation, der eigentlichen Bevölkerung Amerikas, gehört, ein Kind der Schildkröteninsel ist.

~ Denmark Vesey – Aufständischer; 1767 in Afrika geboren und von 1780 bis 1800 im Besitz des Sklavenhändlers Captain Vesey. Er erkaufte sich mit einem Teil eines 1500 Dollar-Lotteriegewinns seine Freiheit und eröffnete in Charlestown eine Zimmermannswerkstatt. 1817 wird er Mitglied der African Methodist Congregation, plant von 1818 bis 1822 Sklavenaufstände und versucht, die Stadt zu übernehmen. Am 2.7.1922 wird er zusammen mit 35 anderen Aufständischen gehenkt; 35 Teilnehmer am Aufstand werden aus dem Staat verbannt, 61 werden freigesprochen, und vier Weiße, die an dem Aufstand beteiligt waren, bekamen eine Geldstrafe.

~ Nat(haniel) Turner – vermutlich 1800 – 1831, bekanntester Führer von Sklavenaufständen

~ Chrispus Attucks – vermutlich 1723 – 1770, amerikanischer Patriot indianisch-afrikanischer Herkunft, möglicherweise entlaufener Sklave, beim Massaker von Boston getötet.

~ Touissant L'Overture – (Francis Dominique Toussaint) 1743 – 1803, politischer und militärischer Führer in Haiti

Bia Lowe

Ein anderer Trommelschlag

Bia Lowe, Jahrgang 1950, wuchs in Kalifornien auf.
Als Kind war sie ein „Wildfang", eine Bezeichnung,
die sie liebte. „Wildfang bedeutete, daß ich der
Struktur eines Astes vertraute. Bedeutete, daß ich
die physikalischen Gegebenheiten zwischen einem
flachen Stein und einer harten Wasseroberfläche
verstand." Doch als sie älter wurde, hatte sie mit einer neuen Bezeichnung zu kämpfen: „‚Wildfang'
bedeutete nun etwas Düsteres, das Schulkameraden
in der Stadt Lezzi, Nellie oder Queer nannten." Sie
hat in zahlreichen Anthologien publiziert, unter
anderem in der mit dem Lambda Award ausge-
zeichneten Anthologie *Sisters and Brothers –
Lesbians and Gay Men Write about Their Lives
Together*.

In einem einfachen Drumset – eines, in das du dich bei einer Tanz-
veranstaltung verguckst, das du heimlich bearbeitest, während die
Band draußen in der Pause Punsch schlürft – gibt es Becken, eine
Bassdrum und eine Snare.

Bist du Rechtshänderin, ist das Set in einer vorhersehbaren
Weise arrangiert. Becken werden mit der rechten Hand gespielt.
Das Ridebecken legt die möglichen Beats fest, skizziert alle Ecken,
sixty-six, sixty-six, sixty-six. Jeder Schlag ist ein feiner roter Se-
kundenzeiger, der jedes Hab-acht-Moment abhakt, ein Feld voller Blechfilamente, eine Prärie. Das Crashbecken dient als Punk-
tuation, ein Ausrufezeichen am Ende der Strophe – bei diesem
Tissss jubeln wir und tragen die Welle in den Refrain. Das *Tak-tak-
tak* ist die Snare, Domäne der linken Hand, des verbalen Geistes,
der Zunge, des Mundes. Die Snare ruft Erklärungen in den Vordergrund, bewegt uns durch diese Prärie wie ein Pflug. Schließlich,
die Bassdrum (*tum-ta-tum*). Sie wird mit dem rechten Fuß gespielt. Die Bassdrum ist der Rhythmus an der Wurzel deines Seins.
Er pulsierte um dich herum, als du erst eine wachsende Zelle warst.

Im Uterus umgab uns das Pulsieren, und aus dem Pulsieren entstanden wir. Mit vier Wochen verwurzelte sich unser Herz in den
Windungen unserer Körper, und wir schafften selbst ein Geklin-

gel. Wir waren beides, Teil und abgetrennt vom amniotischen Rhythmus, ein Klackern in einer Kesselpauke.

Alle Säugetiere atmen einmal in vier Herzschlägen. Ein Maß von Viervierteltakten. Wir haben eine natürliche Affinität zur Vier, unsere vier Glieder, die vier Jahreszeiten, die vier Wirbel der Windrose, die stabile, manchmal starre Fixiertheit des Vierecks. Nicht zu vergessen, die vier Herzkammern. Die Vier ist unser Fundament, unser Anker.

Rhythmus drückt die Intention des Herzens aus, ganz egal welche melodischen Zuckungen die Wirbel erfinden.

Sein Schlagzeug war laut und hervorstechend, kommandierte eine Präsenz wie die Schläge und Knaller eines Feuerwerks. Er war groß, dunkel, wahrscheinlich um die Dreißig, und trug ein weißes Sportsakko. Ich war sechs und mit meiner Familie auf Urlaub in Rom. Ich saugte durch das winzige „O" meiner Lippen Spaghetti auf und staunte über den Glanz seiner Haare. Abend für Abend beschloß seine Band ihren Auftritt mit *Arrivederci Roma*, während mein Mund orangefarbene Flecken auf die Serviette machte.

An unserem letzten Abend in Rom schluchzte ich. Wie konnte ich meinem Drummer *arrivederci* sagen? Meine Mutter tröstete mich mit der leisen Litanei eines Hypnotiseurs. „Heute abend meinst du, daß dein Herz zerbricht, aber morgen früh wird sich dein Herz in Stein verwandelt haben." Und wirklich, wie die Freiwillige aus dem Publikum, die aus der Trance erwacht und feststellt, daß ihre ewige Sucht nach Schokolade weg ist, war ich am Morgen meinem Drummer im weißen Sportsakko gegenüber gleichgültig. Mein Herz war zu Stein geworden.

Und überhaupt, was war mein Herz? Warum hatte es so wild in meiner Brust geschlagen und mich zu dem Gedanken verführt, ich könnte für den Rest meines Lebens in einem römischen Hotel leben? Wie konnte es mich in einem Augenblick in Tränen ersticken, nur um mich im nächsten blasiert zurückzulassen?

Eine Freundin sah kürzlich das Audiogramm des Herzens ihres Vaters. Auf einem kleinen Schwarzweißbildschirm erspähte sie etwas, das aussah wie ein von Wellen zerschlagener Felsen in einem Ozean. Der Zusammenstoß der Brandung mit dem Fels war, so erkannte sie, das Pumpen des Herzens, der Schlag, der ihn am Leben hielt.

Ich habe mir die Hohlräume meines Herzens wie das Innere einer roten Paprika vorgestellt, die Wände der Kammern getüpfelt und scharlachrot. Der Herzmuskel ist natürlich weniger spröde, so gespannt wie das Fleisch eines Langstreckenschwimmers. Arterien und Herzkammern füllen sich wie die Schleusen des Suez-Kanals. Die Kammern wechseln sich ab im Anschwellen und Zusammenziehen, bis das Blut und seine Last wieder hinaus in den Körper geschickt worden ist.

Unsere laienhafte Vorstellung von unserem Herzen ist die eines symmetrischen Leibchens, des roten Satinbustiers der liebevollen Zuneigung, aber in Wirklichkeit ist es der grauselige Knoten im Innersten unseres Blutkreislaufs. Ein faustgroßer Fußball, nur widerstandsfähiger, schlägt es hunderttausendmal am Tag, dreihundertfünfundsechzig Tage im Jahr, und – toi-toi-toi – mindestens achtzig Jahre lang. Das Herz arbeitet wie ein Pferd.

Bis zur siebten Klasse hatte ich mir meine eigene Trommeltechnik zurechtgebastelt. Ich klopfte mit einem Stift auf meine Hausaufgaben. Wenn man richtig traf, raschelte der kleine Stapel Ringbuchpapier wie das weiche Zischeln eines Beckens. Währenddessen traf der Stift in meiner anderen Hand die Rückennaht meines Schulbuchs wie der Schlag einer Snare. Ich ahmte die Riffe, die Rolls, die Crashes der Rhythm 'n' Blues-Songs nach, die ich in meinem Transistorradio hörte.

Am Tag mag der Wert von x mein Hirn in Anspruch genommen haben, aber am Abend, alleine mit der Angst meiner Jugendzeit, war die Energie von Rhythm 'n' Blues ein Trost für mein Herz. Teenmagazine waren ihr Geld wert, doch soweit es mich betraf, hätte das hormonelle Wunderland, das sie versprachen, genausogut Science-fiction gewesen sein können. Die Teenagerjahre waren eine Aneinanderreihung fehlgeschlagener Anpassungsversuche. Ich wurde gezwungen, alles einzubüßen, was ich am besten konnte, das Gefühl verwendeter Muskelkraft fahren zu lassen, mich von einer Weltsicht zu verabschieden, die man nur vom Wipfel eines Baumes aus erlangen konnte. Ich haßte Nylonstrümpfe, Hüfthalter, Schweißblätter, den ganzen Kram, und schlich deshalb mit der buckeligen Rebellion eines James Dean durch die Gänge meiner Schule. Ich wurde ‚Lez‘ genannt.

Die Musik, die ich nach der Schule aufdrehte, wurde mein Heiligtum, weil ich innerhalb seiner Grenzen mit meiner Einsamkeit zurechtkam, wenn nicht gar mich in ihr suhlte. Ich weiß nicht, welche unsichtbare Macht mich eher zum rechten Rand des Mittelwellenbandes trieb, zu KDAY, dem einzigen R&B-Sender der Bay Area, statt zu den lauen Sendern am linken Bandende. Aber nachdem ich erstmals die Altstimmen der Chiffons, die *One Fine Day* trällerten, gehört hatte, war ich verloren. Die Schönheit eines Madrigal, die ein wenig schmerzte, war ihnen eigen, ein interessanterer Geschmack als, sagen wir mal, einfach nur Vollmilch-Sahne-, eher wie Mokka-Sahne-Schokolade, die mich wegen ihrer Bitterkeit rundweg überzeugte. Dann gab es *Shop Around* von Smokey Robinson und den Miracles, *Don't Hang Up* von den Orlons, *Up on the Roof* von den Drifters. Ich konnte es kaum erwarten, in mein Zimmer zurückzukehren, damit ich mich mit der Frische dieser Rhythmen isolieren konnte, der Herrlichkeit dieser Harmonien und den oft unglaublichen Geschichten von Interpreten wie Nadine und Johnny B. Goode. Ich machte einen Kopfsprung in ein Inseldasein, aber erfuhr etwas von einer größeren Welt, in der die Gesetze des Geschlechts anders aufgezeichnet waren.

Nicht weniger maskulin, nur intensiver, stieg Smokeys Stimme in ein Falsett, und Anthonys und Eddie Hendricks Stimmen auch. Dinah Washingtons Stimme schnitt, raspelte, quälte. Ihr Ausdruck war riesig, nicht verniedlichend. In ihrer Stimmgewalt erkannte ich das Timbre von Nachdruck, eine Aufforderung, meinen eigenen Ausdruck zu entdecken. Ich war nicht geeignet für die Demütigungen gegürteter Taillen, ausgestopfter Büstenhalter, einschneidender Hüfthalter. Während ich Dinahs Dreistigkeiten lauschte, Arethas Feuer oder Martha Reeves Krakeelen, war ich näher daran, meine eigene Kreatur zu sein, ein Tiger in nächtlicher Leidenschaft.

Kennst du noch das Stück, das mit *Dancing in the Street* beginnt? Zu einer Revolution von globalem Ausmaß aufruft, um durch den Geist des Zelebrierens die Gewohnheit der Unterdrückung zu überwinden? *Calling out around the world, are you ready for a brand new beat?* Unter dem Bann dieser Hymne mißachteten wir Ausgangsverbote und die Straßenverkehrsordnung. *Summer's here, and the time ist right for dancin' in the street.* Wir hatten keine Angst vor Verbrechen oder der Polizei. Ein Schlachtruf der Emma Goldman-Adepten, der feierfreudigen Seite der Bürgerrechtsbewegung. *All we need is music, sweet sweet music.*

Musik ist gewiß ein Zwang, die Wiederholung, die Dinge am sichersten ins richtige Lot bringt. Percussion ist demnach die Architektur des Zwanges. Ein Tempel, in den die Instrumente hineintaumeln, in dem sie die Knie beugen und dann in Kadenzen ausbrechen. Der Schlagzeuger ist das Rückgrat für einen Körper aus Tonalität.

Trommeln ist nicht nur die Destillation des Taktes, sondern des organisierenden Prinzips, das wir *Mathematik* nennen. Man mag die Sprache der Mathematik auf Rhythmus anwenden, Laufschritt in eine Reihe von Fraktionen übersetzen. Die eifrig tappenden Füße in ein Set aus Viertelnoten einpferchen. Aber man muß nicht firm in Mathematik sein, um ein umfassendes Verständnis für diese dumpfen Schläge, das Ticken und Schnalzen zu haben. Man kann nach dem Gehör spielen, nach dem Gefühl, nach wissenschaftlichen Gesichtspunkten. Percussion kann sich selbst direkt durch den Körper spielen, ohne durch ein Skript im Kopf gehen zu müssen.

Das Genie eines Schlagzeugers ist nicht narrativ. Die Klangfarben, die durch die Trommeln geschaffen werden, ähneln nicht der menschlichen Stimme oder den Schreien der Tiere. Es gibt kein Subjekt, keinen Protagonisten, keine Heldenreise. Welche Virtuosität ein Schlagzeuger auch zeigen mag, sie ist am Ende nur Schmuck auf rhythmischem Gebiet. In gewisser Weise ähnelt die Sensibilität eines Schlagzeugers der Sensibilität eines Steinmetzen. Jeder Ziegel ist fest in ein Koordinatensystem gelegt, eine sichere und solide Sache. Heute folgt auf gestern, so wie morgen auf heute folgt. Die Ziegel für diese Tempel zu legen ist der Versuch des Trommelns, die urzeitliche Kammer zu verbessern, in der „Absolutes Ornament" im Viervierteltakt begriffen wurde.

Manchmal schweift der perkussive Genius mutwillig aus dem Koordinatensystem ab – ein Loch erscheint in der Wand – eine Synkope, ein Fenster. Unsere Körper reagieren darauf. Wir verlangen nach der sicheren Einfriedung durch die Wiederholung und sind gefangen von der Aussicht. Synkopen enthalten uns die Zitze vor, unsere Erwartung wird gequält. Der verlorene Herzschlag hallt im Innenohr wider, fesselt uns an den Hunger in unserem Blut. Der Puls ist immer amniotisch, wir erinnern uns an den Fisch, der wir waren, wir winden und drängen uns nach dem Untertauchen, genauso heftig, wie wir nach dem Unbekannten durchbrechen.

1961 traf ich Kathy im Sommerzeltlager. Ich weiß nicht, welche unsichtbare Macht mich zu ihr trieb, mich immer und immer wieder zu einer Seelenverwandten hingeführt hat. Sie war ein seltsam frohes Kind, deren Begeisterung und deren Mangel an weiß-angelsächsisch-protestantischen Wertmaßstäben sie schon früh unbeliebt machten. Wie ich war sie eine Außenseiterin. Zu überschwenglich, seit frühester Kindheit mutterlos, hatte sie orangefarbenes krauses Haar, das sich in jede Richtung ausbreitete, als schwebte es, wie Beerentang, im Wasser. Die Kinder in ihrer Schule riefen ihr ,Stahlwolle' hinterher.

Wo jemand anders mich hängen gelassen hätte, weil ich mich mit den Tricks im Camp nicht auskannte, da hielt Kathy zu mir. Obwohl sie bereits eine erfahrene Geländereiterin war, begleitete sie mich zur Übungskoppel, wo die reittechnischen Analphabeten ihren ersten Geschmack vom Sattel bekamen, und wo ein Palominopony seine letzten senilen Tage in einem vom Uhrzeigersinn geprägten Kreislauf fristete.

Mit Welsh Boy war der Ritt im Schritt ein Kinderspiel. Der leichte Galopp war die Schwierigkeit, nicht nur weil Welsh Boy schon seit langem seine Lebensfreude verloren hatte, sondern weil der Zwischenschritt, der Trab, unwahrscheinlich rauh war und meist damit endete, daß ich mit einem Satz von seinem Rücken flog. Während ich an der Seite auf meine nächste Gelegenheit für reiterliche Ruhmeslorbeeren wartete, saß Kathy bei mir und kritisierte meinen Stil. „Halt die Knie zusammen", wies sie mich an, oder „Beuge dich nach vorn". „Versuch, deine Hüften zu entspannen."

Einmal vergaß ich meine Anfängerbefangenheit. Nichts wollte ich mehr, als Welsh Boy zum Traben zu bringen, und ließ ihn meinen Entschlossenheit spüren. Mein Körper sprach ein unmißverständliches Idiom. Wir umrundeten die Koppel wie Roy und Trigger, wie The Lone Ranger und Silver, wie Ginger und Fred, sein Rücken wiegte mich so sanft wie ein Schaukelpferd.

Kathy hatte mir das Selbstvertrauen zum Reiten gegeben. Ich war kein Tolpatsch mehr. Ich hatte, tatsächlich, in diesem Sommerlager einen Hafen entdeckt, einen Aufschub vor der Unerbittlichkeit einer, wie ich es betrachtete, geistlosen Weiblichkeit. Während der gesamten Zeit in der Junior-High-School setzten wir unsere Sommerlager-Allianz fort, suchten Zuflucht in dieser Oase der Wildfänge, bis wir schließlich das ganze Jahr über im gleichen Internat wiedervereinigt waren.

Wie viele progressive liberale Kunstschulen in den sechziger Jahren war die Athenian School ein sicherer Hafen für Freaks wie Kathy und mich, Ausgeworfene des Prep-School-Systems. Beide meinten wir, unser Selbst dort ohne Mißbilligung erforschen zu können. Bei Tanzveranstaltungen an den Wochenenden sprang Kathy herum und drehte sich aus vollstem Herzen, jaulte, völlig a-melodisch, zu Otis Reddings *Try a Little Tenderness*. Alle tanzten gerne mit ihr oder wenigstens in ihrer Nähe. Sie gab sich jedem Lied hin, bewegte Ellbogen, Schultern und Knie wie eine Landpomeranze, wie ein Huhn. Kathy blühte auf, war beliebter, als jede Tanzstundenprinzessin gewesen wäre, hätte es eine gegeben.

Auch ich ließ meine alte Hülle hinter mir, und selbst meine verheerende Handschrift entspannte sich zu einem Gekritzel, das wirklich mein eigenes ist. Mein altes Elend bestand nur noch in dem Wort *Lez*. *Lez* steckte in mir wie ein Splitter. Es benannte mich, nahm die Sehnsucht für sich in Anspruch, von der man erwartete, daß ich aus ihr herauswuchs. Nach dem Unterricht suchte ich oft Trost bei Kathy, ihrer ehrlichen Beratung, frei von der Leber weg. Am Nachmittag durchflutete orangefarbenes Licht und Neroliduft ihr Zimmer, und auf dem Plattenspieler flüsterte eine kratzige Version von Donovans *Wear Your Love Like Heaven*. „Lowe", sagte sie dann, „was immer in deinem Herzen ist, ist gut." Am Ende meines letzten Schuljahres schrieb sie in mein Jahrbuch: „Ich wünschte, ich könnte dich davon abbringen, dir darüber Sorgen zu machen, daß du Lesbe bist. Weil Henry D. Thoreau bessere Worte als ich benutzt, hier ein Zitat: *Wenn ein Mann mit seinen Kameraden nicht Schritt hält, dann vielleicht, weil er einen anderen Trommelschlag hört. Laßt ihn nach der Melodie gehen, die er hört, wie verhalten oder weit weg sie auch sein mag.* Hab Vertrauen in dich, weil ich es habe."

Sie hatte seit langem die Wertmaßstäbe der Anpassung verworfen, die während ihrer Kindheit so gemein gegen sie gerichtet gewesen waren. Bereits auf ihrem eigenen Weg, umarmte sie die Höhen der Anormalität. Es war eine gerissene Trommel, deren Klang sie auf dem Weg ins Erwachsenenleben führte, fort aus der Hörweite der Konventionen. Selbst in ihren Dreißigern glättete Kathy nie ihre Haare. Die Haare an ihren Beinen blieben ebenfalls unerschütterlich natürlich, unrasiert – für eine heterosexuelle Frau der Nach-Hippie-Ära und der postfeministischen Jahre eine ungestüme Manifestation. Kathy, oder Kit, wie sie sich selbst nannte, lebte für zwei Dinge: für die Kinder, mit denen sie in ihrem Beruf als Physiotherapeutin arbeitete, und für das Kajakfahren. Es ist einfach, sie sich vorzustellen, aus ihrem Kajak heraus strahlend wie ein Wildfang beim Geländeritt, mit dem reißenden Wasser rollend, die Haare natürlich, kraus und feuerrot.

Viele Jahre nach der High School stand ich auf einem Balkon in der Circus Disco in Hollywood und überschaute einen Saal voller Männer, die sich im Gleichklang zu *The Hustle* bewegten. Ich erkannte, als ich diese Armee der Liebenden überblickte, daß mein Coming-out Teil einer größeren gesellschaftlichen Revolution war.

Uns war eine Kultur zu eigen, die eine starke Identifikation mit anderen ethnischen Außenseitern empfand. Homos tanzten die heidnischen Rhythmen, sprachen den Dialekt der Geächteten. Die Mainstream-Gesellschaft fürchtete unsere Sexualität, also gingen wir ganz und gar darin auf und verherrlichten sie. Disco war unser Schlachtruf. *Do a little dance. Make a little love. Get down tonight!* Charakterisiert durch die offene Hi-Hat beim Beat vor dem Snareschlag, einem Übereinanderlagern rhythmischer Muster und einem donnernden Bassbeat, trug die Disco lateinamerikanische Mode zur Schau – heidnische Würze. Es war eine Macht, mit der, von der Hüfte an abwärts, zu rechnen war. Wie alle Musik, die aus Afrika stammt, war Discomusik – trotz ihrer Vereinnahmung durch Kreti und Pleti – Tanzmusik, *community*-Musik, eine Hymne der Befreiung.

Ich habe schließlich Schlagzeug gespielt. Endlich hörte ich das richtige *Plop* einer Snare, statt des dumpfen *Bums*, den mein Geschichtsbuch einst lieferte. Das Rascheln des Papiers wurde endlich zum *Tisss* eines großen Messingbeckens.

Ich spielte bei The Love Machine. Wie jede Garagenband übten wir wöchentlich, umgeben von alten Dosen mit Farbe und Motoröl, die Wände und die Decke mit ein paar hundert Eierkartons schalldicht gemacht. Ich war nicht phänomenal, nicht so geradlinig wie Ringo, aber bei weitem besser als Dennis Wilson. Mein größtes Handicap war eine unsaubere linke Hand, und so übte ich den Paradiddle, den verbissenen Rosenkranz des Schlagzeugers, eine Übung, die Beidhändigkeit fördert.

Wie viele Garagenbands feierten wir das zweite Studienjahr, doch im Gegensatz zu den meisten waren wir nur Mädchen, und lesbisch dazu. Unsere Vulgarität war, so stellten wir uns vor, von einzigartig geistiger Anspruchslosigkeit. Wir veränderten die Verse von Oldies, damit sie unserem „Frauen, die Frauen lieben"-Anspruch genügten. *Woolly Bully*, der Texmex-Hit der Sechziger, wurde zu *Fluffy Muffy*. Der Rocksong *Born on the Bayou* verwandelte sich in *Born in a Test Tube*, einen Lobgesang auf die künstliche Befruchtung.

Obwohl Respektlosigkeit Teil unserer Stücke war, bemerkte ich nie ohne Ehrfurcht die hellen Klänge, die mein Schlagzeug produzierte, Klänge, die mich in die Gegenwart schleuderten. Seither habe ich nie mehr etwas so Freudvolles erlebt wie das Spielen mit dieser Gruppe, das Rückgrat zu sein, den Beat zu liefern. Traurig bin ich nur, daß Kit mich nicht spielen sah. Ich bin sicher, daß sie mich angefeuert hätte. Als würde sie mich, vom Rand der Koppel aus, drängen, noch eine Runde zu drehen, bis ich es richtig drauf hatte.

Schau, es ist ein Herbstnachmittag, und das klare Licht ist golden geworden, und die Blätter auf den Bäumen stehen in Flammen, soweit man sehen kann. Doch sogar jenseits dessen, was man sehen kann, erstreckt sich ihr kollektives Brausen wie das Brodeln eines gewaltigen Ozeans. Das sind die Schläge des Beckens. Und jeder Baum, an dem dein Pferd vorbeikommt, trägt zu der Immensität bei.

Die Snare ist der Bronco, der dich durch die Landschaft trägt. Du kannst nichts anderes tun, als deinen Ausbruch auf seinen Schritt einzustellen, kannst nicht verhindern, daß dein Atem mit seinen Hufen in den Staub sinkt. Wohin dich deine Gedanken auch an diesem Nachmittag bringen mögen, du kannst seine Bewegung nicht völlig ausschalten. Seine Muskeln rollen unter dir, und sein Schritt bemißt einen Rhythmus, der für euch beide zur reinsten Freude wird.

Und hier – dein Herz schlägt wild in der Gewißheit, in diesem Augenblick lebendig zu sein – kommt die beständige Bassdrum. Du, liebe Reiterin, bist in diesen goldenen Nachmittag hineingeboren wie in den widerhallenden Bauchsack deiner Mutter.

Kit starb. Ihr Kajak schlug um, und ihr Kopf traf auf einen Felsen. Sie wurde in der Biegung eines Flusses gefunden, eine umgestülpte Medusa, ihr Haar wie Schlingen aus Magma, das unter Wasser abkühlt.

Man sagt, wenn eine Person ertrunken ist, schlägt das Herz weiter, selbst nachdem das Hirn erstickt ist. Welche Rhythmen erfinden Herzen, welche langsamen doch glühenden Tempi können sie halten, wenn niemand mehr da ist, sie zu hören?

Und wenn, wie einige Nachtodeserfahrungen bestätigen, das Gehirn eine Weile nach dem letzten Herzschlag weiterlebt, welche Form werden unsere letzten Gedanken annehmen, während sie durch unsere stillen Körper treiben, zum ersten Mal ohne die Begleitung einer Trommel?

Ich habe mehrere Jahrzehnte dazu gebraucht, aber ich habe gelernt, auf mein Herz zu hören. Damit meine ich, ich habe gelernt, sowohl auf das emotionale Organ zu hören – auf das Tympanon, das mich zum Bett führt, worauf wartend eine Frau liegt, auf die Trommel, der zu folgen mir Kit riet – als auch auf das biologische Herz, die grauselige Pumpe, die mir zuliebe so treulich schuftet. Nachts, wenn das ängstliche Geschnatter meiner Gedanken Einschlafen unmöglich werden läßt, habe ich gelernt, mich auf das unerschütterliche Metronom in mir zu konzentrieren. Das Zusammenziehen meines Herzens fühlt sich wie ein sanfter Schlag auf den Rücken an, das Zeichen meines Körpers um Unterstützung. Ich entspanne mich.

Und während ich meinem Herzen mehr Aufmerksamkeit schenke, verläßt es mich nach und nach. Das listige Organ wird langsamer, wenn ich ruhig werde. Es besteht darauf, lediglich Begleitung, nicht Solist zu sein. Je ruhiger ich werde, desto leiser wird es, bis sein Pendeln zum Schlaflied wird.

In diesen wenigen stillen Augenblicken, wenn ich alleine bin mit meinem eigenen bescheidenen Rhythmus, bevor Träume mit meiner Aufmerksamkeit davontanzen, bin ich voller Liebe für meine Lebendigkeit, für die unsichtbare Macht, die meine Herzklappen preßt, die die rubinroten Kammern schließen und öffnen, immer wieder, mit einem beruhigenden, greifbaren *Bums*.

~ Übersetzung: Käthe H. Fleckenstein und Sibylle Wais

~ Emma Goldman – *1869 (Kovno/Polen) †1940 (Toronto/Kanada); russisch-amerikanische Anarchistin, die Privatbesitz, Kirche und Staat als die größten Übel ansah. Sie glaubte an vollkommene, ungehinderte Freiheit für alle Menschen. Diese wurde ihr erstmals 1893 für ein Jahr entzogen, weil sie Arbeiter zum Aufstand angestachelt haben soll. Danach geht sie nach Wien, kehrt aber 1901 wieder in die USA zurück, wo sie auch prompt wegen Planung eines Anschlags auf Präsident McKinley verurteilt wird. Für die Anschuldigung gab es keinen einzigen Beweis! Von 1906 bis 1917 gibt sie das anarchistische Magazin *Mother Earth* heraus, sitzt während des 1. Weltkrieges wegen des Aufrufes zur Kriegsdienstverweigerung zwei Jahre in einem Bundesgefängnis und wird 1919, während der „Rote-Gefahr-Kampagne" in den USA, nach Rußland deportiert, das sie 1921 auf der Flucht vor den Bolschewiken wieder verläßt. 1931 erscheint ihre Biographie *Living My Life*, 1934 erlaubt man ihr nochmals großzügig 90 Tage Aufenthalt in den USA, damit sie Lehrverpflichtungen nachkommen kann. 1936 geht sie zur Unterstützung der spanischen Anarchisten nach Barcelona. Am 14.5.1940 stirbt sie in Toronto.

~ Paradiddle – Übung für Schlagzeugspieler

Powhiri Rika-Heke

Maori mögen fette Mösen

Powhiri Rika-Heke wurde in Pakotai im Mangakahia
Valley, Taitokerau, Aotearoa, geboren und ist
Ngapuhi, Ngati Hine, Te Rarawa, Ngati Kahu,
Te Aupouri Abstammung. Aufgewachsen bei ihrem
Großvater auf dem Land ihrer Vorfahren, faszinier-
ten sie die Geschichten von *whakapapa* und *whenua*
sowie die stolzen Geschichten ihrer *whanaunga*.
Derzeit lehrt und lernt die Schriftstellerin an der
Universität Osnabrück.

„*Kia ora, cuz*. Was hast du vor?" Sie hält den Telefonhörer zwischen Kinn und Schulter, während sie hinüber greift, um den pfeifenden Kessel abzustellen. „Ich hab grad' einen Tee gemacht. Komm rüber und leiste einem armen ‚Sozialhilfeschnorrer' Gesellschaft." Sie denkt an die Leute in der Gemeinde, die Studierende nur als nichtsnutzige Verschwender betrachten. „Will dir erzählen, was für Gedanken mir gerade so durch den Kopf gehen." Sie nickt auf eine Frage vom anderen Ende der Leitung. „Shit, du stellst ja harte Forderungen. Ja. Ich habe ein paar *takakau* gemacht. Sie sind noch glühend heiß. Bis gleich." Sie legt den Hörer auf, kichert über die Eindringlichkeit ihrer Freundin, wenn es um Essen, besonders um Maori *kai*, geht.

Zufällig erklingt das Klopfen an der Hintertür gleichzeitig mit den letzten Vorbereitungen zum Tischdecken. „Komm rein, wenn du gut aussiehst!" ruft sie über den Lärm hinweg.

„*Kia ora*, Ngakiri. Sag mir, daß meine Nase sich nicht täuscht. Rieche ich geräucherte Schinkenknochen?"

„Heb doch mal den Topfdeckel. Wenn der *puha* durch ist, können wir sofort essen." Sie lächelt über Leahs nicht zu verbergenden Enthusiasmus, als sie den Deckel hebt, um eine duftgeschwängerte Dampfwolke zu entlassen.

„Es ist fertig, es ist fertig!" Leah hüpft und reibt sich in gieriger Vorfreude die Hände.

„Würdest du auch sagen, wenn es noch roh wäre", neckt Ngakiri.

„Würd ich nicht!" erwidert Leah, und ihr Gesicht maskiert sich hinter vorgetäuschter Verletzlichkeit.

Das freundschaftliche Hin- und Hergeplänkel in der Küche hält an, während das sehnlichst Erwartete in eine Servierschüssel geschöpft und auf den Tisch gestellt wird, ungeachtet Leahs Protest, daß dies nur mehr Abwasch bedeute und: „... warum denn nicht einfach den Topf auf den Tisch stellen?"

Ihre Tischplaudereien streifen nur leichte Themen: wer es mit wem treibt, Coming-out-Klatsch und das unausweichliche Gejammer über fällige Hausarbeiten, nicht gelesene Lektüre und hirnrissige Dozenten, die einfache Gedanken in eine undurchdringliche Sprache fassen, als sei sie eine Torhüterin, die Unwillkommenen den Zugang verwehrt.

Eine entspannte, gesättigte Leah läßt sich in den Sessel plumpsen und tätschelt ihren *puku*. Nach einem letzten peniblen Auswischen der Spüle gesellt sich Ngakiri im Wohnzimmer zu ihr. Der Earl Grey steht griffbereit in der Nähe, noch ein Täßchen als willkommenes Ritual nach dem salzigen Hauptgericht.

„Das war absolut, unanfechtbar, unglaublich, unbestreitbar ... lecker, Ngakiri. Ich werde eine Woche lang nichts mehr essen können." Ngakiri hebt ungläubig eine Augenbraue. „Okay! Ich werde bis morgen kein Stück mehr runterkriegen." Noch einmal ein Heben der Augenbrauen, und ein Kissen landet an Ngakiris Kopf.

„Okay, okay! Tut mir leid. Ich sollte es dir nicht so schwermachen. Du bist der größte Fan meiner Kochkünste, den ich kenne." Sie lachen und beginnen, schweigend ihren Tee zu schlürfen. Beide denken über ihre wachsende Freundschaft nach und über ihre *whanaungatanga*, derer sie sich nicht bewußt gewesen waren, bis sie vor drei Monaten beim „FrauenMahl" auf dem Campus zusammensaßen. Bis dahin waren sie kaum mehr als sich zunickende Bekannte gewesen, obwohl jede die Einstellungen der anderen nach zufälligen Treffen bei verschiedenen *hui* gemustert hatte. Doch beide waren zu *whakama* gewesen, um mehr als belanglose Konversation zu machen.

„Also, was sind das für Gedanken, über die du mit mir reden wolltest?" fragte Leah und brach die Stille.

„Hast du *Mythos Schönheit* von Naomi Wolf gelesen? Hat letztes Jahr gewaltiges Lob bekommen und ist Textempfehlung in Ste-

phies Kurs ‚Dem Körper zum Recht verhelfen'." Ngakiri denkt an
die Kursleiterin Stephie Marks und muß gestehen, daß ihr Interesse an der Frau mehr als nur akademischer Natur ist. Ngakiri re-
spektiert ihre Ansichten und, obwohl sie bei Leuten vorsichtig ist,
die sie als „wiedergeborene Anti-Rassisten" betrachtet, spürt sie
in Stephanie eine Verbindlichkeit und Ernsthaftigkeit bar jeder
paternalistischen Schuld. Stephie ist eine, in die Ngakiri – jedenfalls im Moment – einige Energie zu investieren bereit wäre. Ihr
wird klar, daß dieses Interesse an einem weißen Mädel ihre Einstellung und vorher ausschließliche Festlegung auf Maori-Frauen
in Frage stellen wird. Aber das kann warten, beschließt sie,
während ihre Gedanken sich wieder auf das angesprochene Thema konzentrieren. Sie ist besorgt, weil sie das Thema erwähnt hat.
Denn obwohl sie und Leah sich in den letzten paar Monaten sehr
nahe gekommen waren und über buchstäblich alles sprachen, haben sie anscheinend in unausgesprochener Übereinstimmung die
intimeren Themen immer umgangen.

Ngakiri räuspert sich und fragt: „Hast du gewußt, daß Maori fette Mösen mögen?"

„Was!"

„Hast du gewußt, daß Maori fette Mösen mögen?" Ngakiri ist
verlegen.

„Teufel noch mal, *cuz*. Du weißt aber auch, wie man saftige Fragen herauspickt. Fragst du mich, ob wir, ob ich 'ne fette *teke* mag?
Um ehrlich zu sein, mir ist es egal, wie groß sie ist, solange sie
funktioniert", kichert Leah.

„Du Ei! Nichts als schmutzige Gedanken im Kopf!" Ngakiri versucht, der Situation einen Hauch von Schicklichkeit zu geben.

„He! Du hast mit dem Thema angefangen, nicht ich. Und überhaupt, was ist denn das für eine Frage, die du einem unschuldigen,
auf einer Farm aufgewachsenen Mädchen wie mir da stellst?" Leah spürt, daß Ngakiri sich immer noch ein wenig unbehaglich
fühlt. Das amüsiert sie. Sie erinnert sich an das erste Mal, als Ngakiri ihr auffiel. „Holt euch die Nacht zurück" war die heiße Kam-
pagne auf dem Campus. In den meisten Vorlesungen wurde die
Veranstaltung angekündigt, und die Leute wurden aufgerufen, am
Demonstrationszug durch die Stadt teilzunehmen. Ein paar Hundert Menschen, hauptsächlich Frauen, hatten sich versammelt
und den Reden bekannter Vertreterinnen örtlicher Frauenver-

bände gelauscht, ein paar Transparente geschwungen, das Zusammensein der „Globalen Schwesternschaft" genossen und die Öffentlichkeit wissen lassen, daß Frauen von den Gewalttaten genug hatten, die Männer an ihnen verübten.

Ngakiri hatte wie ein Leuchtturm herausgeragt. Sie war, Leah zufolge, sehr, sehr süß, rauchte nicht – wenigstens hatte Leah das während der zweieinhalb Stunden, in denen sie herumgestanden hatten, nicht bemerkt – schien politisch auf dem Laufenden zu sein und war auch noch Maori. Leah hatte nur noch eine weitere Maori-Frau gesehen, und die stand bei einer Gruppe von Christen, die mit Rufen wie „Nicht alle Männer sind Vergewaltiger!", „Auch Jesus war ein Mann!" und „Frauen sind auch gewalttätig!" die Rednerinnen unterbrachen. Leah bedauerte, an diesem Abend nicht mit Ngakiri gesprochen zu haben, und eine Schüchternheit, die ihr als Teil ihrer Persönlichkeit unbekannt gewesen war, hatte sie später davon abgehalten, die Initiative zu ergreifen und Kontakt aufzunehmen. Bis zum Abend des „FrauenMahls", bei dem sie nicht verhindern konnte, mit ihr zu sprechen, denn sie saßen nebeneinander.

„Komm schon, Freundin. Raus damit", ermutigte Leah.

Ngakiri erzählt Leah, wie wütend sie gewesen war, als sie die Zeile in *Mythos Schönheit* gelesen hatte: „Maori mögen fette Mösen." Wer zum Teufel hatte diesem „weißen Mädchen" eingeredet, so einen Spruch loszulassen? War er lediglich Mittel zur Untermauerung ihrer Behauptungen, Schönheit sei nicht universal gegeben, oder war sie von einem Maori-„Experten" angeschmiert worden, der auf ihre Kosten einen Lacherfolg erzielen wollte? Was auch der Grund hinter dieser hingekritzelten Zeile gewesen sein mochte, Ngakiri war ziemlich wütend. Nach der Vehemenz ihrer ,Rede' kam Ngakiri wieder im Sessel zur Ruhe.

„Ach komm, *cuz*, fluche nicht." Leah beugt sich vor und streichelt Ngakiris Knie. „Was können wir gegen einen solchen Mist denn tun, außer Briefe an die Autorin, den Verlag oder an den *Listener* zu schreiben. Vielleicht bekam Ngaire ..."

„Naomi ...", unterbricht Ngakiri.

„Ja, vielleicht hat irgend jemand Naomi gesagt, daß Maori tatsächlich fette Mösen mögen, und sie hat es in gutem Glauben in ihr Buch aufgenommen. Mensch, ich weiß auch nicht ..." Sie verfällt in Schweigen, die Hand ruhig auf Ngakiris Knie.

„Aber verstehst du denn nicht? Es sind genau solche Behauptungen, die uns immer und immer wieder als Volk definieren – uns aller Welt wie Ausstellungsstücke präsentieren. Und das geht mir auf den Senkel. Ach Scheiße! Warum regt mich dieser Mist dermaßen auf?" Mit diesem Seufzer beugt sie sich nach vorne und in Leahs Arme hinein.

Leah spricht leise und ist plötzlich gar nicht mehr der Clown. „Ngakiri, ich weiß nicht, ob Maori fette Mösen mögen oder ob das ein Faktor war, der Frauen begehrenswert machte. Ich weiß nur, daß ich dich mag, und es ist mir egal, wie groß deine Möse ist."

Leah hält Ngakiri von sich weg, die Wangen gerötet. Jetzt ist es an ihr, verlegen zu sein. „Tut mir leid, ich wollte dir nicht zu nahe treten. Es ist nur, ich mag dich unheimlich gern, politische Einstellung und whanaungatanga beiseite und ..."

„Ist schon gut", unterbricht Ngakiri. „Ich weiß, was du sagen willst. Es ist okay, ehrlich!" Nun, Stephie Marks, du bist ein süßes weißes Mädchen, aber ich glaube, ich habe eine dunkle Seelenverwandte gefunden, und das fühlt sich sehr gut an. Sie hält Leah fest, streichelt ihre Schultern. Und wenn du denkst, deine hingekritzelte Zeile wird hier begraben, Naomi Wolf, wirst du dein blaues Wunder erleben. Maori mögen in der Tat fette Mösen!

~ Übersetzung: Käthe H. Fleckenstein

~ *cuz* – Kumpel
~ *hui* – Versammlung, Treffen
~ *kai* – Essen
~ *kia ora* – Auf Wiedersehen, Hallo, Viel Glück
~ *Listener* – Zeitschrift
~ *puku* – Bauch
~ *puha* – spinatartige Sumpfpflanze, Gänsedistel
~ *takakau* – ohne Hefe gebackenes Fladenbrot
~ *teke* – Möse
~ *whakama* – schüchtern
~ *whakapapa* – Abstammung, kulturelle Identität und Herkunft
~ *whanaunga* – ausgedehnte Familie, Verwandtschaft
~ *whanaungatanga* – Verwandtschaftsbeziehungen
~ *whenua* – Land, Erde, Plazenta

Nice Rodriguez

… wer ist die größte Butch im Land?

Nice Rodriguez' erste Publikationen waren Börsen-,
Handels- und Unternehmensberichte in führenden Finanzzeitschriften in Manila. Als die *Financial
Times of Manila* eingestellt wurde, erhielt sie die erste Gelegenheit, Artikel für *People's Magazine* zu
schreiben. Als sie merkte, wie homophob das
Arbeitsklima des Landes war, wechselte sie zur
Berichterstattung über Stars, Künstler und Promi-
nente. Vor ihrer Emigration nach Kanada im Jahre
1988 war sie stellvertretende Lektoratsleiterin bei
der *Philippine Daily Globe*. Heute arbeitet sie beim
NOW-Magazine in Toronto.

Komm her, *Butchokoy*. Du brauchst einen Rat. Ich will mich nicht
in deine Angelegenheiten mischen, aber laß uns mal von Lesbe zu
Lesbe reden. Du verschwendest dein Leben, wenn du deine ganze
Zeit an diese *mars* vergeudest. Was wird dir geschehen? Du wirst
alt, *pars*. Schau dir mal die Fältchen an, deinen gebeugten Rücken,
deine zittrigen Knie und deine Gichtfinger – und immer noch jagst
du Frauen hinterher!

Du kannst dein Leben nicht an Frauen hängen. Du kannst keiner trauen. Wenn es an einem heißen Märznachmittag wie diesem
regnet, schau mal in die Kirchen, *pars*. Es kann sein, daß eine *mars*
mehr einen Mann zum Heiraten gefunden hat, und das Wetter
wird schlimmer. An solch einem Tag zischt das heiße Pflaster bei
jedem Regentropfen, und etwas in mir kocht auch.

Hör auf zu träumen, *pars*. Du hast immer gedacht, sie würde dich
retten, wenn ihr Haus brennt, und sie könnte nur einen retten, nur
einen – dich oder einen Mann? *Pars*, selbst wenn sie wüßte, daß er
Feuerwehrmann ist, müßte sie ihn retten. Sie würden dich brennen lassen, bis du schön knusprig bist. Fast kannst du dein brut-
zelndes Fleisch riechen und ihre umschlungenen Silhouetten sehen,
wie sie durch die Flammen in die Sicherheit entschwinden. Was sie
und der *bombero* nicht wissen, ist, daß du widerstandsfähig bist

wie Asbest. Du weißt, daß sie dich verläßt, und du bist darauf vorbereitet.

Du kannst dein Leben nicht den Frauen opfern und nichts als bittersüße Erinnerungen zurückbehalten. Das ist eine schlechte Investition. Wenn du zu was kommen willst, *pars*, dann spiele um Frauen. Aber du darfst nicht verlieren. Was wird dir passieren? Was wird deine Zukunft sein? Du wechselst die Jobs, als wären es Frauen. Du hast kein Ziel. Du versuchst es – und ich weiß, wie aufreibend es sein kann –, doch du fühlst dich, als hingest du fest. Kannst du wirklich in einer Verwaltungs- oder Firmenstruktur in der gleichen Geschwindigkeit wie die anderen aufsteigen? Werden sie dich wirklich in Ruhe lassen?

Pars, du träumst schon wieder. Es bricht mir das Herz, wenn ich noch eine desillusionierte Lesbe sehe. Es gibt nur eines, wofür du lebst – Frauen. Du verstehst es mit ihnen –Tatsache! Ja, sie verlassen dich, weil du in ein paar anderen Dingen schlecht bist. Aber nutze deine Fertigkeiten und Talente gut. Mit der richtigen Frau kommst du an die Spitze. Du bist so sehr daran gewöhnt, unten zu sein, *pars*. Das ist das Problem mit dir – du bist gerne da unten.

Die Kellnerin in dem Nudelrestaurant, die mir schon eine ganze Zeit lang schöne Augen macht, sie sieht großartig aus, aber schau dir ihren gelben, faulenden Schneidezahn an. Jede Wette, wenn ich ihr nachstelle, erwartet sie von mir, daß ich die Zahnarztrechnung bezahle, wenn ihr der Zahn herausfällt. Deshalb ist diese Sorte nichts für mich. Ich jage die mit Geld. Du warst doch in meiner Wohnung, *pars*. Zwei Farbfernseher, ein Betamax, ein CD-Player und eine Karaoke-Maschine. Mein rostiges Auto läuft immer noch. Glaubst du etwa, ich könnte mir diesen Luxus leisten, ohne ein bißchen Unterstützung von meinen Freundinnen?

Pars, du jagst Frauen mit Anfängerinnengehalt. Schau dir ab und zu mal die Älteren an. Sie sind nicht so fest und sorglos, aber sie verdienen doppelt soviel wie du (manchmal dreimal soviel). Und sie haben gespart, für Regentage. Alles, was du tun mußt, ist, einen Sturm heraufzuträumen. Oh, sie können großzügig sein.

Pars, ich werde nie wieder hungern, und ich werde auch nicht noch mal Wurzelgemüse essen. Ich gehe nicht mehr zurück zur Müllkippe. Ich werde mich nicht wieder hoch verschulden. Ich möchte ein einfaches Leben. Wie auch immer dieses Leben werden wird, ich werde keine Not leiden.

Hör mir zu, *pars*. Wildere in den Territorien verheirateter Frauen. Manchmal sind sie leichte Beute. Haben sie nicht reiche Ehemänner? Eifersucht bringt dich nicht weiter. Sie sollen diese Arschlöcher behalten. Schau dich um: jede Menge verlassener und ausgehaltener Frauen. Wie die, deren Ehemänner einen Arbeitsvertrag im Ausland haben. Sie sind einsam, *pars*. Das Dollarbächlein wird hier zur Pesoflut. Treib dich in den Bistros und Cafés herum. Wenn du ein Geheimnis für dich behalten kannst, die Schönen der Gesellschaft könnten ein bißchen Abwechslung gebrauchen. Die Unternehmerinnen und Geschäftsführerinnen, die einst alte Jungfern waren. Beschwer dich nicht, wenn sie nicht viel Zeit für die Liebe haben. Sie haben Geld zum Ausgeben. Vergiß die Feministinnen. Sie sind zu sparsam! Sie werden dir ständig damit auf die Nerven gehen, daß du zu macho bist.

Die Zeiten haben sich geändert, aber hast du dich auch verändert? Was hältst du von meinem Plan? Ich will ins Ausland, wo die Kindermädchen sind, und ich werde sie verführen. In diesen Kreisen sind sie verrückt nach, *t-birds* wie uns. Ich werde Torontos bester Kindermädchen-Verführer, und ich werde keinen Tag mehr in meinem Leben arbeiten müssen. Benutz dein Hirn, *pars*. Es gibt unzählige Möglichkeiten. Ich bin nicht wie die anderen Butches, die ihren letzten Centavo für einen billigen Flirt aufsparen. Was wird aus ihnen werden?

Du bist nur eine mehr, die was zu verkaufen hat. Deine Ware ist das Vergnügen, und deine Preise sind flexibel. Es kommt auf die Jahreszeit an. Das Gesetz von Angebot und Nachfrage. Ich hab genug von *lab*. Zum Teufel mit *lab*. Ich bin fertig mit Weinen. Oh, *pars*, deine Augen sind schon wieder geschwollen. Welch lächerlicher Anblick! Du hechelst wegen der armutgeplagten Studentin. Was hast du von ihr bekommen? Noch nicht mal einen Satz neuer Unterwäsche, könnt ich wetten. Hast du sie mit Geschenken überhäuft, *pars*? Schon wieder, wie die eine vor ihr? Hast du gesagt, du wärest pleite? Ich will dir ein Geheimnis verraten: An genau diesem Tag, an dem du eine Frau zum Lieben gefunden hast, sei sicher, daß sie dich verlassen wird. Das wird dich Vorsicht lehren. Für ihre immerwährende Ergebenheit kannst du dir nichts kaufen. Wie viele Pesos ist sie wert? Frage dich immer – was wird aus mir werden? Es ist Zeit, an dich selbst zu denken. Wird es immer so sein?

Ja, manchmal hast du Glück. Einmal in zehn Jahren macht der Himmel Ausverkauf, und Frauen, die Butches lieben, schießen aus dem Boden. Du findest eine wirklich liebevolle. Sie ist verrückt nach dir. Sie ist gut, es scheint richtig. Aber da du es gewohnt bist, unerwünscht zu sein, ein Ausgestoßener, bringt dich solch eine Zurschaustellung von Harmonie und Liebe um. Du wirst ruhelos. Argwöhnisch. Du kannst nicht atmen. Du fragst dich, was will sie von mir? Mein Geld? Meine Zeit? Was hat sie vor? Also versiebst du auch das. Gute oder schlechte Frau, *pars*, alles dasselbe. Was wird aus dir – aus uns?

Also das ist deine Chance. Geh und bitte sie um Kleidung. Wenn sie eine Schneiderei besitzt, hast du Glück. Du kannst Maßgeschneidertes bekommen. Du kannst *pobre* aussehen. Du mußt dich anziehen, als hättest du Geld und wärest an ihrem nicht interessiert. Laß dir von ihr Rasierwasser und Parfüm geben. Tu so, als seist du so verloren ohne sie, daß du dich nicht mal um deine Bedürfnisse kümmern kannst. Laß sie deine Toilettenartikel kaufen – Zahnpasta, Zahnbürste, Shampoo und Seife. Fang an, wie ein Mann zu stinken. Sie wird es dir kaufen. Stehle ihre Binden und ihre Slipeinlagen. Welch großartige Sparmöglichkeiten!

Wenn ihr ausgeht, laß sie die Rechnung bezahlen. Erzähl ihr, daß du abnimmst , weil sie kaum noch kocht. Sage so was wie „Sehe aus wie ein unterernährtes Straßenkind". Sie wird dich sicher aufpäppeln. Bring sie dazu, die Filme zu bezahlen, die du anschaust, die Videos, die du ausleihst. Zahle nur für deine Lieblingsfilme – die Indizierten – ,weil sie niemals für Schund zahlen würde. Laß dir von ihr deine Miete bezahlen, die Stromrechnung bei MERALCO und die Wasserrechnung bei NAWASA. Und ja, noch wichtiger, *pars*, laß sie in deine Zukunft investieren. Zum Beispiel in deine Ausbildung. Bitte sie, dich in einen Filmworkshop zu schicken. Oder in das Fotografieseminar. Sag ihr, daß du dich langweilst. Nebenbei, du willst ihr nicht ewig auf der Tasche liegen. Natürlich wirst du das. Sprich über eine gemeinsame Zukunft. Heuchle Optimismus. Wenn sie es sich leisten kann, laß sie für deine Weiterbildung bezahlen. Deine Bücher und Lehrmittel. Wenn du wirklich das große Los ziehst, bitte sie um ein Auto. Sag so was wie, du möchtest immer mit ihr zusammen sein, sie zu ihren Terminen fahren und Zeit für die Liebe in Manilas sengender Verkehrshitze finden. Wenn das nicht realistisch ist, bitte um Geld fürs Taxi.

Was machst du mit dem niedrigen Gehaltsscheck, den du nach Hause trägst? Heb ihn auf. Spare ihn jetzt. Wann wirst du anfangen? Und wenn sie nicht hinsieht, klaue ihr ein paar Pesos aus ihrer Geldbörse. Schüttele die Börse, in der sie die Münzen aufhebt, und fange an zu singen: „Mano po, ninang ko" – Segne mich, Hausmütterchen. Kauf dir ein paar neue Schuhe. Sie wird das Geld sowieso nicht zusammenhalten. Laß sie deine Sonnenbrille bezahlen und deine Medikamentenrechnung. Erzähle der Frau in der Reinigung, daß du nicht der Boß bist. Sie wird den Wink mit dem Zaunpfahl verstehen. Mach eine Einkaufsliste und lege sie in ihren Kalender. Sie wird einkaufen.

Und warum sollte sie nicht dafür bezahlen? Ist es deine Schuld, daß sie mehr verdient? Deine Mädchen verdienen immer mehr. Die Leute wissen nicht mal, daß sie queer sind. Es ist der gerechte Ausgleich dafür, daß du dich ruhig im Hintergrund hältst. Dieses Arrangement ist mir ganz recht. Sage ihr, daß du nie befördert werden wirst, weil du nicht mit dem Chef schläfst, wie die anderen Frauen in deiner Firma. Du bist nur ein kleines Licht in der Fabrik. Sag ihr, du willst dein eigenes Geschäft gründen, und sie wird dir möglicherweise ihre Hilfe anbieten. Nimm das Geld. Welches Geschäft willst du eigentlich aufmachen? Du haßt Menschen. Du wirst sie vertreiben, bevor du nur herausgefunden hast, was du verkaufen willst. Buh!

Denk dran, pars, sie ist deine Hoffnung. Du kannst auf niemanden und nichts sonst zählen. Sie ist dein Land. Sie ist deine Regierung. Sie ist deine Bank. Deine Krankenversicherung. Deine Sozialversicherung. Dein Beruf. Deine Familie. Deine Welt. Jedes deiner Blutkörperchen schreit nach einer Frau, und es gibt nichts, was du mehr ausbeuten kannst, von dem du mehr zu erwarten hast. Wenn du überhaupt bequem leben willst, beherzige diesen Rat.

Soll sie dich ruhig unreif nennen. Einen Schmarotzer. Sie wird dir sagen, „Werd endlich erwachsen". Das ist eine List, und deshalb ermahne ich dich. Sie riecht dein Geld, und sie will ihren Anteil daran haben. Tricks. Ja, sie wird plötzlich wieder zu Verstand kommen. Sie wird dich verlassen. Laß sie gehen.

Sie sind alle gleich. Es wird andere wie sie geben. Wenn sie dich verlassen hat, sieh dich um und erkenne, was du alles gewonnen hast. Fühle ihre faßbare Präsenz in diesen Schätzen. Du hast deine Sache gut gemacht. Ich bin stolz auf dich.

Ja, sie wird dir wegen einem Mann den Laufpaß geben, aber mußt du deshalb ins Grübeln verfallen? Frage nie auch nur ver-rückterweise, warum sie dich verlassen hat. Ich werd dir sagen, was sie sagen wird: „Du hast zuviel von mir verlangt." Okay, *pars*, sag ihr, was du immer allen *mars* an den Kopf wirfst. Komm schon, sag's ihr! „Ich habe dich nie gebraucht. Überhaupt niemals!" *Pars*, du bist so ein Lügner! Aber wenigstens wirst du diesmal ein Ge-winner sein. *Mabuhay!* Hey, *pars*. Ich habe vergessen, dich zu fra-gen: Hast du sie überhaupt jemals gefickt?

Butches sind ein melancholischer Haufen, aber ich bin der be-dauernswerteste *pars* von allen. Ich mache Sex mit einem Bank-automaten. Aber wenn du mich allen Ernstes fragst, was mich wirklich heiß macht, es ist eine Hete. Lesben sind zu einfach. Sie langweilen mich. Ich bin heiß auf Heten. Du glaubst wirklich nicht, daß sie Heten sind, aber wenn du sie fragst, sind sie auch keine Lesben. Übergib sie dem Militär. Vielleicht bringt die Wasserfol-ter oder Elektroschocks sie dazu zu „singen".

Ich habe aufgegeben. Ich? Ich kann angstlos vor einem Er-schießungskommando stehen. *Tibo ako!* Ich bin butch. Peng. Peng. Wert, dafür zu sterben. Ich habe dieser imaginären „Bruder"schaft Treue geschworen. Meine Loyalität ist über jeden Zweifel erha-ben. Andererseits könnte ich sterben, ohne zu wissen, was diese Frauen sind.

Ich bin fasziniert von diesen hetero-aussehenden Frauen. Ich bin eine Geisel ihrer offensichtlichen Verachtung für meine Art Leute. „Pah! Ich werde nie mit jemand wie dir schlafen", sagen sie. Das ist ein Spruch, der mich anmacht. Ich werde verführerisch rachsüchtig, und die Verfolgung dieser gnadenlosen Frauen wird zu meinem Trachten. Wer sagte doch gleich, ich sei nicht „sachori-entiert"? Ich weiß besser als je zuvor, daß meine Beute sich nicht in Lesbenbars herumtreibt. Vielleicht ist sie in einer Karaoke-Bar, aber ich glaube kaum, daß sie samstags bei einer Lesben-Nacht im Whisper Club verkehrt.

Ein Künstler kann grün-grau von grau-grün unterscheiden, was ich nicht kann. Automechaniker können einen beschleunigenden Toyota von einem Mitsubishi unterscheiden, was mir völlig ab-geht. Aber ich bin auf psychischem Gebiet begabt, eine willige, neugierige Frau ausfindig zu machen. Ja, eine Hete – nur Heteras, meistens Heteras, noch mehr Heteras. Sie kommen nicht in Herden, was gut ist, denn wenn du die Intensität meiner Empfindungen für sie kennen würdest, würdest auch du um Gnade bitten.

Einst träumte ich, ich wäre ein Vogel. Eines Tages pickte ich an einer Puki-Nuß. Plötzlich war es egal, ob ich jemals wieder fliegen würde. Alles, was ich wollte, war, Puki-Vogelweibchen anzuschauen, die über mir am Himmel flatterten, als wüchsen mein Kopf, meine Flügel und mein Schwanz aus meinem gefiederten Herz heraus. Ich lauschte seinem Herzschlag und beschreite den Pfad, auf dem sein wildes Schlagen anhielt. Ich wollte nirgendwo anders hingehen, als dorthin, wo die Puki-Vögel waren.

Niemand kennt die Prinzipien der Butch, aber es gibt sie. Ich habe alles in knallgelb ausgemalt bekommen seit meiner Bewußtseinsdämmerung. Ich schreite jeden Tag auf diesem Pfad. Andere Leute kreuzen meinen Weg, aber sie bleiben nicht lange. Immerhin: der Weg der Butches ist einschränkend eng. Er führt mich zu meinem Bestimmungsort und bringt mich wieder zu meiner Bleibe zurück. Es ist ein einsamer Weg. Dir kann die Welt gehören, aber diese *esquinita* ist meine Zuflucht. Ich werde niemals für mein Land sterben, noch für irgendeine der Frauen, deren Leben einst schamlos mit meinem Weg verschlungen waren. Aber jeder, der in meinen engen Winkel eindringt und meinen schmalen Pfad blockiert, wird geschlachtet.

Jetzt sehe ich eine Frau, die mich mit diesem „Ich-werde-diese-Stelle-nicht-verlassen"-Blick anschaut. Ich habe manchmal ein paar Ablenkungen wie sie. Sie neckt mich, und ich halte hinter ihrer Barrikade an. Ich wende und eile zurück, hoffe, daß sie weg ist, wenn ich wiederkomme, aber sie feuert abwechselnd Kügelchen aus ihren Nippeln. Ping! Ping! Ich schaue mich um, und sie lächelt mich an. Ich bin liebeskrank. Es dauert nur zwei Sekunden, um mich verliebt zu machen. Sie ist schlicht und einfach; sie könnte eine Slum-Bewohnerin sein. Ich schaue noch mal hin. Unter dem Licht des Zaubermondes möchte ich ihr meine Pension anbieten und sie zur alleinigen Nutznießerin meiner Versicherungspolice machen. Alles, was ich aus den Frauen vor ihr herausgemolken habe, scheint nur dieser einen Absicht gedient zu haben, nämlich, der verführerischen Armen ein gutes Leben zu verschaffen. *Butchokoy*, laß mich los! Ich muß sie halten und meine karmischen Schulden begleichen. Sie sieht nicht hetero aus, aber warum steht sie auf dem Pfad der Butches? Ich bin vernarrt in

diese herzverschlingende Bettlerin. Sie ist bedürftig. Sie ist ver-
armt. Sie ist pleite. Laß mich gehen, *pars*. Es ist mir egal, was aus
mir wird. Es war mir schon immer egal!

*Als Vogel träumte ich, ich verdrahtete und band drei Bäume zu einem
Dreieck. Das war mein Winkel im Puki-Wald. Ich gab das Fliegen auf,
genauso wie ich alle anderen Dinge aufgegeben hatte, für das Privileg,
ein Puki-Fan zu sein. Ich schlafe auf den dicht belaubten Zweigen eines
Sternapfelbaumes und arbeite und esse auf dem lichteren Chirimoya-
Baum. Ich wand einen letzten Draht an einen blühenden Kalachuchi-
Baum. Auf seinem dicken, soliden Ast drehe ich mich und verneige
mich und stehe auf meinem Schnabel, während ich meine Chakras in
Einklang bringe, besonders an Tagen, an denen ich mich fühle, als
hätte ich meinen empfindlichen Körper an den Glasscheiben eines
Gebäudes zerschmettert. Wenn ich einen Puki-Vogel sehe, rufe ich
meinen Paarungsruf: „Puki, Puki-Puki-Puki." Manchmal variiere ich
das Lied zu einem umgänglichen „Pekpek-Pekpek-Pekpek-Pekpek".
Wenn Zugvögel von weither zu Besuch kommen, rufe ich sie mit meinem dick akzentuierten „Pussii-Pussii-Pussii-Pussii", hoffe, daß
selbst Vögel mit anderem Gefieder kommen werden, um auf meinem
Dreieck zu hocken.*

Nichts geht über das lustvolle Verfolgen einer heterosexuellen
Frau, aber sei auf den bevorstehenden Kummer gefaßt. Sie mag
„Befreie mich!" schreien, doch sie wird dir Schwierigkeiten machen. Das erste Mal, wenn sie dich sieht, wird sie dir prüde Blicke
zuwerfen. Seltsamerweise wird sie dich weiter ausforschen. Eine
Lesbe zu ficken, mache ich mit links. Mit einer Hete anzubändeln
ist eine herausfordernde Begegnung von Geist, Körper und Seele.
Sie verwundet deinen Stolz und erschüttert deine Seele. Sie gräbt
deine übelste Seite aus. Sie wird zum Schatten deiner Angst, selbst
wenn du versuchst, dein Bestes zu tun, zu gewinnen und sie zu halten. Wenn der Kontakt erst mal gemacht ist, gehst du daraus nie
mehr als dieselbe hervor. Du steigst auf die nächsthöhere Ebene.
Du wirst noch butcher.

*Als junger Vogel habe ich sehr wenige Puki-Vögel mit meinem Paa-
rungsgesang angelockt. Wenn sie bei meinem Dreieck auftauchten,
packte ich sie, bevor sie ihre Meinung ändern und wegfliegen konnten.
„Yipee-Grab-Grab-Yum-Yum-Yum." Wir rieben einander das Gefieder, bis die Hitze unserer Haut die Federn löste und ausriß. Der Wind
blies unsere Federn herum, dorthin, wo andere Puki-Vögel sie in der*

Luft fliegen sahen wie eine lockende Einladung. Die Paarungszeit endete niemals für uns. In den Regenmonaten bebten wir nur und taten es schneller. Als ich jung war, war ich nicht wählerisch, denn es gab nur wenige mutige Puki-Vögel, die mein Dreieck besuchten, und es waren nie genug für mich.

Du willst, daß ich deine Freundin bin? Du weichst ab von den Prinzipien der Butch und willst nur befreundet sein? Ich übertrete niemals deine Prinzipien, es sei denn, du übertrittst unvorsichtigerweise meine. Siehst du meine Uhr? Es ist eine Herrenuhr. Siehst du meine Schuhe? Es sind Herrenschuhe. Schau dir meine Wimpern an, ob du Mascara entdeckst. Ich werde nicht deine Freundin sein! Außerdem, ich kann nicht mit jemandem gut befreundet sein. Ich bin so selbstgenügsam. Wenn du nicht mit mir schlafen kannst, vergiß es. Und warum sollte ich nach dir verrückt sein? Du entsprichst nicht meinen Vorstellungen. Ich bin so eifrig wie ein Taschendieb. Komm her, zeig mir dein Sparbuch. Du bist nur Zeitverschwendung, Süße.

Das Dreieck hat früher nie viele Puki-Vögel angezogen. Die Zeiten haben sich geändert. Jetzt hocken sie Flügel an Flügel auf meinem Draht, biegen die Bäume mit ihrem Gewicht. All ihr Puki-Vögel auf meinem Draht: liebt ihr mich, oder ist es gerade hip, auf der Liste der vom Aussterben bedrohten Vögel zu stehen? Verschwindet aus meinem Dreieck, ihr Imitationen! Ich träumte, ich schüttelte heftig den Draht, bis einige der Möchtegerne herunterfielen und sich wieder dem Puki-Schwarm anschlossen.

Weise mich zurück! Das Prinzip der Butch ist eine Grenze. Es ist ein verbotener Pfad, aber ich verstehe nicht, warum Heten diesen Umweg gerne nehmen. Sind eure Autobahnen wieder von Schlaglöchern übersät? Weise mich zurück! Warum sollte ich von dir erwarten, daß du mich anders behandelst? Du bist mein letzter Versuch um Akzeptanz. Gewinne ich dich, gewinne ich die Welt. In einem Augenblick der Verwirrung könntest du mich nehmen. Im dunstigen Zeitraum der Berauschtheit magst du mich ermutigen. Dann bist du bekehrt. Du willst davonrennen? Geh! Sieh, ob du mir entfliehen kannst. Du willst losstürmen? Versuch es! Früher oder später wirst du mir in anderer Form gegenüberstehen. Ich bin reine Energie. Ich bin eine Macht. Ich bin überall. Renne weg! Meinst du nicht, ich wolle auch fliehen? Ich habe schwarze Kerzen verbrannt, um mich von diesem Fluch zu befreien. Doch, Heten und ich, wir finden einander immer wieder, wie Fliegen den Kot. Du glaubst, du findest meine Wesenszüge in einem Mann? Abweichler wie ich sind schwieriger zu fabrizieren. Du wirst einsam sein, und die Erinnerung an mich wird dich für ewig verfolgen. Du kannst dir nicht die Schuld dafür geben. Du kannst mir nicht die Schuld dafür geben. Ergib dich der Macht. Warum deine Batterien an etwas so Machtvollem entladen? Es wird zurückkommen. Warum es verschieben? Es ist das *mars-pars*-Gesetz. Butch und Femme müssen sich treffen. Unterdrücke diese Energie, und sie wird sich als Schmerz in deinen Hüften, einem Schmerz im Kreuz, einem Pickel auf der Nase, einem Furunkel am Gesäß, einer Zyste in deiner Brust, einer Verdauungsstörung, einem Furz manifestieren! Ich bin eine Macht!

In meinen Träumen hockte ein Puki-Vogel auf meinem Draht, aber er stand nur auf einem Bein. „Du sitzt auf meinem Draht, Tweetheart." Ich hüpfte auf dem Draht, um ihn aus dem Gleichgewicht zu bringen. Sie sah mich perplex an, verlor aber nicht ihre Balance. „Stell deinen anderen Fuß hin." Sie zögerte, doch als ihr anderer Fuß den Draht berührte, begann sie, eine furchtbare Melodie zu singen: „Titi-Titi-Titi-Titi." Plötzlich umringte ein Schwarm männlicher Titi-Vögel mein Dreieck. „Heb bitte dein Bein hoch!" schrie ich, als ich meinen Knüppel auf die Köpfe der anstürmenden Titi-Vögel donnerte. „Stell niemals wieder den Fuß ab." Dann umarmte sie mich und ich fühlte mich, als würden wir zum Himmel emporgehoben, obwohl unsere Flügel gefaltet und in einer Umarmung gefangen waren. Ich genoß jeden Moment mit ihr. Mein Traum wird enden, und ich weiß, daß sie, eines Tages, müde werden wird und den Fuß wieder abstellt. Und sie wird singen, und ein Titi-Vogel wird sie entführen.

Hören wir auf zu jagen. Ich bin müde. Halte bitte meine Hand. Komm. Schließ die Augen. Spür meine Stirn an deiner Stirn. Wir sind zwei Seelen. Worauf warten wir noch? Kannst du nicht spüren, daß ich nur Energie bin, in dieser physischen Gestalt manifestiert? Findest du meine Berührung immer noch abscheulich? Mein Aussehen fremd? Kannst du meine Liebe zu dir nicht spüren? Bald werden unsere Lippen zueinander hingezogen werden. Wir werden uns küssen. Ich werde mich verjüngt fühlen durch den Sog deiner Femme-Energie. Du wirst Nahrung in meiner Butch-Intensität finden. Wir werden aufhören, verbittert zu sein, und all unser Unglück vergessen. Unsere ausgelaugten Körper werden durch Freude und Loyalität wieder erfrischt. Wir werden unsere Augen öffnen und feststellen, daß unsere Sinne verstärkt, unsere Liebesschmerzen verschwunden sind. Plötzlich werden meine *esquinita*, meine Butch-Prinzipien, sich ausweiten. Überall werden grelle Flutlichter sein. Ich werde farbenfrohe *banderitas* von den Strommasten hängen sehen. Das Baseballfeld wird in eine Tanzfläche verwandelt. Hunderte von Zuschauern werden anwesend sein, angezogen wie ein Zirkuspublikum zu diesem Butch-Femme-Spektakel. Wir tanzen Tango. Ich habe die eine gefunden, die, wie ich glaube, die letzte Frau in meinem Leben sein wird. Das wird fast wie eine Hochzeit sein.

Steh aufrecht. Entspann dich. Sei natürlich. Lockere die Knie. Höre ich dich summen? Ta-Ra-Ra-Ra-Ra-Ra-Ra-Ra-Ra. *La Cumparsita!* Die Lautsprecher werden die Musik hinausplärren. Nimm meine linke Hand. Lockere deine Ellenbogen. Ich werde meine Rechte um deine Taille legen. Ich werde den Tanz führen. In meiner Familie liebt man Tango, und ich hatte mein Coming-out beim Tangotanzen. Ich werde mich nicht führen lassen. Ich werde der Gentleman sein. Ich werde nicht mit dir tanzen, Großvater. Ich werde nicht mit dir Tango tanzen, Papa. Auch nicht mit deinen Brüdern oder Onkeln. Ich bin eine Butch. Ich bin zurückgekommen, und hier, wo ich aufgewachsen bin, tanze ich Tango mit einer Frau. Paß auf das *tiempo* auf. Bewege langsam deinen rechten Fuß nach hinten. Den linken Fuß zurück. Halte dich aufrecht, meine Liebe. Du lernst schnell. Jetzt spüre ich, wie du mich führst. He, ich bin die Butch! Laß uns anhalten und noch mal von vorne beginnen. Rechter Fuß zurück. Linker Fuß zurück. Jetzt schnell den rechten Fuß hinter den linken. Linker Fuß zur Seite und zurück. Rechter Fuß schließt langsam auf zum linken. Und bald wirst du wild sein. Du wirst die Menge vergessen. Ja, ignoriere sie. Du willst herumgewirbelt werden. Zu Boden gestoßen. Dein Rücken wird über den Boden gleiten. Dann wieder hoch, wir werden uns drehen und drehen. Unsere Füße werden miteinander reden. Deine Beine werden auf meiner Schulter sein, und wir werden immer noch tanzen! Du wirst wissen, was ich will, durch meine flüchtige Berührung. Ein leichtes Anstoßen da. Ein leichter Druck hier. Du, die Anfängerin, wirst den nächsten Schritt kennen. Wir sind reine Energie! Dein Rücken wird sich beugen, und bald wird mein Gesicht begraben sein zwischen deinen Brüsten. Mit wohllüstiger

Macht werde ich hinuntergleiten zu deinem Hügel, auf meine Knie, als würde ich flehen. Wir sind nicht aus dem *tiempo* gekommen. Wir sehen uns in die Augen. Genug des Spektakels! Laß uns zu einem dunklen Winkel promenieren. Jetzt, da es Mitternacht ist, hast du dich wieder in eine Hete verwandelt? Die Musik hört auf, der Tango ist vorüber. Wie wird es weitergehen? Du wirst deine goldene Halskette abnehmen und mir geben. Du wirst davonrennen. Wie die anderen wirst du wegrennen, und meine Welt wird wieder schrumpfen. Ich werde wieder in meiner *esquinita* sein. Ich werde auf die Kette beißen, um ihren Wert zu prüfen, und im Licht des Zaubermondes werde ich wissen, daß sie wertlos ist und ich sie nicht versetzt kann.

~ Übersetzung: Käthe H. Fleckenstein

~ *banderitas* – bunte Wimpel
~ *bombero* – Tagalog für Feuerwehrmann und umgangssprachlich auch für Stripper
~ *Butchokoy* – liebevolle Bezeichnung für eine junge Butch
~ *esquinita* – span. Herkunft, sehr enge Strasse oder Gasse
~ *Kalachuchi* – Baum mit stark duftenden, meist weiß, rosa oder gelben Blüten
~ *lab* – Filipino, abfällig für Liebe
~ *La Cumparsita* – Tangolied
~ *Mabuhay!* – Willkommensgruß, der nicht alltäglich gebraucht wird, sondern eher symbolische Bedeutung hat
~ *mars* – Tagalog-Slang für eine Femme, *kumare* ist eine liebevolle Bezeichnung für Freundin (von span.: madre)
~ *pars* – Tagalog-Slang für Butch; *kumpare* ist eine liebevolle Bezeichnung für männlichen Freund; (von span.: padre)
~ *pobre* – span.: arm
~ *puki* – auch pekpek oder kiki; abfällig gebrauchte Tagalog-Entsprechung für Muschi, weibliche Schamlippen und Klitoris oder das äußere weibliche Geschlechtsorgan
~ *Tibo* – Tagalog-Slang für Butch, von ‚tomboy'
~ *Tibo ako!* – Ich bin eine Butch!
~ *tiempo* – span.: Timing, Rhythmus
~ *titi* – Tagalog-Bezeichnung für Penis

~ *t-birds* – Abkürzung von Thunderbird (Donnervogel); Automarke; in den sechziger Jahren Umschreibung für die Bezeichnung ,tomboy', burschikose Frau, Wildfang

~ *Whisper Club* – Bar in Manila, die in den achtziger Jahren von Lesben frequentiert wurde

Lexa Roséan

MaISTERLICH

Lexa Roséan wurde in Kuba gezeugt, in Florida
geboren und ist in den Rocky Mountains aufgewachsen. Seit 1976 lebt sie als Dichterin und
Mystikerin in New York. Sie hat Theaterstücke
geschrieben und wurde in den achtziger Jahren
zusammen mit der 3.45 Meter langen Python Lily
bekannt, mit der sie vor dem Delacorte Theatre als
‚Schlangendichterin‘ auftrat.

Ich sitze hier, schlürfe zufrieden *cascos de guayaba* mit *queso blanco*, und du butterst deinen Mais. Am Kolben. Ich vergaß, daß er während des Essens leise vor sich hin köchelte. „Babe, wir sind schon beim Dessert, willst du noch mal Mais essen?" frage ich. „Okay, machen wir das. Fang schon an, ich lasse meinen abkühlen." Ich sehe deine Perlenkörner rund werden. Weiß auf Gold. Ich bin bereit. Beginne ich, wie ich ein Gedicht schreibe: Von links außen nach rechts innen oder im Stil meiner Vorfahren. Genieße den uralten Text von rechts nach links? Oder fette ich erst die Mitte, arbeite mich nach unten durch, kehre zurück zur Mitte und gleite aufwärts, in der geheiligten Art der Künste? Ich glaube, ich fange links an, nage dann in einer Spirale von rechts wieder zurück zur Mitte und sorgfältig unten herum, dann oben herum und lutsche die übersehenen Bißchen.

„Dieser Mais ist gut", sagtest du. Sagte ich. Dachten wir beide. Ja. Hat lange gekocht. Du bist fertig. Nagst dir nie so stetig deinen Weg wie ich. Entfernst nie alles Verwertbare so vollständig wie ich. Fast mutwillig läßt du ganze Körner und saftige Stellen zurück. Ich nage meinen sauber und trocken bis auf den Kolbenkern. „Er ist warm, wäre das nicht schön? Würde sich innen gut anfühlen", sagst du und drehst dich kurz vor dem Mülleimer um, befingerst den Kolben. Du hast mich kalt erwischt. Ich kaue noch vor mich hin. Ich denke *Gefahr!*, will mir solche Gedanken am Tisch nicht machen. Aber jetzt gehe ich zum Eimer und bin dabei überwältigt, völlig weg, und schmelze bei dem Gedanken an den warmen, feuchten Maiskolben in meiner Hand. Mir schwirrt der Kopf. Ich ging mal mit einer Hete. Bevor sie ihre Beine meinen Lippen öffnete, bat sie ihren Ehemann, sie ‚mit einer Zucchini zu ficken, und seine Kraft zu sparen'. Stimmt, aber hab ich nicht von einer Kleinen gehört, die mit irgendeinem Zucchinipilz, der in ihr wuchs, ins Krankenhaus kam? „Was sagst du?" Und wie war das noch gleich mit der Tussi und der Seltersflasche. Gott, zwei Liter. Hochkant! Und sie brach entzwei. „Warum tanzt du mit dem Maiskolben zwischen deinen Brüsten herum? Ragt kerzengerade aus deinem Ausschnitt. Stimmt. Ich bin nicht alleine mit Mr. Schweppes. Hier sind ich und du, und wir grübeln darüber nach, mal was anderes zu probieren, etwas Unbekanntes. Und was? Ja, richtig. Der Mais hat mehrere Stunden lang gekocht. Er ist sicher und organisch und, mein Gott, du kannst Gedanken lesen. Scheiß auf den Abwasch. Los geht's."

Ich sehe deine Zunge zwischen den Körnern blitzen. Weiß mit goldenen Sprenkeln. „Meine Kleine muß mal geschmiert werden", sagst du und kommst rein. „Böses Mädchen", sage ich. Reinkommen. Mein Gott, ich bin schon tropfnaß. Der Gedanke daran schickt Schauer über meine Haut. Warum haben wir nicht früher daran gedacht? „Weißt du was? Mir ist da etwas eingefallen. Etwas, das Pedro erwähnt hat. Pedro in Puerto Rico. Über Hühner. Erinnerst du dich? Ja, er hatte vierzig Hühner, stimmt's, und dann machte jemand einen Witz darüber, daß man nur einen Hahn für sie braucht. Ein Hahn für vierzig – was meinst du damit, ich verderbe die Stimmung? Nein, wirklich, hör zu, das ist wirklich stark. Revolutionär. Also, er sagte, es stimmt, daß er nur einen Hahn für vierzig Hennen hätte, aber der Knaller an der Sache war, daß irgend etwas im Futter die Hühner Eier legen ließ. Der Hahn hat den ganzen Tag nichts anderes als Kikeriki gemacht. Irgend etwas im Futter. Also, was ist in Hühnerfutter? Na? Wegerich. Spinn nicht rum. Ernsthaft. Es ist mit Mais gemischt. Als wir auf den Feldern der Amish waren, hast du die riesigen, eh, Maisfässer gesehen. Und dann mahlen sie ihn und verfüttern ihn an den Hühnern. Und deshalb vielleicht, nur vielleicht, fällt mir tatsächlich dieser alte Indianermythos ein, über die Göttin, die Menschen aus Mais macht. Und sie wurden zu einer wunderschönen und intelligenten Menschenrasse. Ich meine, das könnte unser Leben und das Leben unserer Freunde revolutionieren. Wenn du mich mit einem Kolben lieben könntest, ein Maiskolben und ich allein, wir könnten eine völlig neue Menschenrasse schaffen. Ich meine, ich weiß, es hört sich kitschig an, aber stell dir nur mal vor, wir hätten einen eigenen kleinen Ableger. Was soll das heißen, er hätte nur Strunk? Warum hätte er kranke Wurzeln? Ach komm, warte, warte. Wo gehst du hin? Ich – ich hätte die Stimmung verdorben, na, erlaube mal – ich hab nur versucht, uns in die richtige, passende heilige Stimmung für diese, für diese neue Erfahrung mit einem Dildo zu versetzen. Ich – ich – ich liebe dich. Du bist meine Maisgöttin. Komm her. Ich will dich, ich will dich so sehr. Ich will dich immerzu. Selbst wenn ich mit meiner Mutter telefoniere. Ich höre nur mit halbem Ohr zu, und beide Augen sehen dich an, und ich kann's nicht erwarten, abzu- – den Hörer abzulegen, meine ich. Und bei dir zu sein. Du bist meine Göttin. Meine Gottgeschenkte. Okay? Okay. Ich liebe dich auch. Komm her." (Jetzt küssen wir uns.) „Hmmmmmm. Hab ich dir schon dafür gedankt, daß du Paris zwischen meine Beine gesteckt hast? Na gut, dann sag ich jetzt danke. Hmmmm." (Jetzt küssen wir uns richtig, heftiger und weiter unten.)

Wusch! YUNAX. Er ist drin. YUNAX. Yunax, die uralte Korngottheit der Mayas, ist bei mir. Ist in mir. Die Gottheit der Hügel und der Berge. YUNAX. Woran denke ich, während meine Liebste mich mit einem feuchten warmen Maiskolbenstrunk penetriert? Woran würdest du denken? Ich bin sehr tief bewegt von ihrer Liebe und ihrer Hingabe und dem Geist von YUNAX, der Korngottheit der Mayas, der Gottheit der Hügel und der Berge. Ich schließe die Augen und spüre uns beide in Mexiko. Unter der heißen Sonne erklimmen wir zusammen den Gipfel unserer Liebe. Dort angekommen, ruhen wir uns aus und frohlocken, danken den Göttern und verbrennen Copal für uns und den Himmel. Wir lachen im Tempel der Venus und beben auf der Pyramide von Kukulkan. CHAAC, die Regengottheit, kommt auf uns hernieder, und wir und alles in uns drin ist NASS.

Chaac es mir. Chaac es mir. Chaac es mir. Ihre Blitze treffen mein Innerstes. Sie schickt mich in ein heftiges Gewitter. UX-

MAL, wo wilde Hunde lauter heulen als der Wind, während wir uns aneinanderklammern. Dingos tänzeln die steilen Stufen von UXMAL hinunter, die Augen vor Farben irre, ihre Laute wie das Peitschen des Windes meine Wirbelsäule hinunter. Ich kann mich nur an die Frau klammern, die ich liebe. Wie mAisterlich!

Und dann ein Branden. Eine stille Brandung steigt in mir auf. Erneuert meinen Fluß und füllt mich, und ich wende mich dir zu, muß auch dich füllen und öffne dich und bereite dich auf das Eindringen des Gottes vor. Er brandet durch mich hindurch, sendet Lichtblitze aus meinen Fingerspitzen. Sein Feuer tanzt von meiner Zunge. Und ich sehe, wie du dich stöhnend herumwälzt, entzückt, wissend, daß ich besessen bin und dich besitzen werde. Beide müssen wir einander gehören, und der uralte Gott freut sich an unserer Wiederbelebung seiner Macht, und die uralte Göttin lächelt durch Tränen hindurch – erlaubt allen Dingen zu wachsen – auch unserer Liebe.

„Der Mais ist gut." Sagst du. Denkst du. Weißt du! Ich nehme dich. Mache, daß du es spürst. Lasse es dich noch einmal sagen. „Der Mais ist gut." Ja. Du bist fertig. Voller Saftstellen. Wie mAisterlich, wie hungrig wir sein können. Nach einander und allem, was wir hervorbringen. Ich lutsche jeden deiner Tropfen, den du am Maiskolbenstrunk hinterlassen hast. Diese Ernte ist preiswert. So mAisterlich!

Eine vollkommene Pyramide legt einen Kuß auf meine Lippen
Der Abend endet wie Herbst auf unseren Augen
läßt einen Winterschlummer herein
Unsere Decke aus den Hügeln Guatemalas garantiert,
alles Übel fernzuhalten und uns vor der Kälte zu schützen.
Am Morgen versichern uns die Gottheiten flüsternd,
daß wir erwachen und davoneilen werden, erneuert in unserem
Verlangen.

~ Übersetzung: Käthe H. Fleckenstein

~ *cascos de guayaba* – Guajavescheiben

~ *queso blanco* – süßer weißer Frischkäse

Marewa Glover

Rückendeckung

Marewa Glover wurde nach dreitägigen Wehen 1961
in eine bi-kulturelle Maori/Pakeha-Familie geboren. „Nach fünfundzwanzig Jahren Zwangshetero-
sexualität, sexuellem Mißbrauch, Vergewaltigung
und Gewalt aus der Hand von Männern, von denen
einer mich fast zu Tode gewürgt hat, war ich gezwungen, mich zu entscheiden. Ich habe mich für
das Leben entschieden." Während ihres Studiums
arbeitete sie zeitweise als Beraterin im Te Awamutu-
Team für mißbrauchte Frauen. Heute ist sie
freischaffende Autorin, Studentin und Beraterin,
deren Arbeiten in mehreren Anthologien sowie in
Zeitschriften erschienen sind.

KATH BRENT: vierunddreißig Jahre alt, Sozialarbeiterin, Raucherin, einsachtundvierzig groß, trägt eine Brille, kurzgeschnittene, sandfarbene Haare, lässiger Modegeschmack, schwache Nerven, lesbische Feministin, lebt mit ihrer Liebsten, die ebenfalls im öffentlichen Dienst arbeitet.

HALEY DOUGLAS: neunundzwanzig Jahre alt. Polizistin, zwei Dan-Grade, Schwarzer Gürtel in Karate, Nichtraucherin, Vegetarierin, Schranklesbe, zwei Meter zehn, rot-schwarzes Rosentattoo auf dem Unterleib, lange rote Haare, meist zurückgebunden. Wurde immer mit dem Spitznamen Haleyscher Komet geneckt. Teilt sich eine Wohnung mit einer anderen Polizistin.

JOZE SCOTT: siebenundzwanzig Jahre alt, Halb-Polinesierin, arbeitet in einem Frauenhaus, politisch aktiv in der Frauenbewegung, besonders in der Abtreibungskampagne. Sie geht mit religiösem Eifer zum Selbstverteidigungskurs und zum Gewichtheben. Nach eigener Aussage asexuell. Lebt in einem großen Haus mit vier anderen Frauen.

DEB WILLIAMS: geboren in England, lebt seit zehn Jahren in Neuseeland, neunundzwanzig Jahre alt. Ehrenhaft aus der britischen Armee entlassen, weil sie eine Vergewaltigung durch einen vorgesetzten Offizier zur Anklage gebracht hat. Arbeitet heute als Landschaftsgärtnerin, um sich und ihren zwölf Jahre alten Sohn – das Produkt der Vergewaltigung – durchzubringen.

Haley öffnete Deb und Joze die Wohnungstür.

„Lange nicht gesehen", sagte sie. Sie umarmten sich.

„Ist doch erst einen Monat her", erwiderte Deb.

„Na ja", Haley zuckte mit den Schultern, „ich wünschte, wir würden uns öfter treffen. Bis die nächste Verabredung ansteht, fehlt ihr mir wirklich."

Die Frauen gingen in das Wohn-Eßzimmer und stellten die mitgebrachten Schüsseln auf den Tisch.

„Ich mach die Lasagne noch mal kurz in der Mikrowelle warm." Deb trug die Schüssel in die Küche.

Joze folgte ihr. „Ich stell den Kessel auf."

Es klopfte an der Tür, und Haley eilte hinaus, um zu öffnen. Kath stürmte herein, wie immer völlig aufgelöst.

„Hi zusammen! Oh, hab ich eine Scheißwoche hinter mir. Eigentlich einen Scheißmonat. Ich wünschte, wir würden uns öfter treffen."

„Das hab ich auch gerade gesagt." Haley nahm die Schüssel, die Kath ihr hinhielt, und brachte sie in die Küche.

Sie bereiteten das Abendessen, deckten den Tisch und mixten Drinks. Dabei erzählten sie sich, was sie seit dem letzten Treffen vor einem Monat so alles gemacht hatten. Sie hatten einen Monat nach den letzten Wahlen, als die Nationalen wieder an die Macht gekommen waren, damit begonnen, sich regelmäßig zum Abendessen zu treffen.

Die Nationalen hatten sofort damit angefangen, Gesetze rückgängig zu machen; das rückgängig zu machen, was unter Labour gewonnen worden war. Sozialhilfe war gekürzt worden, und die Menschen waren verzweifelt wie nie. Besonders die Frauen. Sie verwarfen die Gesetzgebung der Lohngleichheit. Doch am schlimmsten: Sie kriminalisierten die Abtreibung und schickten sich gerade an, auch eine Gesetzesvorlage einzubringen, die Homosexualität wieder unter Strafe stellte.

Schwule Männer und Lesben gingen wieder in die Versenkung. Haley, eine Polizistin, hatte besonders davor Angst, den Job zu verlieren, während Sexismus am Arbeitsplatz wieder zunahm. Der Mist, den sie sich anhören mußte, trieb sie fast zur Verzweiflung. An manchen Tagen kam sie nach Hause und brach in Tränen aus, sobald sie die Tür hinter sich geschlossen hatte.

„Also, Kath, was war schlimm auf der Arbeit?" fragte Joze.

„Ich habe diesen wirklich schwierigen Fall. Die Frau wurde gerade wegen Hehlerei eingelocht. Ihr Ex-Mann hat gestohlene Ware in ihrer Wohnung versteckt. Er kommt und geht, obwohl es eine Hausverbotsverfügung gibt."

„Warum ruft sie nicht die Polizei?" fragte Deb.

„Hat sie doch, aber die werden nichts tun. Wann immer es ihm einfällt, taucht er auf, vergewaltigt und schlägt sie. Jetzt glaubt sie, daß er sich an der Tochter vergreift."

„Wie alt ist sie?" fragte Joze.

„Sieben." Sie stöhnen.

„Dem Mistkerl gehören die Eier abgeschnitten", knurrte Joze, „was, Deb?"

„Dem gehört noch was ganz anderes", erwiderte Deb.

„Die Frau hat sechs Kinder von ihm. Schließlich brauchte sie eine Totaloperation", fuhr Kath fort. „Sie hat niemand, an den sie sich wenden kann – nur mich."

„Was ist mit ihrer Familie?" fragte Haley.

„Sie ist Waise. Deshalb will sie auch nicht wegziehen. Seine Familie ist riesig, und es sind die einzigen Verwandten, die die Kinder haben. Sie ruft mich jeden Tag an und bittet mich, ihr zu helfen. Es ist so verdammt unfair."

„Wie heißt er? Ich schau mal in den Computer im Büro und seh nach, warum die Polizei nichts unternommen hat", bot Haley an.

„Das darf ich dir nicht sagen. Vertraulich, verstehst du?"

„Scheiß auf Vertraulichkeit." sagte Deb. „Komm schon, Kath, Haley kann vielleicht was machen."

„Ihr versteht nicht. Ich könnte meinen Job verlieren. Ich habe eine Erklärung unterschrieben", sagte Kath.

„Ich auch", sagte Joze. „Aber in diesem Fall würde ich Haley die Information geben."

„Niemand verpfeift dich", versicherte Haley.

Deb beugte sich vor. „Du hast uns sowieso schon alles erzählt, also was macht denn das noch für einen Unterschied?"

„Der Unterschied besteht darin, daß ihr nicht wißt, wer er ist. Ihr wißt nicht, wo er wohnt. Es könnte das Pärchen nebenan sein", sagte Kath.

„Das sind sie besser mal nicht", sagte Haley.

Joze stand auf und begann, im Zimmer auf- und abzugehen. „Es ist genau wie bei den anderen Kerlen, die für Inzest oder Vergewaltigung eingelocht werden und die Schutz vor Namensnennung bekommen. Ich finde, daß deren Fotos in der Lokalzeitung abgedruckt werden sollten, damit die Leute sich und ihre Kinder schützen können."

„Sehr richtig!" stimmte Deb zu. „Man sollte sie brandmarken, ein großes V für Vergewaltiger auf die Stirn brennen."

Haley schloß sich an. „Das System ist faul. Wir fangen die Mistkerle, und dann wälzen die Anwälte ihre Bücher, um sie wieder frei zu bekommen. Wir wissen, daß sie schuldig sind, aber es war schon immer schwierig, Vergewaltigung und Inzest zu beweisen. Die meisten von ihnen meinen sogar, sie hätten nichts Falsches getan – die sind doch krank."

„Jeder hat ein Recht auf Privatsphäre, sogar der", sagte Kath unsicher.

„Quatsch! Und der schon am allerwenigsten", sagten die anderen einstimmig.

„Wenn wir anderen Frauen helfen könnten, wie in diesem Fall, sollten wir es auch tun. Es gibt zu viele Leute, die sagen: ‚Das geht uns nichts an'", fuhr Deb fort. „Tatsache ist, daß es jeden etwas angeht."

„Genau! Wenn jeder sich das Problem zu eigen machen würde, dann könnten die verdammten Bullen, Verzeihung Haley, nicht sagen, Frauen sollten nach Einbruch der Dunkelheit zu Hause bleiben", fügte Joze hinzu.

„Das würde meiner Klientin sowieso nichts helfen, nicht wahr?" sagte Kath. „Ihr Mann ist das Problem."

„Also, wie heißt er?" fragte Haley. Kath schwieg unbehaglich. Ihre Hände zitterten, als sie sich erneut eine Zigarette anzündete.

„Männer haben die Gesetze aufgestellt, um sich gegenseitig zu schützen. Wir Frauen müssen sie manchmal brechen, weil ihnen nicht unser Interesse am Herzen liegt", sagte Deb.

Haley nickte. „Ja! Das Gesetz schützt diese Mistkerle. Sie werden für das, was sie machen, nicht bestraft."

Joze blieb stehen und beugte sich über Kath. „Denk darüber nach, Kath. Wenn du dieser Frau helfen willst, dann hör auf, ihrem Mann zu helfen."

„Ich hätte ein schlechtes Gewissen."

Joze warf angewidert die Hände in die Luft. „Ach, hör schon auf! Du fühlst dich doch schon beschissen genug, nicht wahr? Reiß dich zusammen, Kath. Wehr dich."

„Ich bin der Meinung, daß jeder Zugang zu Vorstrafenregistern haben sollte", sagte Haley. „Wenn ihr jemals was über jemand wissen wollt, dann fragt mich."

„Das taugt nichts. Dann würden Arbeitgeber die Leute überprüfen, und sie bekämen nie einen Job. Das würde ihnen nur noch mehr Grund für Raub, Diebstahl und Überfall geben", führte Kath ins Feld.

Joze begann wieder, auf- und abzugehen. „Gewalttätige Straftäter setzen der Gesellschaft doch schon längst die Pistole auf die Brust. Frauen brauchen buchstäblich eine bewaffnete Eskorte, um heutzutage irgendwo hingehen zu können."

„Du würdest es nicht glauben, wie viele Leute eine geladene Waffe neben ihrem Bett liegen haben. Das erlebe ich immer wieder", sagte Haley.

„Wir müssen Selbstverteidigungskurse in der Schule fast zum Pflichtfach machen", sagte Deb. „Ich glaube nicht, daß ich mich derzeit ohne Waffe sicher fühle."

„Okay. Also gut!" Kath hielt zum Zeichen, daß sie sich geschlagen gab, die Hände hoch. „Sein Name ist John Wilson, 32 McKenzie Crescent, Henderson." Sie seufzte. „Er ist ungefähr zweiunddreißig. Genauso groß wie du, Haley. Halb-Maori. Er hat sich eine Swastika auf die Stirn tätowiert. Ein wirklich widerwärtig aussehender Kerl. Und weil ich gerade dabei bin, Sheryl hat mir erzählt, daß er ein frisches Feld mit Dope oben in den Waitaks hat, vielleicht kannst du ihn dafür einsperren."

„Braves Mädchen." Joze tätschelte Kath den Rücken.

Deb lächelte. „Gut gemacht. Jetzt, wo wir wissen, wie der Mistkerl heißt, wie machen wir ihn alle?" scherzte sie.

Einen Moment lang phantasierten die Frauen und planten im Scherz, wie sie den Kerl ermorden konnten, ohne gefaßt zu werden.

„Ich hab's!" sagte Joze. „Wir könnten ihm hinaus in den Busch, zu seinem Marihuanafeld folgen und ihm von hinten in den Kopf schießen. Peng!" Joze schrie. Kath erschrak. Die anderen lachten. „Dann reißen wir die Pflanzen aus und lassen es wie einen Raubüberfall aussehen."

„Was ist mit seinem Auto, das auf dem Seitenstreifen steht?" fragte Haley und brachte ihre Fähigkeiten als Ermittlerin zum Einsatz.

„Das könnte man zum Flughafen fahren und dort stehen lassen", schlug Kath lahm vor.

„Du willst doch nicht etwa bei der Verkehrskontrolle wegen
überhöhter Geschwindigkeit darin geschnappt werden, oder?"
sagte Joze und lachte.

Einen Monat später versammelten sich die Frauen bei Kath. Nach
dem Essen saßen sie auf Kissen vor dem offenen Kamin. Haley
stand auf und sagte, sie hätte etwas mitzuteilen.

„Ich habe das eine Woche lang für mich behalten, wollte es euch
erzählen. Aber ich habe mich entschlossen zu warten, bis wir alle
zusammen wären."

„Was ist denn?" fragte Kath besorgt.

„Erinnert ihr euch an den Kerl, von dem du uns beim letzten
Treffen erzählt hast? Also, vor einer Woche haben Buschläufer seine Leiche gefunden …"

„O mein Gott!" Kath schlug die Hände vor den Mund.

„Man hat ihm in den Hinterkopf geschossen."

„Du machst Witze!"

„Nein. Mach ich nicht. Sieht so aus, als wäre er wegen der Dope-
Pflanzen getötet worden. Der Polizei ist das ganz recht, es dabei zu
belassen."

„Es ist genau so, wie wir es gesagt haben!" rief Kath aus.

„Was ist mit seinem Wagen?" fragte Joze.

„Der wird vermißt."

„O Gott, ich hätte es euch nie erzählen dürfen", jammerte Kath.

Die anderen schauten sie verwundert an. „Was willst du damit sagen? Daß eine von uns ihn umgebracht hat?" fragte Deb.

„Nein, nein … es ist nur, es ist nur zuviel für einen Zufall."

Joze schnaufte. „Der Mistkerl hat nur gekriegt, was er verdient
hat, wir sollten es feiern." Kath schaute sie schockiert an. Vor Ver-
wunderung stand ihr der Mund offen.

„Die Göttin hat unsere Gebete erhört." Deb senkte den Kopf in
vorgetäuschtem Gebet. „Lobet die Göttin!"

„Ich habe nie darum gebetet, daß er ermordet wird", kreischte
Kath.

„Es ist wie im Film *Die Hexen von Eastwick*", sagte Haley. „Wo
diese Frauen herumsitzen und sich den idealen Mann erträumen,
und dann taucht er plötzlich auf. Vielleicht haben wir Kräfte jenseits unseres Vorstellungsvermögens."

„Das ist kein Witz – der Kerl wurde ermordet." Kath stand auf.

„Na und? Jeden Tag werden Leute umgebracht", sagte Joze.

„Mach dir darüber keine Sorgen, Kath", sagte Haley. „Es hat nichts mit uns zu tun. Der Fall ist abgeschlossen. Ich dachte nur, ich sollte es euch erzählen."

„Also, ich finde das ziemlich gespenstisch. Ich erzähle euch seinen Namen, und jetzt ist er tot."

„Okay, Kath." Joze baute sich vor ihr auf. „Nehmen wir mal an, daß ich es getan habe ..."

Haley trat vor. „Hört auf damit, bitte!"

„Nein, komm schon. Sagen wir mal, ich habe den Kerl ermordet. Wirst du mich verpfeifen, Kath? Wirst du mich verhaften, Haley?"

Die anderen starrten sie an. „Na, würdet ihr?"

Haley zog die Brauen zusammen. „Ich denke, daß der Kerl es verdient hat, also würde ich's in diesem Fall nicht, aber wenn du jemand anders töten wolltest ..." Sie drohte mit ihrem Finger.

„Kath?" Joze wirbelte herum und schaute vorwurfsvoll auf Kath.

„Ich möchte nicht erfahren, daß sein Wagen draußen am Flughafen steht, dann ..."

„Kath, würdest du mich verpfeifen?"

„Nein, würde ich nicht, okay?" Kath griff sich ihre Zigaretten und zündete eine an. Joze setzte sich wieder hin.

„Gut." Joze lächelte. „Laßt uns einfach die ganze Sache vergessen. Der Kerl hat sein Leben ausgehaucht, weg mit Schaden. Die Welt ist ohne ihn besser dran. Und um Gottes willen, Kath, versuche nicht herauszufinden, wer von uns es getan haben könnte, weil es Haley, Deb oder ich sein könnte. Wir alle haben Waffen."

Kath plumpste auf den Boden. „Tut mir leid. Ich wollte nicht unterstellen, daß es eine von uns gewesen ist – das ist lächerlich." Sie lachte unsicher. „Ich hatte nur so eine stressige Woche auf der Arbeit. Ich hab mich gefragt, warum ich nichts von Sheryl gehört habe. Jetzt weiß ich warum. Und ich hatte keine Zeit, sie anzurufen, weil – ich habe gerade diesen wirklich schwierigen ..."

~ Übersetzung: Käthe H. Fleckenstein

Lucrecia

Ausgegrenzt

Diese Geschichte wurde nach einem Interview mit
Lucrecia für die Anthologie *Compañeras – Latina
Lesbians* von Juanita Ramos für das Latina Lesbian
History Project in New York aufgezeichnet.

Ich heiße Lucrecia, bin siebenundzwanzig Jahre alt und in Callao, einer Hafenstadt nahe Lima in Peru, geboren. Ich habe nur einen Bruder und bin zusammen mit drei Cousins und einer Cousine aufgewachsen. Wir wohnten bei meinen Großeltern, den Eltern meiner Mutter, denn meine Eltern haben sich getrennt, als ich vier Jahre alt war.

Die Familie meiner Mutter besaß eine Tankstelle. Nicht gerade etwas Besonderes, aber es bewahrte die Familie vor finanziellen Schwierigkeiten. Deshalb konnten wir Kinder auch katholische Privatschulen besuchen.

Seit meinem vierzehnten oder fünfzehnten Lebensjahr habe ich ausschließlich mit Frauen Liebes- und Sexualerfahrungen gemacht. Um das Leben zu verwirklichen, das ich in Lima lebte, mußte ich sehr hart mit meiner Familie umgehen. Immerzu hieß es: „Du bist eine Frau, warum ziehst du keine Röcke an?", „Warum schminkst du dich nicht?", „Wann wirst du dich endlich verlieben?" Ich habe oft sehr ruppig reagiert, damit sie mich in Ruhe ließen.

Einer meiner Onkel ist homosexuell, aber er lebt es nicht offen. Obwohl wir nie darüber gesprochen haben, wissen wir voneinander. Das hat mir sehr geholfen. Er war politisch sehr aktiv, und es war für mich eine Lösung, es ihm gleichzutun. Das besagte aber noch lange nicht, daß ich mein Lesbischsein auch offen leben konnte oder gar daß meine Familie es akzeptiert hätte. Das Einnehmen einer politischen Haltung war für mich eine Frage des Lernens, zu sehen und zu analysieren, was in meinem Land geschah.

Auslöser war die Seite mit Polizeimeldungen in einer Tageszeitung in Lima. Zu jener Zeit gab es täglich Schlagzeilen wie: „Homosexueller erschossen", „Homosexueller im Gefängnis erwürgt." „Schlägerei im Gefängnis. Grund: Machtansprüche über eine Gruppe von Homosexuellen." Auf der Plaza San Martin wurde eine Razzia durchgeführt, und in der Zeitung stand: „Dreißig Schwuchteln festgenommen."

Später gab es eine fast pornographische Zeitschrift. Darin erschien einmal ein langer Artikel über die Treffpunkte von Schwulen und Lesben in Lima. Das war ziemlich problematisch, denn die Fotografen gingen in die Lokale und schossen völlig undifferenziert ihre Fotos. Einige davon erschienen zusammen mit dem Artikel.

In Polizeimeldungen oder Pornozeitschriften tauchten Lesben und Schwule nur als Opfer oder Kriminelle auf. Alles, was über uns geschrieben wurde, war negativ.

Ich gehörte damals zu einem Kreis linker Homosexueller. Einige von uns waren früher publizistisch tätig gewesen, und wir wollten in der freien Presse veröffentlichen. So nahmen wir Kontakt zu einer Gruppe auf, die eine linke Wochenzeitschrift herausgab. Mit ihr vereinbarten wir die Veröffentlichung eine Kolumne „Homosexualität", in der das Thema von einem ideologischen Blickwinkel her behandelt werden sollte.

Drei- oder viermal erschienen auch Artikel über Homosexualität auf den Innenseiten der Wochenzeitschrift. Doch dann reagierten ein paar Leute aus den linken Gruppierungen dergestalt, daß sie Homosexualität als „bürgerliche Verirrung" einstuften. Jenen Artikeln war es unter anderem zu verdanken, daß die Zeitschrift eingestellt wurde. Heute behaupten die Herausgeber, das Blatt sei aus finanziellen Gründen eingestellt worden. Aber später brachten sie eine neue Tageszeitung heraus, die mit den üblichen bürgerlichen Zeitungen konkurrierte. Die Sache mit der Homosexuellenseite geriet mehr oder weniger in Vergessenheit.

Als die Zeitung eingestellt wurde, machten wir in der Homosexuellengruppe eine Phase der Niedergeschlagenheit durch und trafen uns eine Zeitlang nicht mehr.

Unsere Gruppe war ziemlich klein und bestand nur aus ungefähr zehn Personen. Im Laufe der Zeit kamen zwar andere hinzu, aber sie waren nicht aktiv. Die Leute informierten sich nur gegenseitig und sprachen das Thema nur an, wenn es möglich war. Das Problem ist, daß man in der Homosexuellenszene in Peru auf viele Leute trifft, die während der Woche arbeiten und nur am Wochenende in die Lokale gehen. Es gibt welche, die mehr tun wollen, aber der größte Teil ist unschlüssig. Als ich mein Land verließ, gab es in Peru keine Lesbengruppen wie in Mexiko oder Brasilien, die auf die Straße gingen oder sich auf irgendeine Weise sichtbar machten.

Während unsere Gruppe in der Krise steckte, änderte sich die politische Situation im Land. Aus einer Militärdiktatur wurde eine „demokratische" Regierung. Aber diese setzte sich aus denselben Leuten zusammen, die zwölf Jahre zuvor durch den Militärputsch entmachtet worden waren! Dieselben Leute im gleichen Spiel. Und das verursachte große Enttäuschung unter den Linken, die kurze Zeit geglaubt hatten, daß man etwas mehr tun könnte, als nur zur Wahl zu gehen. Damals, 1980, beschloß ich, in die Vereinigten Staaten zu gehen.

Bevor ich in die USA kam, hatte ich erfahren, daß San Francisco „die Hauptstadt der Homosexuellen" sei. Ich kam in der Absicht, mit linken Homo- und Heterosexuellen zusammenzuarbeiten und Politik zu machen, war jedoch auch bereit, mit Menschen zu kooperieren, die ein schlichteres politisches Bewußtsein hatten, nicht notwendigerweise Linke oder aus dem homosexuellen Ghetto. Bei meiner Ankunft in den Vereinigten Staaten fuhr ich nicht direkt nach San Francisco, sondern zunächst nach Connecticut. Dort lebte mein Bruder.

Connecticut ist ausgesprochen heterosexuell. Ich fand dieses Land absolut trostlos, und das erschütterte mich zutiefst. Ich lebte schon eine ganze Weile hier, bevor ich von der Existenz des Zirkels *Peña de Berkeley* in Kalifornien erfuhr.* Ich sagte mir, dort kann ich mich einbringen, und zog endlich nach San Francisco.

Dort schloß ich mich den Leuten der *Casa Nicaragua* an und erfuhr nach und nach etwas mehr über die Ereignisse dort. In Lima hatte es darüber wenig Informationen gegeben. Ich dachte mir, man könne in der *Casa Nicaragua* effektiv arbeiten, weil die Leute dort aufgrund der siegreichen Revolution zu jener Zeit die „Avantgarde" darstellten.

Die Generalsekretärin der *Casa* stammte aus Nicaragua, die Mehrzahl des Komitees setzte sich jedoch aus Nordamerikanern zusammen. Einige waren homosexuell. Innerhalb der *Casa* gab es die Gruppe *Gays for the Nicaraguan Revolution*, und im Komitee für politische Erziehung arbeiteten Lesben. Vermutlich gab es anfangs von Seiten der Generalsekretärin gewisse Vorbehalte gegenüber den Homosexuellen, doch man arbeitete zusammen. Die Hauptaufgabe lautete, die Revolution in den Vereinigten Staaten „bekanntzumachen", und das beste Mittel hierzu war, den Frauen im Komitee die gleichen Rechte einzuräumen und die Homosexuellen möglichst nicht zu diskriminieren.

Als die El-Salvador-Frage ihren Höhepunkt zu erreichen begann, konzentrierten sich die Kräfte aller auf die *Casa El Salvador*, und die Aktivitäten in der *Casa Nicaragua* verringerten sich. In der *Casa El Salvador* war der Umgangston mit Lesben und Schwulen völlig anders als in der *Casa Nicaragua*, und so begannen dort zwei andere Frauen und ich, offen als Lesben zu arbeiten.

Anfangs waren die Reaktionen uns gegenüber etwas bissig und negativ. Doch durch die politische Arbeit, die wir leisteten, und in dem Maße, wie sie uns besser kennenlernten, änderte sich auch ihre Haltung uns gegenüber. Dennoch ging all das nach der Stonewall-Demonstration noch im selben Jahr, 1981, verloren.

Damals wurde in der *Casa El Salvador* die Möglichkeit diskutiert, an der jährlichen Stonewall-Demonstration teilzunehmen. Es gab Mitglieder, die nicht mitgehen wollten, weil sie nicht einsahen, was die *Casa El Salvador* mit den Homosexuellen zu tun hatte. Dennoch überwogen die Befürworter, und das Argument lautete: „Die Rechte der Homosexuellen sind eine politische Angelegenheit, die aufgegriffen werden muß."

Also nahmen wir teil. Aber zwei, drei Tage nach der Demonstration wurde von der *Casa* eine Bewertung vorgenommen und behauptet, sie sei das „Gespött" aller gewesen, weil eine politische Organisation, die hinter der Revolution in El Salvador steht, sich nicht unter „Bürgerliche und Homosexuelle" hätte mischen dürfen. Außerdem behaupteten sie, wir Homosexuellen seien krank oder pervers. Es gab Leute, die meinten: „Also gut, wir akzeptieren sie als Homosexuelle, und wir akzeptieren, daß die Homosexuellen uns hier in San Francisco sehr geholfen haben, aber wir wollen nicht, daß sie mit unseren Kindern zusammenkommen." Vielleicht war es das, was uns zum Verlassen der Gruppe bewegte. Sie erkannten nicht, daß wir außer Latinas und Südamerikanerinnen auch Lesben sind und ebensoviel Interesse daran haben, die lateinamerikanische Bewegung zu stärken, wie auch dafür zu kämpfen, daß die Rechte der Homosexuellen berücksichtigt werden. Natürlich ist die Demonstration in San Francisco nicht ausschließlich politisch, aber sie ist doch eine andere Form der Politik. Ihre Hauptfunktion besteht darin, der Öffentlichkeit die unglaubliche ideologische Vielfalt innerhalb der Gruppen, die an diesem Tag auf die Straße gehen, vor Augen zu führen. Es war wirklich absurd, alle demonstrierenden Homosexuellen als bürgerlich einzustufen.

Wir verließen zwar die Gruppe, aber das bedeutete nicht, daß wir nicht mehr solidarisch mit der Casa *El Salvador* waren. Unsere Solidarität mit dem lateinamerikanischen Kampf ging so weit, daß die anderen beiden Frauen nach Nicaragua fuhren, um an der dortigen Revolution aktiv teilzunehmen.

Ich wurde oft gefragt, ob ich mich hier in den Vereinigten Staaten frei von Unterdrückung fühle. Ich fühle mich ausgegrenzt und unterdrückt. Denn was hier Einwanderung genannt wird, ist eher Verbrauchermentalität. Der Versuch, meine Kultur aufrechtzuerhalten, fällt mir unglaublich schwer. Ich kenne hier nicht viele Peruanerinnen, und obwohl es lesbische Lateinamerikanerinnen gibt, haben nur wenige von ihnen eine klare politische Position.

Ich werde für einen Monat nach Peru zurückkehren, um die Lage zu sondieren. Es kann sein, daß die Veränderung hart sein wird, aber ich glaube, ich ziehe es vor, mich mit meiner Kultur und meinen Landsleuten herumzuschlagen, als hier leidlich mein Leben zu fristen.

Mein Interesse gilt ganz klar der politischen Situation in meinem Heimatland. Für die Sache in Nicaragua und El Salvador zu arbeiten war eine Wiedergeburt und eine Hoffnung. Aber wann wird es im Süden so weit sein? Für mich würde ein definitives Bleiben in den Vereinigten Staaten einen großen Verlust bedeuten, nein, ich nicht ...

~ Übersetzung: Sybille Martin

~ * La Pena Cultural Center, Kulturzentrum mit ausdrücklich lateinamerikanischen Aktivitäten

Jewelle Gomez

Geständnis im Kino

Jewelle Gomez ist schwarz, lesbisch, ex-katholisch
und Native American, wuchs nicht gerade mit
Reichtum gesegnet in Boston auf und lebt derzeit in
San Francisco. Über zwanzig Jahre lang aktiv in
Bewegungen gegen die Unterdrückung von Rasse,
Klasse, Geschlecht und sexueller Orientierung.
Zahlreiche Veröffentlichungen in der *New York
Times*, der *Village Voice* und in Belles Lettres; außer-
dem erschienen von ihr zwei Gedichtbände, der
Roman *The Gilda Stories* und die Essay-Sammlung
Forty-Three Septembers. Auf deutsch liegt vor: *Wink of
an Eye*, in: *Black Erotica*, München: Marino 1998.

Meine Großmutter Lydia und meine Mutter Dolores redeten mit
mir aus ihren Toilettenkabinen im Times-Square-Kino heraus.
Ich wusch mir gerade am Waschbecken Butter von den Händen
und fand das kein bißchen seltsam. In meiner Familie reden die
Menschen immerzu: Unterhaltung ist bei uns ein Lebenselixier.
Meine Urgroßmutter Grace erzählte ihre Lebensgeschichte immer von morgens um sieben bis zum Abend, wenn wir zu Bett gingen. Die einzige Unterbrechung gab es, wenn wir lasen oder wenn
wir an den Fenstern unserer Wohnung saßen, hinausschauten und
die Nachbarschaft beobachteten, worüber wir natürlich nachher
sprachen.

So war es nicht befremdlich, daß Lydia und Dolores ununter-
brochen aus ihren Kabinen heraus erzählten, blind für alle, außer
uns. Doch hatte ich nicht damit gerechnet, daß es dort passieren
würde. Ich hatte nicht einmal damit gerechnet, daß überhaupt irgendein „es" passieren würde. Lesbe zu sein gehörte zu mir, genauso als wäre ich Linkshänderin – oder wenn ich mit Männern
geschlafen hätte. Als meine Urgroßmutter mich in den letzten Tagen ihres Lebens fragte, ob ich meinen Freund vom College heiraten würde, sagte ich ja, in dem Wissen, daß ich es nicht tun würde, daß ich Lesbe war.

Es schien eine Tatsache zu sein, die keines Ausdrucks bedurfte. Selbst meine erste Begegnung mit dem Wort „Bulldagger" brachte keinen Gefühlskonflikt mit sich. Als Teenager in den sechziger Jahren hörte ich von meiner Großmutter die Geschichte eines bestimmten Gebäudes in unserem Bostoner Wohnviertel, das ziemlich heruntergekommen war. Sie beschrieb die glorreiche Vergangenheit dieses Hauses anhand einer Party, die sie dort zwanzig Jahre zuvor besucht hatte. Das Beste an diesem Abend sei eine Frau gewesen, der sie dort begegnet war und mit der sie getanzt hatte. Lydia war Sängerin und Tänzerin in den Schwarzen Theatern; mit Frauen zu tanzen paßte zu ihr. Sie hatten getanzt, dann begleitete die Frau sie nach Hause und wollte sich mit ihr verabreden. Ich konnte die Behutsamkeit heraushören, die meine Großmutter noch in ihrer Wiedergabe darauf verwandte, als sie der „Bulldagger" (ihre Worte) erklärte, daß sie ihr sympathisch sei, sie aber mehr an Männern interessiert sei. Es verblüffte mich, wie sorgsam meine Großmutter dieser Frau klarmachte (und tatsächlich auch mir), daß sie sich von ihren Erwartungen nicht beleidigt fühlte, daß sie nur eben nicht „diesen Weg ging", wie es damals hieß. Ich war so froh, mit Dreizehn ein Wort für das zu haben, wovon ich wußte, daß ich es war. Das Wort wirkte auf mich geheimnisvoll und kurios, als stamme es aus einer neuen Sprache, mit fremdem Alphabet, das beim Berühren seiner Kurven und Ritzen keine bekannten Anhaltspunkte bot. Aber immerhin gab es ein Wort, und meine Großmutter schreckte nicht davor zurück, es zu benutzen. Sie hatte tatsächlich gelächelt bei dem Gedanken an das gute Herz und das gute Aussehen der Bulldagger, die sie gemocht hatte.

Als ich erst das Wort kannte und eine Ahnung seiner Bedeutung für mich hatte, verspürte ich nicht das Bedürfnis, meine Identität als Lesbe zu erklären, zu bekennen oder zu definieren. Es war schon anstrengend genug, meine ethnische Identität in diesem Land zurückzufordern und zu behaupten. Natürlich gab ich später in politischen oder nicht-politischen Situationen Erklärungen ab. Doch gewöhnlich nicht, weil ich dazu gezwungen gewesen wäre. Meist dienten sie zum Sondieren der Lage. Eine Vorbereitung auf die übrige Welt, die anders als meine Großmutter vielleicht nicht wußte, was wirkliche Liebe ist. Meine erste Liebste, die Frau, die während unserer gemeinsamen Zeit auf dem Gymnasium einmal wöchentlich in meinem Bett war, heiratete, als wir zwanzig waren. Als meine Texte schließlich veröffentlicht wurden, sagte ich ihr mit Gedichten, daß ich lesbisch war. Sie fragte mich allen Ernstes, ob das, was sie da gelesen hatte, von ihr handelte, von meiner Liebe zu ihr. Und so sagte ich ihr inmitten ihrer halbwüchsigen Kinder und den Bowling-Trophäen: Ja, die Gedichte handelten von meiner Liebe zu ihr, einer Liebe, auf die ich wegen ihres Gehorsams gegenüber der Tradition immer nur mit Bedauern verzichtet hatte. Sie zog sich aber nicht zurück. Wir betrinken uns heute noch zusammen, wenn ich zu Hause in Boston bin.

In den siebziger Jahren konzentrierte ich mich weniger auf eine Karriere, als darauf, etwas zu essen zu haben und dabei kreativ zu sein. Weiterführende Schulen und ein Haufen unkonventioneller Jobs, von der Bühnenmanagerin bis zum Stadtkurier, hielten mich so auf Trab, daß ich keine Zeit fand, über meine Identität nachzudenken. Das war lange bevor ich eine Verbindung herstellte zwischen meinem Begehren, meiner Isolierung und den Schwierigkeiten, die ich mit meinem Schreiben hatte. Ich hielt mich für eine Lesbe unter Freundinnen – nur hatte dieses „unter" fünf Jahre gedauert. Nach Kummer und Frustration nahm ich mir bewußt vor, mich mit Frauen zu treffen. Tatsächlich war ich mit vielen Frauen bekannt, einschließlich meiner damaligen engsten Freundin, einer anderen Schwarzen Frau, die auch am Theater arbeitete. Sie wurde ungewöhnlich gleichgültig, als ich versuchte, mich ihr gegenüber zu öffnen und meine Frustration zu erklären, die ich auf den vielen gemeinsam besuchten Partys empfand, weil ich zu ängstlich war, um auf die Frauen zuzugehen, von denen ich mich angezogen fühlte. Ich nahm an, sie würden mich abweisen, weil diese Frauen entweder hetero und zu Tode erschrocken, oder homo und entsetzt wären, so bloßgestellt zu werden. Theoretisch war Homosexualität für meine Freundin akzeptabel, lag sogar im Trend. Unbequeme Erfahrungen interessierten sie nicht. Sie wurde ungeduldig und teilnahmslos. Ich verlor sie aus den Augen, auf der Suche nach der Frauengemeinschaft, ein Wort, das noch nicht zu meinem Vokabular gehörte, aber ich spürte, daß es mehr bedeutete, als nur „Frauen". Ich stieß auf diese *community* durch die Bekanntschaft mit anderen schreibenden Frauen, und das half mir, mich aufs Schreiben und auf mein soziales Leben als Lesbe zu konzentrieren.

Immer noch verlangte keine meiner Erfahrungen, daß ich meine Seele entblößte. Ich blieb ehrlich, wurde aber nicht ausdrücklich. Abwägung, Diplomatie, Diskretion – alles Worte, die mir jetzt durch den Kopf gehen. Damals kannte ich kein politisches Raster, durch das ich meine Erfahrung hätte filtern können. Ich war mehr mit den Attica-Aufständen beschäftigt als mit Stonewall. Die Medien halfen, unsere Aufmerksamkeit auf ein festumrissenes Spektrum zu konzentrieren und die Zusammenhänge zwischen den verschiedenen Themen auszublenden. Ich zerbrach mir den Kopf darüber, wer Angela Davis Unterkunft geben könnte, aber das Konzept der Geschlechterpolitik war weit weg und rein theoretisch.

Ich bin nicht sicher, wann und wo genau Theorie und Wirklichkeit zusammenkamen.

Schwarze und Lesbe zu sein überlagerte sich irgendwann wie in dieser berühmten Szene aus Ingmar Bergmans Film *Persona*. Die verschiedenen Gesichter wurden zu einem, und mein Begehren wurde zu einem Teil meines Erbes, meiner Haut, meiner Perspektive, meiner Politik und meiner Zukunft. Und ich war mir sicher, daß meine Vergangenheit dazu beitrug, die Zukunft möglich zu machen. Die Frauen in meiner Familie hatten so gehandelt, als wären ihre Leben von Bedeutung. Ihr Leben war Kunst. Bei ihnen Lesbe zu sein, hieß, Künstlerin zu sein. Vielleicht kam diese Assoziation auch zustande, als ich die Gesichter meiner Urgroßmutter, Großmutter und Mutter in denen der Frauengemeinschaft wiederfand, in der ich mich schließlich bewegte.

Da lag dasselbe abenteuerliche Funkeln in den Augen, da gab es denselben festen Gang, die Neigung, in Gesang auszubrechen und dieses Nicht-Abwarten, daß jemand die Verantwortung für sie übernimmt.

Ich brauche bei keiner dieser Frauen vorzugeben, etwas zu sein, was ich nicht bin. Aber war es nötig, mich zu outen? In den Ferien, wenn ich Freundinnen und Liebste mit nach Hause brachte, hieß meine Familie uns herzlich willkommen, drückte uns an ihren wunderbaren Busen. Doch gab es da immer ein Moment des Schweigens in unserer Nachbarschaft, das mich störte, und überraschenderweise auch in unserer Familie. Zu den Stammgästen in der Bar meines Vaters, Duke, gehörte Maurice. Er war exzentrisch, auffallend und dennoch ganz normal. Die Kinder in der Umgebung brachten ihm dieselbe Achtung entgegen wie jedem anderen Erwachsenen. Seine Klatschgeschichten schufen sich bequem ihren Platz zwischen den regelmäßigen Samstagabendkrächen zwischen Männern und Frauen in unserem Viertel. Ich bedaure es, meinen Vater nie danach gefragt zu haben, wie er und Maurice Freunde geworden waren.

Bald empfand ich dieses unbehagliche Schweigen als belastend. Bei meinen Besuchen zu Hause in Boston genügte es mir nicht länger, daß Lydia und Dolores liebevoll und freundlich zu der „Freundin" waren, die ich mitbrachte. Vielleicht wurde ich älter. 1980, als Dreißigjährige in New York City, hielt ich kaum etwas bewußt vor irgend jemandem geheim. Die höfliche Stille, die mich umgab, wenn ich das Haus betrat, war greifbar, aber ich war mir nicht sicher, ob sie schon da war, wenn ich ankam, oder ob ich sie in mir nach Hause mitgebracht hatte. Sie schnitt mich von jener Art Zufriedenheit ab, die nur in meiner Familie zu bekommen war. Die Lebensader von Grace zu Lydia zu Dolores zu Jewelle war stark. Uns verband so vieles, nicht nur, daß wir uns sehr ähnlich sahen. Ich wollte nicht durch Schweigen zur Waise werden.

Wenn auch der Gedanke an kirchliche Trauungen und Hochzeitskutschen keinerlei Anziehung auf mich ausübte, so war die Vorstellung, einer großen Familie anzugehören, doch wichtig. Aber meine Anstrengungen wurden von unserer Unfähigkeit behindert, offen über das Leben zu sprechen, das ich für mich schuf und für uns alle. Es war um so blöder, als ich zu wissen glaubte, wie meine Familie reagieren würde. Ich war zuversichtlich, daß sie mit ihrer üblichen Selbstsicherheit antworten würden, so wie damals, als ich meinen ersten Afrohaarschnitt getragen hatte (den sie haßten), oder Freundinnen, die Vegetarierinnen waren, mitbrachte (was sie kurios fanden). Obwohl wir über manche Fragen uneinig waren, wie bei der Auseinandersetzung, die ich als Neunzehnjährige mit meiner Mutter über Vietnam hatte, vertrugen wir uns wieder, wenn die Argumente ausgetauscht waren.

Irgendwo tief im Innersten glaubte ich, daß weder Großmutter noch Mutter jemals meine Entscheidung zensiert hätten. Noch diejenige, die mich aufgezogen hatte: meine Urgroßmutter. Sie war eine stählerne Barrikade gegen jeglichen Übergriff auf unsere persönlichen Freiheiten gewesen und hat nie etwas, das ich tat, laut kritisiert.

Aber es war nicht genug, diesen Frauen unverminderte Bewunderung entgegenzubringen. Es ist eine Sache, darauf stolz zu sein, wie sie so glücklich überlebt hatten, trotz aller Hindernisse, denen sie sich gegenüber sahen. Aber es ist etwas anderes, im Times-Square-Kino zu stehen und mit der Möglichkeit konfrontiert zu sein, „es" laut auszusprechen und den Verlust ihrer strahlenden und wohlwollenden Freundlichkeit zu riskieren.

Meine Mutter fing an, die Graffiti an der Wand ihrer Kabine vorzulesen. Wir johlten jedesmal, wenn sie dramatisch wurde. Dann sagte sie, ohne aus dem Rhythmus zu kommen – denn wir wußten, daß es auf den richtigen Einsatz ankommt: „Und hier ist eins, das ich noch nirgends gesehen habe. LESBEN VEREINIGT EUCH!" Da war es wieder, dieses Schweigen, als ob die Räder des Lebens plötzlich still ständen. Wir waren in einem Standfoto gefangen, und verschiedene Möglichkeiten schossen mir in schneller Folge durch den Kopf: Nichts sagen? Etwas sagen? Was sagen?

Ich lachte und sagte: „Genau, aber hast du mal den Stempel auf meinem Schreibtisch gesehen?"

„Nein", sagte meine Mutter mit leisem Erstaunen. „Was steht drauf?"

„Ich hab ihn gesehen", schaltete sich meine Großmutter aus ihrer Kabine ein. „Es steht drauf: Lesben-Geld!"

„Was?"

„Lesben-Geld", wiederholte Lydia.

„Ich stemple meine Geldscheine damit", gab ich zaghaft zum besten. Dann brachen wir in brüllendes Gelächter aus. Die andere Frau am Waschbecken versuchte, so zu tun, als wären wir nicht da.

Seitdem hat es kaum noch Fragen gegeben. Ein paar unangenehme Momente vielleicht, meist, wenn sie sich in Gesellschaft unsicher fühlten. Obwohl wir dieses „es" nicht weiter ausgebreitet haben, gibt es eine deutliche Veränderung in unseren Beziehungen. Wenn ich nach Hause komme, dann mit meiner Liebsten, und als solche wird sie auch empfangen. Ich hatte Glück. Meine Familie war ebenso erleichtert wie ich selbst, zu wissen, wer ich war.

~ Übersetzung: Bettina Schäfer

~ Angela Davis: Sie wurde zum Symbol für den Kampf gegen Unterdrückung, Ungerechtigkeit, Rassismus, Polizeibrutalität, Armut und Drogen, die schwarze, braune, rote, gelbe und weiße Arbeiter in Elend und Verzweiflung gefangenhalten. Am 26.1.1944 wurde sie in Birmingham, Alabama, geboren und studierte von 1961 bis 1967 unter anderem bei Adorno und Horkheimer Philosophie in Frankfurt/Main. Ihre Promotion legte sie bei Herbert Marcuse an der University of California ab. Nach ihrem Bekenntnis zur Kommunistischen Partei wurde sie 1969 aus der Lehrtätigkeit entlassen und engagierte sich politisch besonders für die Rechte von Gefangenen. In einem Fall von Geiselnahme und Mord wurde sie während einer Gerichtsverhandlung der Mittäterschaft verdächtigt und ging in den Untergrund. Im Oktober 1970 wurde sie verhaftet, und es drohte ihr die Todesstrafe. Im Juni 1972 wurde sie in allen Punkten der Anklage freigesprochen. 1977 erschien ihre Autobiographie *Mein Herz wollte Freiheit* auf deutsch bei dtv.

Nellie Wong

Breite Schultern

Nellie Wong wurde im Jahr des Hundes in der
Chinatown von Oakland/Kalifornien geboren. Sie
ist Gründungsmitglied der Women's Writers Union
und der Gruppe „Unbound Feet". Als politisch
aktive sozialistische und feministische Dichterin
und Autorin tritt sie für sozialen Wandel ein.

Wie sehr liebte sie breite Schultern. Hatte sie Joan Crawford nicht immer für ihre Schultern bewundert? Nicht für ihre Schulterpolster oder ihren Pagenhaarschnitt und auch nicht für ihre vollen geschminkten Lippen. Sie liebte die breiten Schultern von Führungspersönlichkeiten, von führenden Frauen. Sie selbst wollte gerne eine Führungspersönlichkeit sein, aber sie wußte nicht, wie.

Die Frau pickte mit trockenen Fingern an ihrem Herzen. Ihre Finger rochen nach der Salbe, die sie aufgetragen hatte, um das Jucken zu bezwingen, das Schwellen von innen, das von Zitronensaft oder Orangen oder Weißwein schlimmer wurde. Breite Schultern. Das Bild tauchte vor ihr auf. Schultern waren Leitern zum Erklimmen, zum Draufstehen, dazu, sich über die Welt zu erheben. Schultern mit Muskeln, die sich dehnten, Arme einer Kriegerin, mit Händen, die tippten, ordneten, schrubbten, schälten, stickten, einmachten. Sie schälte ein Hühnerauge mit der Tapferkeit einer Frau heraus, die einst ohne Rückgrat, ohne Augen und leer gewesen war. Ihrem linken Fuß ging es besser ohne das Hühnerauge. Ihre armen kleinen Schweinezehen. Wie sie quiekten. Ihre Beine waren ihr Fluch, und doch liebte sie sie, wie sie ihre breiten Schultern liebte. Manchmal reisten ihre Finger über die Landkarten auf ihren Beinen. Manchmal versank sie über den Landkarten und dachte, daß die trockenen Hautschuppen zu Pfeilen wurden, die zur Freiheit wiesen.

Das einzige, worum sie je gebeten hatte, war Liebe: geliebt zu werden von einem Mann, einem Ehemann natürlich. Und die Schultern der Frau wuchsen und wuchsen. Ihre Schultern waren Tofu, der die Hitze des 4. Juli aufsaugte, während ihre Haut heiß und kribbelig wurde, weil sie einen Wollpullover trug, der ihren Hals bedeckte, während in Chinatown Feuerwerkskörper explodierten. Verdeckt. Überdeckt. Versteck dich unter der Oberfläche, unter der Haut, der rauhen, trockenen Haut, auf der kleine rote Berge wuchsen, die juckten und juckten, die sie zum Kratzen brachten, so daß sie am heißesten Tag des Sommers einen langärmligen Pullover tragen mußte, um ihren Ausschlag zu überdecken, während die Jungen und Mädchen von Chinatown in T-Shirts und Shorts, kurzärmligen Baumwollkleidern oder Blusen und Faltenröcken umherrannten. Sie kannte die Bedeutung des Wortes „Führer" nicht. Aber es schlug sie in seinen Bann und berührte ihre breiten Schultern. Es tanzte wie in Trance. Es drehte Pirouetten und sprang hoch in die Luft, hoch über die Schultern der Frau, dann verschwand es.

Sie kannte die Bedeutung des Wortes „Herz". Ihr Herz wurde so groß, daß sie dachte, der Mond fiele vom Himmel und siedelte darin. Die Mondstrahlen wurden zu ihrer Sehnsucht, zu ihren Wünschen, als sie aus dem Innern ihres Körpers, ihrem roten, roten Herzen auf sie schossen. Und so träumte sie davon, heldenhaft zu werden, nicht wie Wonder Woman, die Amerikas Feinde mit ihren Stahlarmbändern bekämpfte, sondern eher wie Marylin Monroe vielleicht, mit einem Mund, der zur Berührung einlud. Berührung wohnte vom Herzen dieser Frau so weit weg wie ein entfernter Verwandter in China. Ihre Finger waren zu trocken, behauptete sie. Ihre Knöchel waren zu groß, zu häßlich, und so brachte sie sich selbst bei, daß ihre Finger und ihr Körper nicht die Ihren waren. Sie gehörten zur Welt draußen, abgetrennt von ihrer Person, ihrer trockenen Haut, ihren Augen, die auf ihrer Handspitze tanzten, während sie sich selbst am Strand von St. Tropez liegen sah, mit der Sonne auf einem Körper, den sie niemals haben würde. Sie war eine Frau, die gelernt hatte, versteckt zu leben, und unter der Oberfläche dirigierte sie die Schuhspitzen eines Tänzers, der gegen ihr wildes Herz wummerte.

Aber ihre Schultern, ihre breiten Schultern bewunderte sie heimlich. Sie hingen nicht herab. Sie war nicht dünn. Sie fühlte sich immer füllig, wie ihr Herz, das hochrote Peonien zum Blühen brachte, Blumen, die sie glaubte nie gesehen zu haben, aber deren Namensklang sie liebte. Und sie roch deren Tee, den sie mit ihrer Mutter und ihrem Vater in Dim Sum-Teehäusern trank. Peonientee. *Po-nay cha* auf Chinesisch. Aber die Fülle blieb nie da wie ein guter Freund, ein Kumpel. Wenn die Mondstrahlen in ihrem Herzen schlafengingen, leitete das Herz der Frau Tränen in die See ab. Die See war ein sicherer Ort, ein Refugium für das Gefühl, ein Habitat, das ihre Leere nährte, obwohl sie sich immer voll fühlte, weil sie Reiskrusten liebte, goldbraun gebacken. Sie brannte sie immer an in der Pfanne, und dann mußte sie sie schrubben, bis ihr die Finger weh taten. Ach, die Schultern der Jugend. Mutters Augen, die ihr Herz durchbohrten und auf ihren Schultern landeten. Bah-Bahs Augen, die lächelten, selbst wenn er unausgesprochene Mitteilungen grummelte. Ihre Schultern wurden so breit, daß die Welt in ihr Denken und ihre Seele eintrat. Die Welt wirbelte in ihrem Bauch herum, und die Fülle nahm zu. Die Fülle brüllte in ihr, unter ihrer Haut, und schlich nach draußen wie ein Dieb, der Strähnen ihres schwarzen, schwarzen Haars stahl.

Liebe und Romantik – auf welchen Schultern lebte sie, welche suchte sie? Die Berge Chinas waren nicht in ihrer Reichweite, noch der Himalaya, noch die Gipfel von Montana oder Dorothys *Wizard of Oz*. Nur ihre eigenen Schultern, auf denen die Welt saß, herumrollte, sie neckte, sie entzückte, Brücken aus Stahl baute, die in den Sonnenuntergängen der Bucht von Acapulco strahlten. Wanderlust befiel ihre breiten Schultern, streifte sie wie eine Sternschnuppe, zog sie in Bann wie die mitternächtlichen Schweinskotelettmahlzeiten, die goldenen, ihres Vaters. Sie reiste immer weit auf ihren Schultern, selbst wenn sie ihr Zuhause nie verließ, selbst wenn sie für den Rest ihres Lebens tippte, selbst wenn sie Angst hatte, Risiken einzugehen. Etwas offen zu sagen hieß ein Risiko eingehen. Eine Meinung mitteilen, andere wissen lassen, daß sie Gedanken hatte, Ideen, Tische voll mit gebratener Ente, Spargelspitzen und Mandarinorangen.

Die Schultern der Frau nahmen ihren täglichen Fußweg zur Arbeit in Anspruch, vorbei an den Wolkenkratzern, dem See, den Parkplätzen und Baustellen, wo Männer schweißten und bohrten und becherweise heißen Kaffee hinunterschütteten. Und immer noch erfreute sie sich an den Frühlingsiris, den japanischen Magnolien, die vor ihren dunklen Augen blühten. Sie bewunderte die Schultern von Frauen heute. Schultern, die nicht hingen. Schultern, die sich selbst aufrecht hielten, wie Sterne, die am Mitternachtshimmel aufgehängt waren. Schulterpolster waren nicht länger nötig, aber sie hatten ihr Comeback in Designerkleidern, in Jacken mit Fledermausärmeln und sogar in den Oberteilen von Jogginganzügen. Die Frau untersuchte einmal die Schulterpolster in einem Kaufhaus. Sie waren mit Klettband befestigt. Herausnehmbar zum Waschen. Fülle. Die Frau wünschte sich Fülle, nicht Schulterpolster zum Herausnehmen. Sie war hungrig nach Fülle, und doch wußte sie, daß ihr Körper jetzt niemals ein Kind hervorbrächte.

Fülle, sagte sie sich, hieß nicht unbedingt, Mutter zu werden. Fülle umgab sie: Jedesmal, wenn sie von Kindern, Frauen und Männern las, die im Namen der Demokratie ermordet wurden, zugunsten eines Wirtschaftsystems, das Gewinne über Menschen stellte, das den Armen die Lebensmittelmarken wegnahm. Es war zuviel für ihre Augen. Einst fühlte sie sich augenlos, aber sie wußte, daß sie log. Was sie sah, gefiel ihr nicht: Die Männer ihrer Jugendzeit, die sich Opium spritzten, um die Misere von vierzehnstündigen Arbeitstagen wegzuträumen, die ihre Lieben in China vermißten; die Streitereien ihrer Eltern im verschlossenen Schlafzimmer wegen Geld, daß nie welches da war; die Gänge zum Lebensmittelladen der Verwandten ihres Vaters, um Essen auf Pump zu bekommen; betrunkene Männer, die schlafend in Hauseingängen lagen; Frauen, die sich um Salat und Reste von Bok choy in den Mülltonnen von Chinatown stritten.

Verschließ deine Augen, sagte sie sich. Steck die Finger in die Ohren. Hör nicht zu, sieh nicht hin, und so folgte sie ihrem roten, roten Herzen, aber ihre Schultern waren widerspenstig und hegten die Bilder für sie, hin zu der Fülle, die sie suchte, hin zu dem Ausdruck, der seinen Weg in die Mondstrahlen nahm, die durch ihren abgetrennten Körper schossen. Wo würde ihre Fülle sein, wenn sie nie tippen gelernt hätte? Wenn Mutter und Vater das Geld gehabt hätten, sie mit Siebzehn aufs College zu schicken, wo wäre sie jetzt? Nicht hier, in diesem Zimmer, nach Mitternacht beim Tippen, nicht hier, allein, ohne Ehemann, ohne Kinder, ohne ein knisterndes Feuer, um ihre zarten Knochen zu wärmen.

Sie hatte immer noch volles Haar. Doch sie behauptete oft, sie hätte noch kein graues. Manchmal, in einer Anwandlung von Eitelkeit, riß sie sich ein oder zwei weiße Haare aus, sagte sich, sie würde niemals alt. Nein, nein, nicht sie, die immer unter der Oberfläche gelebt hatte, nicht sie, die davon redete, es machte ihr nichts aus, alt zu werden. Dennoch, der Akt, ein oder zwei weiße Haare auszureißen, lebte nur kurz wie ein Mondstrahl, der aus ihrem roten, roten Herzen entfloh.

Sie betrachtete ihre Haut und wußte, sie wurde älter. Sie befühlte die Krähenfüße in den Augenwinkeln, und die Fülle kehrte zurück wie ein nach Hause kommendes Kind, das die Berührung seiner Mutter sucht. Sie wünschte, von einem Ende der Welt zum anderen zu reisen, aber sie kreiste um ihre Schultern. Sie stand oft auf ihnen, um zu sehen, wie weit, wie hoch und wie groß die Welt sein konnte. Wenn sich die Welt in ihrem Bauch auszubreiten vermochte, konnte sie sicherlich auch ihre Sicht verbessern. Jetzt hörte sie Gewehrschüsse in El Salvador, und sie sah Bauern in einem kleinen Dorf auf vielen Haufen liegen. Jetzt spürte sie den Hunger eines Kindes in Somalia, das an Unterernährung litt. Jetzt sah sie ein fünfjähriges Mädchen, das vor einem Luxushotel in Mexico-Stadt bettelte. Jetzt sah sie einen Dichter in Korea im Gefängnis, weil er über Unterdrückung geschrieben hatte, und in ihrer eigenen Stadt in Kalifornien sah sie die Alten, die auf der Straße leben, ihr Essen aus den Resten des Mittagessens von Angestellten der Bankenviertel bestreiten.

Jetzt stürzten ihre Träume durch den silbernen Schild ihrer Jugend, und Joan Crawford, diese teure Frau mit breiten Schultern, diese „dancing lady", kämpfte darum, zu tanzen, anstatt Organdyschürzen oder Nerzmäntel zu tragen, selbst wenn Franchot Tone drauf und dran war, sie zu verschlingen und zu lieben, selbst wenn Clark Gable in den Kulissen wartete.

Ihre Schultern, ihre Schultern. Würden sie nie aufhören zu wachsen? Würden sie nie aufhören, wie Tofu zu sein? Würde die Welt auf ihren Schultern nie herunterfallen? Die Frau rieb sich die Augen. Sie wurde jetzt müde, und doch empfand sie Fülle. Der Duft von Reiskrusten, die in gekochtem Wasser weichten, stieg ihr in die Nase. Ma saß ihr am blauen Resopalküchentisch gegenüber. Ma lächelte, im Traum: Ihr Goldzahn leuchtete in einem Feld weißer Gänseblümchen. „Ma!" rief die Frau. „Ich danke dir für meine breiten Schultern! Ich hatte nie die Möglichkeit, dir zu sagen, daß ich dich liebe." Die Stimme der Frau brach ab. Mas Goldzahn war fort. Ma war fort, und die weißen Gänseblümchen verschwanden in die Stille der kalten Nachtluft.

Die Frau rieb sich die Schultern. Sie waren wirklich breit. Und was wäre, wenn die Schultern wie Tofu wären, wie die feste, chinesische Sorte? Immer noch wohnten Mondstrahlen in ihrem Herzen, und jetzt, wenn silberne Blitze durch ihren Körper fuhren, kam sie nach Hause, um auszuruhen, und ihre Schultern erhoben und erhoben sich, bis sie dachte, sie schwebte. Ihre Schultern würden sie zur Fülle hinführen, auf den Landkarten ihrer Beine, innen in ihrem roten, roten Herzen, außen an ihren knochigen Fingern. Ihre Schwestern würden immer um sie herum sein: die blutsverwandten Schwestern, aber besonders ihre revolutionären Schwestern, diejenigen, die sich äußerten und sie und sich selbst verteidigten, diejenigen, die Briefe an einen Produzenten schrieben, mit denen sie gegen rassistische Stereotypen in einem Stück protestierten, diejenigen, die unbeugsam und eloquent über die Stärke und Führerschaft von Arbeiterinnen, Lesben, Frauen aller Hautfarben, aller Altersstufen, aller Länder sprachen. Diese revolutionären Schwestern, ihre Genossinnen mit den breitesten, schönsten Schultern von allen. Sie lernte von ihnen, weil ihre Augen jetzt weit offen waren. Irgendwie hatten ihre Augen beschlossen, aus dem Versteck herauszutreten, hatten ihre festen und doch zarten Tofu-Schultern angestoßen, und als sie in die Nacht hinausschaute, sah sie die Frauen Schulter an Schulter gehen, sah sie die dunklen Veilchen um sie herum blühen, als sie sich erhoben und die Welt von ihrem roten, roten Herzen hievten.

~ Übersetzung: Bettina Schäfer

Cherríe Moraga

Die Opfergabe

Cherríe Moraga ist Latina und in San Francisco
geboren. Sie ist Dichterin, Drehbuchautorin und
Lektorin. Zusammen mit Gloria E. Anzaldúa gab sie
1981 *This Bridge Called My Back*, die erste bahn-
brechende Anthologie mit Erzählungen von Women
of Color heraus.

So seltsam es auch scheinen mag, es gibt keine andere Art, sicher-
zugehen. Vollkommen sicher. Na gut, du kannst nie vollkommen
sicher sein, aber du kannst es versuchen und an manchen Dingen
festmachen. Geruch ist sehr wichtig. Deine Augen können dich
täuschen. Du kannst Sachen sehen, die nicht vorhanden sind. Aber
nicht so bei Geruch. Geruch erinnert und sagt die Zukunft voraus.
Ungelogen.

Geruch kann dein Herz aufspringen lassen, egal wieviele Schlös-
ser du drangehängt hast. Du kannst den Geruch nicht kommen
sehen, und so erwischt er dich ungewappnet, im unbewachten Augenblick. Wie die Liebe. Deshalb kann er dein bester Freund oder
schlimmster Feind sein, das hängt von der jeweiligen Verfassung
deines Herzens ab.

Geruch ist Heimat oder Einsamkeit.

Vertrauen oder Verrat.

Geruch erinnert.

Tiny ging nie mit Frauen, weil sie es beschlossen hätte. Sie sagte
immer: „Ich gehe meiner Nase nach." Und das tat sie, und sie hatten ihr auch etliche Male fast den Arsch aufgerissen, wenn die
Duftspur sie zum falschen Ende der Stadt geführt hatte oder ins

Bett der Ehefrau von jemandem, so daß sie am Morgen wünschte, es wäre nicht wahr.

Sie haßte Streit. Das war das andere Problem. Sie blieb niemals so lange, bis es zum Streit kam. „Das einzige Blut, das ich mag", sagte sie immer, „ist das, was meine Hand aus einer befriedigten Frau herausholt." Wir alle meinten dann, sie sollte ihre arrogante Klappe halten und noch einen Drink nehmen.

Christina Morena stand bei der Ersten Heiligen Kommunion vor mir. Bis zur Konfirmation stellte Tiny die meisten von uns Mädchen in den Schatten. Schoß hoch auf wie nichts. So wurde Christina, die alle Tina nannten, über Nacht zu Tiny, Winzling, und das ist der Name, den sie mitnahm in „das Leben". In Anbetracht ihrer Körpergröße war der Name besser als Christina, und mit Sicherheit besser als meiner, Dolores. Dottie nannten sie mich Jahre später in manchen Kreisen, aber es blieb nie haften, weil ich Lichtjahre entfernt war von einer sommersprossigen *gabacha* mit Knubbelknien. Doch eine Zeitlang probierte ich es. Jetzt bin ich auf die, die ich vorher war, zurückgekommen. Nur Lolita. Bloß. Nicht so anders als zur Zeit der Kommunion, wirklich.

Als wir Kinder waren, Teenager, kamen wir *sehr* nah daran, es miteinander zu machen. *Sehr* nah. Ich weiß nicht, was passiert wäre, wenn wir's getan hätten, aber damals hätte ich nicht einmal davon geträumt. Ja, wahrscheinlich liebte ich Tiny mehr als jedes andere menschliche Wesen auf dieser Welt. Ich meine, ich liebte sie auf die Art, wie du deine Familie liebst, auch wenn sie alles mögliche anstellen – stehlen, betrügen, lügen, morden -, und trotzdem liebst du sie, weil du sie im Blut hast. *Sangre.* Tiny hatte ich im Blut. Sie war meine Blutsschwester. Vielleicht taten wir's deshalb damals nicht. Es wäre gewesen, als ob du's mit deiner Mutter machst. Nein, mit deiner Schwester. Tiny war meine Schwester wie keine andere, die ich je hatte, und sie begehrte mich, und ich habe sie verlassen, weil sie lieber vorgab, es wär nicht so, und ich zu dumm war, um zu riechen, was wirklich los war. Ich war nur aufmerksam für das, was aus ihrem verdammten Mund kam, und da gab es nichts zu hören. Keine Worte der Liebe, der Zärtlichkeit, des Versprechens, solches *luna de miel*-Zeug. Da war nur ihr verdammt kompakter, untersetzter Körper wie ein Panzer mitten in meinem Gesicht, und Tränen rannen ihre Wangen herunter, und ihre Knie pressten sich zusammen, als ob sie auf dieser Toilette festgenagelt wären, ihr Höschen wie ein Gummiband um die Knöchel gewickelt, und ich rannte weg von ihr, so schnell mein *cola* mich trug.

„*Fuck fuck, chinga'o, man, fuck!*"

„Tina …", ich kann mich selbst kaum hören.

„Tiny. Ich heiße Tiny."

„Was machst du hier drin?"

„Ich heule, du Tunte. Das willst du doch, oder? Das große böse Miststück heulen sehn? Also, geh und laß dir deinen Arsch woanders polieren."

„Ich hab keinen Arsch."

„Doch, zwischen deinen Ohren!"

Aber ich liebte keinen Menschen so, wie ich Tiny geliebt habe. Keine einzige. Nicht eine von diesen mageren weißen oder geschmeidigen schwarzen Frauen, die ihre Beine für mich und mein Süßholzraspeln breit gemacht haben. Blut war an meinen Händen, aber nicht vom Eindringen in diese Frauen, sondern von Tinys Haut. Von der Haut meines *barrios*. Von Cha Cha, wo du mich nur zu sehen bekamst, wenn die intellektuellen College-Mädchen mich einmal zu oft ins Hirn gefickt hatten. So hätte Tiny es ausgedrückt. Wir waren nicht dazu ausersehen, Liebhaberinnen zu sein, nur Schwestern. Aber Schwester zu sein ist kein Teilzeitjob.

„*Lolita Lebrón*", so nannten sie mich meistens bei Cha Cha's. Natürlich hatten sie keine Ahnung gehabt, wer Lolita war, bis ich mit ihrer Geschichte ankam, mit den Jungs und den Gewehren, als sie es mit dem ganzen *pinche* US-Kongreß aufnahmen. Sie sagten immer: „Hey, Lolita, was macht die Revolution?" Und dann nahmen sie mich hoch, und ich steckte es weg, denn ich wußte, sie liebten mich und respektierten sogar, was ich tat. Oder vielleicht war es auch nur Tiny, die mich respektierte, und alle anderen mußten mich ihretwegen anständig behandeln. Tiny sagte meist, ihr Beitrag zu *La Causa* wäre, die Freundinnen der Machos bei Laune zu halten, solange sie zu revolutionär waren, um Zeit fürs Vögeln zu haben.

Aber ich war diejenige, die von ihr begehrt wurde. Und ich brauchte mein Homegirl mehr als jedes andere bis zu diesem Tag lebende Menschenwesen. Erwachsen werden heißt lernen, „ohne" zu leben. Tiny und ich, wir wurden zu schnell erwachsen.

„Glaubst du, Angie könnte mich begehren?"

Da sind wir also, fünfzehn Jahre später, ich sitze auf der Bettkante und spiele mit den kleinen Erhebungen auf dem Chenille-Bettüberwurf, als meine Schwester mir gegenüber ihre ganzen verdammten Klamotten auszieht und aufs Bett wirft, bis sie splitternackt vor mir steht.

„Schau mich an." Ich kann nicht. „Lola."

Ich spiele weiter mit den kleinen Bällchen auf der Bettdecke.

„Schau mich an. Komm schon. Ich muß es wissen."

„Tiny, laß' mich in Ruhe, Mensch, so ist das zu kalt. Es ist verdammt wissenschaftlich, niemand schaut die Leute so an."

„Du machst das."

Sie hatte recht. Also taxierte ich sie, starrte sie an mit meinen zwei geübten Augen, dem blauen und dem braunen, und ich wußte, sie wollte meine hundertprozentig ehrliche Meinung, mit der sie bei mir seit unserer Kindheit rechnen konnte ... Also saß ich da und schaute sie lange an.

„Komm schon, Mann, das kann doch nich so eeewig dauern. Nu sag schon."

Das blaue und das braune Auge arbeiteten daran, arbeiteten hart. Ich versuche, jedes Auge einzeln zu benutzen, zu sehen, ob dabei unterschiedliche Folgerungen herauskommen, die davon abhängen, mit welchem Auge und welcher Farbe ich vorgehe. Bild eins entspricht dem europäischen Blick, das andere dem indianischen.

Tiny sucht nach ihrem Slip. „Fick dich."

Und dann rieche ich sie, gerade, als sie über mich rüberreicht. Ihre Brust fällt auf meine Schulter, besänftigend.

Ein warmer, gedrückter Stein.

Ich inhaliere. Packe ihren Arm.

„Nein, warte. Laß mich dich anschauen."

Sie zieht sich zur Frisierkommode zurück, hält den Slip vor ihren Bauch, dann läßt sie ihn fallen. Sie ist absolut schön. Nicht von der Zeitschriftenschönheit, sondern dreiunddreißig Jahre alt und mexikanisch schön. Die Kommode mit dem Spiegel steht hinter ihr. Ich kenne diesen Frisiertisch. Schon seit Jahren. Er hat sich nicht verändert, aber Tiny ... sie schon. Die Kommode ist hell. „Helle Möbel", sehr beliebt bei Mexikanern in den Fünfzigern. Wir sind die Kinder der fünfziger Jahre. Aber die sind vorbei und vergangen, und in der Zwischenzeit ist meine Christina Morena losgegangen und hat sich in eine Frau verwandelt. Und vor diesem hellen Frisiertisch steht die braune Christina. *Christina Morena desnuda*, ohne Faden am Leib, und sie sieht aus wie ihre Mutter und meine Mutter, mit Beinen wie Baumstämmen und einem *panza*, der sich zu ihrem *ombligo* rundet, *como pura miel*. Und Brüste ... Brüste, die ich ihr wiedergeben möchte, *compartir con ella que nos llenan a las dos.*

„Na, und? ...“ fragt sie.

Und es war mir nie aufgefallen, daß wir erwachsen geworden waren. Das Haar unter ihrem Bauch hatte dieselbe Farbe wie das auf dem Kopf. Tiefes Schwarz.

Denso.

Oculto como un nido escóndido.

Un hogar distante,

aguardándome.

Ich hörte dabei nicht auf. Sie brauchte mich, um berührt zu werden, das ist es. Ist das so viel verlangt von einem Menschen? Angie und sie würden nicht lange zusammen sein. Tiny ließ sich nicht von ihr anfassen. Sie ließ sich nie und von keiner anfassen.

„Niemals?“

„Niemals.“

„Versteh ich nicht. Was machst du dann?“

„Ich *mach* es ihnen.“

„Aber ich meine, kommst du dann ... weißt du?“

„In Fahrt? Na klar.“

„Wie?“

„Während ich reibe, beim Denken.“

„Denken? Was denn denken?“

„An sie. Was sie spürt.“

„Denkst du jemals an dich selbst?“

„Niemand da.“

„Was?“

„Ich hab kein Bild, weißt du, was ich meine? Da ist niemand. Da bin ich nicht ... jedenfalls nicht im Bett.“

Und so brachte ich meine Hände in sie. Ich tat es. Auf alle nur denkbare Arten brachte ich meine Hände in sie hinein, und wie ein fickender Schamane verzaubere ich sie, gebe ihr ein Bild, das sie sein kann.

„*Fuck, fuck, chinga'o man, fuck.*“

„Sei still", sagte ich.

„Was?"

„Red keinen Scheiß."

„Sondern …"

„Psssst". Ich drücke meine Finger an ihre Lippen.

„Sag gar nichts, Tiny." Mach deinen Mund auf und sag mir etwas anderes.

Sie riecht nach Kopalharz zwischen den Beinen. Tiny, Tina, die bei der Ersten Heiligen Kommunion in der Reihe vor mir stand, riecht wie

verdammtes Kopalharz

süßer erdiger Saft

sickerte aus jeder Pore

die des dunklen Rindenbaumes

Fleisch küßte

Ich konnte sie nicht küssen, nur zwischen den Beinen

wo der Mund dort nie fluchte

wo die Lippen dort sich nie zusammenziehen

zum Knurren, Zigarettenrauchen, Schleim

spucken in vorbeigehende blasse stopplige Gesichter,

die *bulldagger* schnauzen

dyke

jota

mal

flor

Ich küßte sie dort, wo sie noch nie gesprochen hatte

wo sie noch nie gesungen hatte

wo …

Und dann sollen wir vergessen. Die Frauen vergessen, die wir zwischen den Bettlaken entdecken, zwischen Schenkeln, Lügen, Schreien.

Aber manche Dinge vergißt du nicht

Geruch.

Ich schließe die Augen

und ich reibe und denke

reibe und erinnere

wie es sich anfühlt, meinen Körper

zu finden, *una vega*

anhelosa, endlos
llano
de deseo.
Dónde 'stá ella
que me regaló mi cuerpo
como una ofrenda a mí misma?
Ella
Lejana
Una vez ... mía.
Ich öffne meine Augen
... Desaparecida.

Ich hätte Tiny geheiratet, wenn sie mich gelassen hätte. Ich hätte es getan. Ich schwöre es. Aber ich war erleichtert, als sie ihre Hosen anzog und mir sagte, ich solle verschwinden. Ich war erleichtert, weil ich nicht für den Rest meines Lebens die Last hätte, eine zu lieben. Tiny.

Aber ich war bereit zu bleiben. Diesmal ging ich nirgendwohin. Ich meine, wo sollte ich schon hingehen? Dieses Mädchen war meine Familie, und ich kannte sie. Ich kannte sie und liebte sie dennoch, also wohin hätte ich gehen sollen? Du verbringst dein Leben damit, nach irgend etwas zu suchen, das bloß den simplen Satz braucht: „Okay, ich tue mich mit dieser hier zusammen." Mit dieser einen Frau, *y ya*!

Tiny wußte, daß sie nicht alt werden würde.

Sie sagte mir schon in ihren Dreißigern, wie müde sie des Kämpfens war. Und dann las ich es, in der *Los Angeles Times*. All diese Frauen, Lesben, die nie Babys gehabt hatten und Krebs bekommen. Sie erwähnen Tinys Namen nie, aber Tiny war dabei, bei den kinderlosen Frauen, den Toten.

Ich dachte, was soll jetzt *diese* Scheiße? Frauen benutzen ihre Brüste nicht wie die Biologie es verlangt, und ihre Brüste verraten sie? Ist das die lesbische *castigo*? Aids für unsere Brüder, Krebs für uns? Ich hasse diesen Gedanken, hasse den Gedanken, das sei alles eine Verschwörung, um uns zum Beitritt zur verdammten menschlichen Spezies zu bewegen.

Ich verbrenne Kopalharz.
Ihr Name steigt auf mit dem Rauch,

löst sich auf im aschenen Morgenhimmel.
Ihr Fleisch, fragil wie unterminierter
Fels, gab Flüssiges
der Erde zurück. Ihr Duft setzt …
Erinnerung frei.

Auch ich ritze meinen Namen ein.
Eintätowierte Tinte auf dem geruchlosen
Fleisch dieser Seite.

Ich, die ihre Brust nur gegeben hat
an die Hungrigen und Erwachsenen
die Weiblichen und Verhungerten,
die Frauen.

Ich, die ihre Brust nur den Frauen gegeben hat.

~ Übersetzung: Bettina Schäfer

~ *gabacha*: geringschätziger Ausdruck für Französin
~ *cola*: Schwanz; hier in der ‚Halbstarkensprache' gebraucht heißt es
   nicht mehr als: so schnell ich verschwinden konnte
~ *sangre*: Blut
~ *barrio*: heimatliche Umgebung, Nachbarschaft, Viertel, ugs. auch im
   Sinne von Umfeld
~ *luna de miel*: Flitterwochen
~ *pinche*: nichtsnutzig, schuftig
~ *La Causa*: die Sache, Synonym für Die Revolution
~ *desnuda*: nackt
~ *panza*: Bauch, Wanst
~ *ombligo como pura miel*: Nabel wie reiner Honig
~ *compartír con ella que nos llenan a las dos*: mit ihr zu teilen, was uns erfüllt
~ *denso*: dicht
~ *oculto como un nido escóndido*: heimlich wie ein verstecktes Nest
~ *un hogar distante, aguardándome*: ein fremdes Heim, das mich erwartet
~ *chinga'o*: Nervensäge, lästige Person
~ *bulldagger*: abfällig für Lesbe, besonders die Butches

~ *jota*: weibisch

~ *mal*: Übel, Seuche

~ *flor*: Blüte; *jota, mal, flor* sind im Spanischen abfällige Bezeichnungen für Lesben und Schwule

~ *una vega anhelosa*: eine sehnsüchtige Aue, fruchtbare Ebene

~ *llano de deseo*: voller Verlangen

~ *Dónde 'stá ella que me regaló mi cuerpo como una ofrenda a mí misma?*: Wo ist sie, die mir meinen Körper wie eine Opfergabe schenkt?

~ *Ella. Lejana. Una vez ... mía*: Sie. Weit fort. Einmal ... mein.

~ *desaparecida*: verschwunden, die Verschwundene

~ *y ya!*: ach ja!

~ *castigo*: Strafe

Elizabeth R. Calero

Anschauungsunterricht: Aussichten vom Rücksitz

Elizabeth R. Calero lehrt an der Universität von Manila/Philippinen. Zeitweise schreibt sie für Fernsehsender. Sie gehört der Selbsthilfegruppe „Can't Live in the Closet" (CLIC) an und ist 29 Jahre alt.

„Kann ich dich nach Hause bringen?" ist ein Angebot, das mir meine lesbischen Freundinnen häufig machen. Aber bei ihnen ist es nicht irgendeine Autofahrt, besonders, wenn das „ich" eigentlich „wir" heißt. Wirklich heißt es: „Lisa, können wir dich nach Hause bringen? Wir fahren heute über die Autobahn." Wir, das heißt „meine Freundin und ich".

Okay, ich vermute, jede würde die Mitfahrt auf dem Rücksitz eines klimatisierten Autos dem Bus vorziehen, der die *EDSA* jenseits der Schallmauer entlangjagt. So habe ich in den Jahren zahlloser Rücksitzfahrten und vieler Vordersitzpaare auf diesem Vorzugsplatz reichlich Vielfalt kennengelernt.

Als Carla und Jet feststellten, daß wir drei nur fünf Kilometer voneinander entfernt wohnten, luden sie mich ein mitzukommen. Bei der ersten schicksalhaften Fahrt verstanden Jet und ich uns sofort und nährten auf diese Weise eine Freundschaft, die mich zu ihrer Dauerbegleiterin machen sollte. Carla war der Gedanke angenehm, daß ich Jet auf dem Rest des Weges Gesellschaft leistete, nachdem sie ausgestiegen war. (Später erfuhr ich, dies war Carlas Art, sicherzustellen, daß Jet, abgesehen von meinem Zuhause, keine weiteren Umwege zu irgendeiner anderen Frau machen würde.) Und

Jet dachte, wenn ihre Mutter sie mal zu Hause festhielt, hatte Carla immer noch mich als Gesellschaft. Irgendwie verlängerte mein Eintritt in ihr Leben das sich anbahnende Ende ihrer Beziehung um ein weiteres Jahr.

Zwischen 60 und 80 Stundenkilometern küßten sich Jet und Carla. Jet schaute mich im Rückspiegel an. Ich blickte mit zusammengezogenen Augenbrauen zurück, denen ich einen spöttischen Schmollblick beigab. Mehr als einmal fing Carla an zu lächeln und fragte: „Lisa, beneidest du uns?"

Manchmal lag Carlas Hand auf dem Schaltknüppel und schob ihn in den zweiten oder dritten Gang, während Jet kuppelte und Gas gab. Obwohl das unsere übliche Fahrtzeit um eine halbe Stunde verlängerte, war ich wirklich nicht böse, denn wir alberten immerzu miteinander herum.

Einmal, als wir auf der Autobahn fuhren, erzählte ich Jet, daß ich die Frau in dem Geschenkeladen, in dem wir vorher gewesen waren, attraktiv fand. Jet sagte, sie habe die Frau auch bemerkt und noch ein zweites Mal hingeschaut. Carla wandte sich zu mir um und betrachtete mich lange schweigend. Ich begriff, daß es Zeit war, still zu sein, mich zurückzulehnen und mir einen Sicherheitsgurt für den Rücksitz zu wünschen. Denn Carla ließ die Gangschaltung los, kreuzte die Arme und versank in ein Schweigen, das weder Jet noch ich brechen konnten. Aus Frustration über Carlas Weigerung, zu sprechen, trat Jet aufs Gas. In wenigen Sekunden kletterte die Tachonadel auf 110 Stundenkilometer. Ich betete, daß kein Lastwagen oder sonst ein Auto es wagen würde, hier einzubiegen.

Kurz darauf hatte Carla das Gefangensein satt und warf Jet aus ihrem Leben hinaus.

Doch selbst als ihre Beziehung zu Ende war, lud Jet mich meistens an einem Abend in der Woche zur Happy Hour in irgendeine Bar in Malate ein. Wir versuchten, unseren Seelenschmerz mit ein paar Krügen Faßbier wegzuschwemmen; sie schluchzte wegen Carla, und ich bejammerte meine unerwiderte Liebe zu Karen. Halb betrunken, halb nüchtern bestand Jet darauf, mich nach Hause zu fahren. Obwohl wir nie in einen ernsthaften Unfall gerieten, hatte ich in diesen langen Nächten auf dem Beifahrersitz das Ein- und Ausklicken des Sicherheitsgurts zu bewältigen.

Dann ging alles sehr schnell. Eines Abends lud Jet Karen ein, auf eine Runde Bier mit uns zu kommen. Karen kam auch ein zweites und ein drittes Mal mit. Na gut, ziemlich bald fuhr Jet mich nach Hause, und ich wurde von neuem auf den Rücksitz befördert. Unter den Habenden und den Habenichtsen suchte sich Karen offensichtlich erstere aus. Und Jet entschied sich für die Liebe, statt für Loyalität und Freundschaft.

Während der nächsten paar Jahre erwischte ich mich dabei, wie ich Paare im Bus anstarrte. Manchmal war es beschämend, wenn meine Blicke die feurigen Augen einer Butch trafen, die den Arm um die Schultern ihrer Partnerin gelegt hatte. Manchmal schlief eine von beiden auf dem Schoß der anderen. Da gab es zärtliche Momente, wenn eine den anstrengenden Tag mit ihren Händen leichter machte, indem sie der anderen sanft durchs Haar und den Nacken entlangstrich. Ich drehte mich weg und gab vor, nicht eine Sekunde lang neidisch zu sein.

Aber neidisch hätte ich werden können, als Angie plötzlich mit ihrem neuen Auto auftauchte. Es war ein 1997er Modell mit Kunstledersitzen. Ich hatte mich so an ihr altes Auto gewöhnt, das von 1992 stammte. Selbst die hübschen Sitze in ihrem neuen Auto fühlten sich nicht annähernd so gemütlich an wie die alten. Gerüchte besagten, der Grund für Angies Autowechsel sei, daß sie einen besseren Eindruck auf Rica machen wollte, deren Schönheit vor Monaten auf einer Party alle überwältigt hatte. Rica wohnte im Osten und Angie im Westen der Stadt. Egal, welches Auto es war, ob 1992 oder 1997, es bestätigte nur meine Theorie, daß die kürzeste Verbindung zwischen Liebe und der möglichen Liebsten ein voller Benzintank war. Den ich auch nicht hatte.

Sehr zu Angies Überraschung gelang es Rica und mir, gemeinsame Freundinnen und Bekannte zu entdecken. Das zeigte, wie verflochten unsere Leben doch waren. Abgesehen davon, daß Rica gewissermaßen Karen kannte, stellte sich heraus, daß sie mit einer ganzen Reihe von meinen Schulkameradinnen eng befreundet war, die sie am College kennengelernt hatte. Aber noch wichtiger war, daß sie die Romane von Jeannette Winterson mochte. Seufz. Rica war genau das, was ich mir nur wünschen konnte: eine Intelligenzbestie, eine Leserin und eine, die sah. Aber Angie hatte als erste ihre Leidenschaft für Rica erklärt. Also hielt ich meinen Mund und akzeptierte, daß meine Verbindungen mit Rica nicht über eine Freundschaft hinausgehen würden.

Geduldig lud Angie Rica zu Verabredungen ein. Anfänglich bat sie mich sogar immer mitzukommen. Ihre Erklärung dafür war, sie fürchte das Schweigen, das einsetzte, wenn sie in Ricas Anwesenheit kein Wort mehr herausbrachte. Angie wurde mit Rica an ihrer Seite fast völlig sprachlos. Im Gegensatz dazu redete ich mit Rica, als würde ich sie schon mein Leben lang kennen. Na ja, Angie war nicht weniger als ziemlich besessen von Rica. Ich war das nicht, sagte ich mir.

In einem Augenblick der Offenheit vertraute Rica Angie an, daß sie ihre Gefühle nie würde erwidern können. Das einzige, dessen sie Angie versichern könne, wäre eine einfache Freundschaft. Das besiegelte Angies Schicksal, setzte aber den Autofahrten kein Ende. Da war ich also wieder, wie üblich auf dem Rücksitz.

Rica war Angie gegenüber sehr entgegenkommend, und ich fürchtete, das würde – entgegen aller Hoffnung – Angie zu Hoffnungen verleiten. Angie nahm sogar Auszüge aus Musicals auf, die Rica ein- oder zweimal erwähnt hatte, und spielte nur noch diese im Auto. Manchmal beugte sich Rica zur Gangschaltung hinüber – doch nur, um einen anderen Sender einzustellen oder um die Kassette zu wechseln. Die meiste Zeit lehnte sie sich eher an die Autotür und schaute aus dem Fenster. Angie mußte sich beim Fahren wie auf Wolken gefühlt haben, wenn Rica dabei war, denn ich kann mich nicht erinnern, daß das Auto auch nur einmal in ein Schlagloch gefahren oder über eine Schwelle in der Geschwindigkeitbegrenzungszone gebrettert wäre – und das selbst in den berüchtigten Straßen der Innenstadt von Manila.

Mit dem neuen Auto entwickelten sich Angie und Rica von einem Paar-das-nicht-sein-kann, zu zwei dicken Kumpaninnen. Angie fährt Rica immer noch ab und an irgendwohin. Aber neulich habe ich gehört, sie würde jetzt häufiger in Richtung Norden fahren, nicht mehr nach Ost oder West. Was Rica allerdings betrifft – sie ist ein freier Geist. Sie ist dort, wo das Leben ist.

Das Autoradio war auf einen Jazzsender eingestellt. Ein paar Tage lang vermißte ich dennoch Ronis und Belles Musik. Mir fiel auf, daß Roni die Sitze von Gavin neu bezogen und die Elektrik erneuert hatte. Aber da Roni ohne Gavin tendenziell unbeweglich war, machte das nichts. Apropos Gavin, so heißt Ronis Auto. Ja, sie war eine von denen, die es sich herausnahmen, Dinge mit Menschennamen zu benennen, und dies schloß ihr Auto mit ein. Ich erfuhr, daß Gavin sich gerade von einem fast tödlichen Unfall erholte, der seine hintere Stoßstange beschädigt, die Rücklichter gelöscht und der Elektrik einen Kurzschluß beschert hatte.

Belle fragte mich, ob ich Musik hören wollte. Ich mußte zugestimmt haben, denn als nächstes zog sie ein tragbares Radio unter ihrem Sitz hervor. „Gavins Radioanschlüsse sind noch nicht soweit", fügte sie schnell hinzu, als ich lachte.

Mit Roni und Belle zu fahren bewies mir, daß die beste Fahrerin unter meinen lesbischen Freundinnen Roni ist. Sie ist die einzige Lesbe meiner Bekanntschaft, die nur mit einer Hand fährt – während ihre linke Hand das Steuer hält, bleibt ihre rechte um Belle gelegt. Kupplung, Gang, Gas, Steuer. Von wegen Hände bei 10 Uhr und 2 Uhr am Lenkrad, wie die Fahrlehrer es vorschrieben. Und ihr Fahrstil war immer schnell und elegant. Na ja, mit Ausnahme des fast tödlichen Unfalls vielleicht.

Als Sandra mit ihrer Liebsten Schluß machte, entschloß sie sich, ihre überschüssige Energie erstens darauf zu verwenden, Autofahren zu lernen, und zweitens, andere Beziehungen auszuprobieren. Das Schicksal wollte es, daß ich eine ihrer ersten Mitfahrerinnen war. Ich hatte Vertrauen zu ihr, wußte, daß ihre 40 Stundenkilometer auf der EDSA sich erst nach einem Monat auf 50 steigern würden und nach noch einem weiteren dann erst auf 60. An Kreuzungen war Sandra zu gesetzestreu. Sie hielt immer ganz an, was den Fahrer hinter ihr oft verdroß. Einmal rief jemand beim Überholen: „Lesbe!" Ich fragte mich, ob es irgend etwas mit ihrem neuen Haarschnitt und ihren Regenbogen-Aufklebern an der Stoßstange zu tun hatte. Oder vielleicht, weil sie wie eine Butch aussah und Mona, eine typische Femme, abknutschte? Nichts konnte mich noch erschrecken, sagte ich mir und atmete trotzdem leichter, als mein Zuhause nur noch zwei Blocks weit entfernt war.

Am nächsten Morgen rief ich Sandra an und fragte sie, ob sie mich ins Büro mitnehmen könnte. Das Lächeln, das mich begrüßte, als sie sich zur Beifahrertür beugte, um zu öffnen, sagte mir, daß da jemand eine gute Nacht verbracht hatte. Als ich meinen Sicherheitsgurt anlegte, platzte sie heraus: „Haben's auf der Straße gemacht."

„Aber ihr habt doch hinter dem CCP geparkt", widersprach ich. Sie lächelte mich an und wiederholte nur: „Auf der Straße." Ich schaute sie an, und da erzählte sie, wie Mona ihr einen interessanten Nachhauseweg beschert hatte. „Alles ausgezogen ... die Leute müssen sich gefragt haben, was mit meiner Beifahrerin los ist."

Sandra mußte mit noch weniger als ihren üblichen 40 Stundenkilometern die Schnellstraße entlanggedüst sein.

„Lisa, kannst du mal die Zeitschriften durchblättern und sagen, welche Farbe du für die Hundematte am besten findest, ja?" Ehm. „Bitte stör dich nicht an den Einkaufstüten."

„Was ist denn drin?" „Ach, nur Hundefutter." Hundefutter? Sind denn bei Lesben nicht eigentlich Katzen das universale Schmusetier? Aber bitte, das zu Terry und Nicole zu sagen wäre ziemlich unhöflich gewesen, vor allem, da sie mich zum Einkaufszentrum mitnahmen.

Terry und Nicole sind seit sieben Jahren zusammen, und schon als ich sie das erste Mal traf, wußte ich, sie waren ein glückliches Paar. Terry konnte immer so witzige Pointen bringen, und sie wurden noch besser, sobald sich Nicole mit ihrem trockenen, aber koboldhaften Humor einklinkte. Und schließlich ist Humor in jeder Beziehung notwendig.

„Gestern haben wir Kevin zum Arzt gebracht." Kevin? Ach so, jetzt fällt's mir ein, Kevin ist ihr dreijähriger Basset. Es gibt Kevin, Blacky, Eppie und Thirdy. Thirdy ist erst knapp ein Jahr alt, hat aber schon mehr Schaden angerichtet als alle anderen drei zusammen. Einmal hat Thirdy fünfzehn von Nicoles Erkältungstabletten gefressen, und sie war davon für eine ganze Nacht so ruhiggestellt, daß alle Hunde gut schlafen konnten. Nur nicht Terry und Nicole. Sie wachten bei Thirdy und maßen alle halbe Stunde ihre Temperatur. Sie rechneten damit, daß Thirdy ins Koma fallen würde. Aber kaum brach der Morgen an, war Thirdy wieder auf den Beinen und tyrannisierte Kevin wie eh und je.

„Kevin hat gerade Probleme mit den Ohren." Er sah aus wie ein Hush-Puppies-Hund und war der Zahmste der ganzen Bande. Jeden Tag legte er sich in seiner ganzen Länge aufs Sofa und ließ niemanden sonst dort Platz nehmen. Kevin würde wahrscheinlich den ganzen Rücksitz einnehmen, dachte ich mir. Ich nahm nur die Hälfte ein.

„Und wenn er sich aufregt, kotzt er auf den Sitz." Aha! „Heb die Matte hoch, und du siehst noch was." Ich dachte daran auszusteigen. Meine Nase fing an, etwas zu riechen. Ich hatte es vorher nicht bemerkt, und mein Magen drehte sich wie eine Galaxie. Ich sagte nichts und sah, wie Nicole mir im Rückspiegel einen Blick zuwarf.

„Lisa, wir haben dich verarscht!" Ja, habt ihr wirklich. Natürlich kotzte Kevin nicht auf den Sitz. Schließlich ist er Autofahren gewöhnt. Während ihrer Fahrten zum Tierarzt, meinte Terry, redeten sie immer mit den Hunden. Es lenkte sie ab von der Autokrankheit, erklärte Nicole. Ich stellte mir vor, wie es mit all den Hunden im Auto sein mußte: Kevin ausgestreckt auf dem Rücksitz, Eppie schläft auf dem Boden, Thirdy drückt sich an Kevins Körpermasse und Blacky bellt bei jedem vorbeifahrenden Auto aus dem Fenster.

Ich stellte mir Terry vor, wie sie den Hundesabber aus Nicoles Gesicht wischt, nachdem alle vier Hunde sie abgeleckt hatten. Nicole war sehr umsichtig am Lenkrad und hielt ein Tempo, das die Hunde nicht verstörte. Und beide versicherten ihren Hunden permanent, daß die Fahrt ganz glatt und sachte gehen würde. Als ich auf unserem Trip zum Einkauf so hinter Terry und Nicole saß, wurde mir bewußt, daß ich gerade in den Genuß der sichersten Autofahrt meines Lebens kam.

~ Übersetzung: Bettina Schäfer

~ EDSA: Epifanio de los Santos Avenue, die Hauptautobahn in Nord-Süd-Richtung durch Manila
~ CCP: Cultural Center of the Philippines an der Manila Bay; bekannt für seine weitläufigen, dunklen Parkplätze

Gigi Bautista

Manuels Tanten

Gigi Bautista wurde in Tondo/Philippinen geboren,
verbrachte die meiste Zeit ihres Lebens in Manila.
Sie stolpert durch die Welt ihres Vaters, eines bekannten und allgemein beliebten Geschäftsman-
nes, um sich zu ernähren, und in die Welt ihrer
Mutter, einer Künstlerin, um sich abzulenken. Sie
schreibt Fachartikel für Geld und Erzählungen für
ein Dankeschön.

Ich stellte mir vor, wie das wäre: Zwei grauhaarige Lesben halten Händchen, sind zärtlich zueinander, eine sagt der anderen: „Hab keine Angst, ich bin da. Ich werde dich nie verlassen."

„Wir befürchten, wenn eine stirbt, wird die andere ihr nachfolgen", sagte Manuel mit der echten Betroffenheit eines Neffen. Er sprach von seinen beiden älteren Tanten. Er schilderte mir, wie seine schwerkranke Tante Juliana ihre letzten Kräfte zusammennahm, um von ihrem Krankenhausbett aus einen Teelöffel Kaffee, zwei Löffel Zucker und einen Schuß frische Milch in eine Tasse heißes Wasser zu mixen. Sie reichte den Kaffee dann liebevoll Tante Victoria, die geduldig an Julianas Seite saß und auf ihren Morgenkaffee wartete, fuhr Manuel fort. Mir war klar, dies war ein Liebesritual zwischen zwei Frauen, zwei „Langzeitgefährtinnen".

„Sie sind nicht homosexuell", versicherte mir Manuel. Er wußte, daß ich das gedacht haben mußte, angesichts meines Lebensstils. Und ich wußte, daß er sich der Annahme hingab, ich glaubte ihm aufs Wort. In Manuels Welt war niemand „wirklich" homosexuell, außer der einen oder anderen schrillen Tunte vielleicht und ein paar kurzhaarige, BH-lose Lesben in Shorts und Sandalen. Denn warum lud er mich sonst immerzu ein, wenn auch nur auf einen Hamburger?

„So war es eben bei ihnen zu Hause." Ich hatte Manuels Empfindlichkeit unterschätzt. Er versuchte immer noch, meine bösen, perversen und schmutzigen Gedanken wegzuwischen, da ich angeblich nicht annehmen konnte, daß es eine wunderschöne platonische Beziehung zwischen zwei Frauen gab. Ich versuchte meine Ironie zu zügeln, sie außer Reichweite seiner Testballons zu halten, die er gelegentlich losließ. Ich war irgendwie froh, daß es mir nicht gelungen war, denn Manuel fuhr fort.

Es stellte sich heraus, daß Tante Victoria die Schwester von Manuels Vater Dominador war. Sie hatte nie geheiratet. Tante Juliana hatte Victorias und Dominadors Bruder Gustavo, Manuels Onkel, geheiratet. Gustavo starb unglücklicherweise mit einunddreißig Jahren in Spanien an Krebs und ließ seine junge Witwe Juliana zurück. Kurz vor seinem Tod hatte Gustavo seiner kinderlosen Frau gesagt, sie solle zu seiner Schwester Victoria gehen. Sie würde gut für Juliana sorgen, versprach er. So begrub Juliana ihren Ehemann und lebte dann mit Victoria zusammen. Und als Victoria und Dominador auf die Philippinen auswanderten, ging Juliana mit.

Victoria war (in Manuels Worten) „der Mann im Haus". Sie kaufte ein Haus für sie beide, fuhr das Auto und hielt es in Schuß. Sie war diejenige, die mit den Klempnern, Elektrikern und den Anschaffungen zu tun hatte. Sie unterrichtete auch Mathematik an der örtlichen Universität und kümmerte sich um den Lebensunterhalt. Juliana kochte, hielt das Haus in Ordnung und mixte jeden Morgen einen Teelöffel Kaffee, zwei Teelöffel Zucker und einen Schuß frische Milch in eine Tasse heißes Wasser. Dann reichte sie die Tasse liebevoll Tante Victoria, die geduldig am Frühstückstisch auf ihren Morgenkaffee wartete.

Obwohl wir beide von seiner Geschichte und der Art, wie er sie erzählt hatte, tief bewegt waren, zog durch meine perversen kleinen Gedanken die Idee, daß Manuel einen ganz „natürlichen" Homosexuellen abgeben könnte. Er war empfindsam, kreativ und hielt die Freundschaften mit seinen männlichen Freunden äußerst hoch. Wie oft war er enttäuscht, wenn einer seiner „besten Freunde", anders als er selbst, sich nachlässig gegenüber den unausgesprochenen Selbstverständlichkeiten in einer „wahren und reinen" Freundschaft zeigte.

Nicht, daß Mißverständnisse aufkommen, normalerweise mag ich die meisten der langen Gespräche bei Hamburgern mit Manuel. Für einen spanischen, auf den Philippinen aufgewachsenen Mestizen war er ungewöhnlich geschickt beim Balancieren auf dem schmalen Grat zwischen dem Sumpf, in dem man leicht steckenbleiben kann, und dem Abgrund des Unbekannten. Im gewissen Maß bewunderte ich ihn für die Art, wie er seine strenge katholische Erziehung mit der verrückten Welt der Kunst versöhnte, in der er stur als bildender Künstler zu arbeiten beschlossen hatte.

„Stur" ist das treffendste Wort, um Manuel zu charakterisieren. Es ist nicht gerade ein charmanter Zug an ihm, eher eine Art Markenzeichen, das schon seine besten Freunde öfter dazu gebracht hat, die Hände zu ringen und „Aaauuughh!" zu schreien wie Lucie van Pelt bei den Peanuts. Aber dieser Charakterzug hält Manuel, glaube ich, in einer etwas ausgeglicheneren Lage als die meisten Männer, die mit einem so jähzornigen, irrationalen und dominanten Vater zu tun hatten wie er.

„Entscheidung" ist ein anderes Wort, das wirklich in Manuels Leben und bei seiner Arbeit eine Rolle spielt. Er muß sehr früh begriffen haben, daß er, wenn er ein Leben leben wollte, sehr klare Entscheidungen darüber treffen mußte, was er tun und was er sein wollte. Nur dann konnte er stur (und geduldig), das tun und werden, was er wollte.

Und so kommt es, daß in Manuels Welt niemand homosexuell ist, außer vielleicht ein paar leidenschaftliche Tunten und kurzhaarige, BH-lose Lesben in Shorts und Sandalen. Und in seiner Welt leben Tante Victoria und Tante Juliana.

~ Übersetzung: Bettina Schäfer

Chinesische Filipinas erzählen

Gebundene Füße, gebundene Leben

Irenes Geschichte

„Du mußt verheiratet sein, bevor du dreißig wirst, sonst interessiert sich kein chinesischer Mann mehr für dich. Denk dran, du wirst älter, und es gibt jüngere Frauen, die an deine Stelle treten können."

Ich erinnere mich deutlich an diese Worte, selbst jetzt, nachdem ich schon acht Jahre nicht mehr bei meiner Herkunftsfamilie wohne. Mein Vater vergaß nie, mich daran zu erinnern, daß ich Single war. Es ist, als ob ich ein schreckliches Verbrechen beginge. Mein Vater ist rein chinesischer Abstammung. Seine Eltern hatten Festlandchina in den zwanziger Jahren verlassen. Er spricht fließend und akzentfrei Filipino, obwohl er Chinese ist. Meine Mutter ist halb Chinesin, halb Filipina mit etwas spanischem Blut. Ihr Vater war ebenfalls rein chinesisch, ihre Mutter halb Filipina und halb Spanierin. Wir sind sieben Kinder in der Familie, vier Jungen und drei Mädchen. Ich bin das vierte Kind, ein richtiges Kind der Mitte. Bis heute bedauert mein Vater, eine Frau geheiratet zu haben, die keine reinblütige Chinesin ist. Er rechnet das, was er bei uns „nicht chinesisch genug" nennt, dieser Mischung zu. Damit meint er, daß wir mit Filipinos herumhängen oder uns nicht „auf chinesische Art" benehmen.

Und so bin ich nach zwanzig Jahren Zusammenleben mit meinem Vater für immer von ihm fortgegangen. Es hatte einige Kräche gegeben, die immer mehr eskalierten. Ich hatte keine Angst. Eines Nachts verließ ich das Haus nach einem heftigen Streit. Meine beiden jüngeren Brüder halfen mir sogar, meine Sachen zu packen. Wir konnten einfach nicht mehr unter einem Dach leben. Ich konnte ihn nicht ausstehen, er konnte meine Unverfrorenheit nicht dulden. Ich nannte mich „die verlorene Tochter", doch bin ich nie zu meinem Vater zurückgekehrt und werde es nie tun.

Aber mein Vater träumt noch immer davon, mich an einen reichen chinesischen Kerl zu verheiraten. Als ich dreiundzwanzig wurde, fing er an, mich daran zu erinnern, daß ich langsam an meine Zukunft denken sollte (als ob ich selbst überhaupt nicht nachdächte), was nur hieß, ich sollte nach einem künftigen Ehemann Ausschau halten. Er brach noch nicht in Panik aus, denn er dachte, ich sei noch jung genug. Meine beiden Schwestern heirateten mit Dreiundzwanzig, daher war ich nicht überrascht, als er „heiraten" erwähnte.

Als ich fünfundzwanzig wurde und er merkte, daß ich immer noch keinen Freund hatte, redete er mit meiner ältesten Schwester und meiner Mutter und wies sie an, eine Verabredung für mich zu arrangieren. Erbittert und nur aus Pflichtgefühl ging ich zu diesem Rendezvous mit einem jungen Chinesen. Ich fühlte mich wie ein Stück Handelsware. Mein Vater hatte mir für dieses Treffen Geld gegeben, um Kleidung und Schuhe zu kaufen. Er schien so verzweifelt, daß er bereit war, mich an jeden chinesischen Jungen, der daherkam, zu verheiraten. Was mich aufbrachte, war, daß er den Burschen, mit dem ich mich treffen sollte, nicht einmal kannte. Er wußte nur, daß dieser Junge Chinese und Geschäftsmann war. Das allein zählte.

Der zweiten Verabredung, die sie für mich zu arrangieren versuchten, verweigerte ich mich, weil ich mich dadurch sehr beleidigt fühlte. Ich kann selbst für mich planen, okay. Ich dachte mir, mit meinem Vater, meiner Schwester und meiner Mutter kann ich das nicht bereden. Also mied ich sie. Mein Vater wurde richtig wütend, aber was kümmerte es mich? Ich hätte ihm nur gerne gesagt: „Pa, ich lebe jetzt mit einer Frau zusammen, und ich bin sehr glücklich. Wir nehmen unsere Beziehung ernst, also laß mich in Ruhe und kümmere dich um deine eigenen Angelegenheiten. Es

ist mein Leben, also halte dich da raus. Hör auf, mir diese chinesischen Schwächlinge vorzuführen, die keine Ahnung vom Leben
haben und im Bett wahrscheinlich sowieso lausig sind." Doch wie
die meisten chinesischen Väter behandelt er mich, seine Tochter,
wie seinen Besitz. Er denkt nicht an mein Glück, sondern nur an
sein Prestige.

Mein Vater weiß nichts von mir, und ich glaube, es ist besser so.
Er weiß nicht, daß ich mit Männern und mit Frauen Beziehungen,
also auch Sex, hatte. Er weiß nicht, daß ich Feministin bin. Er
weiß wahrscheinlich nicht einmal, was eine Feministin ist. Er weiß
nicht, daß ich in der Frauenbewegung aktiv bin. Er weiß nicht,
daß ich wundervolle Freundinnen habe. Er kennt mich nicht.

Zur Zeit lebe ich mit meiner Geliebten und deren drei Schwestern, die alle meine Freundinnen sind, in einer Wohnung. Meine
Liebste und ich sind nun mehr als drei Jahre zusammen. Niemand
in meiner Herkunftsfamilie weiß, daß ich Lesbe bin. Es wäre mir
lieber, sie wüßten es.

Aber ich will meine Energie nicht damit verschwenden, mich ihnen gegenüber zu erklären und zu verteidigen. Wenn sie es herausfinden, schön, aber ich selbst möchte es ihnen nicht eröffnen.
Ich schulde ihnen keinerlei Erklärung. Und davon abgesehen weiß
ich, daß sie ohnehin nicht positiv reagieren werden. Ich werde
nur entmutigende, haßerfüllte Worte zu hören bekommen. Mein
Vater könnte mich sogar enterben (ich glaube, das würde mir gefallen), und meine Mutter, meine Brüder und Schwestern würden endlos auf meiner Entscheidung herumreiten. Warum mich
damit belasten?

Es ist schwierig, außer lesbisch auch chinesische Filipina zu
sein, weil ich halb dies, halb das bin. Manchmal fühle ich mich
nirgendwo zugehörig. Ich bin nicht richtig chinesisch und nicht
wirklich filipina, denn ich bin beides. Das erzeugt Verwirrung und
Angst. Ich kann meine chinesische Herkunft nicht verleugnen,
denn ich sehe wie eine Chinesin aus, obwohl ich schon oft für eine Japanerin oder Koreanerin gehalten wurde.

Ich habe auf den Philippinen noch nie eine chinesische oder chinesisch-filipina-Lesbe getroffen, weil ich nicht in der chinesischen Gesellschaft verkehre. Ich glaube, es ist sehr hart, dich als
Lesbe zu zeigen, wenn du Chinesin bist, denn die Chinesen auf den
Philippinen sind im Vergleich zu den Filipinos sehr konservativ.

Das größte Hindernis in meinem Leben war bisher mein Vater. Ich habe mich noch nicht völlig von ihm befreit. Er ist in meinen Gedanken und hat psychisch immer noch Einfluß auf mich, ob es mir gefällt oder nicht. Stück für Stück löse ich mich aus seinem Griff. Wie ein Mantra sage ich mir immer wieder: „Du hast keine Macht über mich."

Simones Geschichte

Ich bin von meiner Herkunft her reine Chinesin, von der Staatsbürgerschaft her Filipina. Meine Großeltern kamen von Festlandchina, weil sie vor der kommunistischen Verfolgung der Oberschicht flohen. Meine Großmutter väterlicherseits hatte gebundene Füße. Als Kind hörte ich immer die Spötteleien Fremder: „*Pakha, yellow tiil*". Einer Cousine zufolge war meine Großmutter mütterlicherseits eine Prinzessin, deren Füße ebenfalls gebunden waren. Jede Nacht löste sie heimlich die Bandagen an ihren Füßen, damit die Schmerzen nachließen. Ich weiß nicht, warum die Chinesen gebundene Frauenfüße zum Fetisch erheben.

Nach traditionellem fukinesischen Brauch ist eine unverheiratete Frau das Mündel ihres Vaters. Wenn sie verheiratet ist, untersteht sie ihrem Ehemann. Ist sie verwitwet, herrscht ihr ältester Sohn über sie. Ich sehe dies bei einigen meiner Tanten. Wenn du nicht verheiratet bist, ist es dir nicht erlaubt, selbst einen Ehemann zu suchen. Deine Eltern werden den richtigen Mann für dich auswählen, doch du hast das Recht, ihn abzulehnen, wenn du das Gefühl hast, er sei nicht der Richtige. Das ist all meinen Cousinen passiert.

Also wo passe ich hinein? Mein Vater ist nicht sehr traditionell, aber er erwartet dennoch von mir, daß ich einen *nan nangh*, einen reinen Chinesen, heirate und nicht etwa einen *hua na* oder einen *chu si ya*. Da mein Vater ein sehr gefühlsbetonter Mann ist und abgesehen davon sehr krank, wage ich nicht, mich ihm gegenüber als Lesbe zu zeigen, denn es würde ihm für den Rest seines Lebens Scham bereiten. Außerdem liebe ich ihn sehr.

Ich habe es einer meiner Tanten erzählt, und sie sagte zu mir: „Ich denke, du bist verwirrt. Nein, du bist keine Lesbe." Darauf antwortete ich: „Doch, ich bin Lesbe, und ich werde als Lesbe le-

ben." Ich sehe alle meine Onkel mütterlicherseits mit anderen
Frauen herummachen. Und so fragte ich eines Tages dieselbe Tante, was wäre, wenn ihr Mann in eine andere verliebt wäre, was
würde sie dann tun? Sie sagte zu mir: „Ich werde durch dick und
dünn mit ihm gehen." Ich fragte: „Du meinst, du würdest so tun,
als ob du von nichts wüßtest?" Und sie sagte: „Ja". Ich war
schockiert.

In diesem äußerst kurzen und erbärmlichen Leben glaube ich an
Ehrlichkeit und an die Aufrichtigkeit meiner Gefühle. Ich glaube
an meine Liebe zu meiner *palangga*. Ich glaube an den beängsti-
genden Schritt ins Unbekannte, weil es die Wahrheit ist, die mich
am Ende befreien wird. Und das ist der Grund, weshalb ich mich
im Alter von dreiunddreißig Jahren auf den Tag vorbereite, an
dem ich schließlich auf eigenen Füßen stehen kann und niemandem etwas schulde.

Beths Geschichte

Ich dachte nie, daß ich anders wäre. Ich wuchs unter den üblichen Bedingungen aller philippinischen Chinesen auf: strenge,
überbehütende Eltern, *yayas* und eine sichere Umgebung. Ich
wuchs auf mit Basketballspielen, Drachen steigen lassen, Gewäh-
ren und Autos, aber ich fühlte mich nie anders. Das war ich, und
ich dachte, ich wäre vollkommen normal. Ich war immer noch für
alle das zauberhafte kleine Mädchen, das zu einer klugen und
schönen *dalgita* heranwuchs und seiner Familie künftig großes
Ansehen verschaffen würde, indem es einen reichen Chinesen
heiratete.

Welch ein Schock für meine Mutter, als ich mit Einundzwanzig
verkündete, daß ich lesbisch bin. Sie verstand es nicht und wird es
auch niemals verstehen. Sie weinte sich die Seele aus dem Leib,
daß ich diese „Krankheit" hatte. Ich wurde zu allen möglichen
Ärzten geschickt, von Psychiatern und Internisten bis hin zu Geist-
heilern. Sogar zu einem Hypnoseheiler wurde ich gebracht. Meine Mama konnte nicht begreifen, warum ich nie als „krank" diagnostiziert wurde. Der letzte Psychiater, zu dem ich ging, war der
einzige, der die Courage aufbrachte, ihr zu sagen, daß nicht ich
krank bin, sondern vielmehr *sie* ein Problem hat. Ihr wurde gera-

ten, den Gedanken, ich sei verkehrt, fallenzulassen und mich so zu akzeptieren, wie ich bin. Am nächsten Tag ging sie nicht mehr zu ihm. Sie wollte auch, daß ich nicht mehr hinging, weil er *sira-ulo* (verrückt) wäre. Ich ging trotzdem weiter zu ihm.

Zu dieser Zeit hatte ich eine Identitätskrise. Ich wollte sie wirklich glücklich machen, aber ich hatte eine Krise: Sollte ich mein eigenes Wohlbefinden und Glück für sie opfern? Bis zum heutigen Tage können mich meine Eltern und Verwandten nicht akzeptieren. Wir sprechen nie „darüber". Mein Status als Lieblingstochter hat sich zu dem des schwarzen Schafs der Familie verschlechtert. Ich bin nun immer die *tarantada* in der Familie, diejenige, die Schande über sie bringt. Das Lob, das sich früher für meine akademischen, außerschulischen und beruflichen Leistungen über mich ergoß, ist verschwunden. Ich bin in dem Betrieb, für den ich arbeite, mit Zweiundzwanzig die erfolgreichste und jüngste Managerin.

Ich habe alle Verbindungen zu meinen chinesischen Freunden abgebrochen, außer zu einer, die mich akzeptiert, da sie nicht allzu chinesisch ist. Ich hasse die Verlogenheit und Selbstgerechtigkeit der Chinesen. Filipinos scheinen toleranter zu sein, doch ich werde immer noch gelegentlich seltsam angesehen. Die Zukunft ist noch ungewiß. Ich weiß nicht, wie ich aus dem Schatten meiner Familie heraustreten kann. Ich würde mich eines Tages definitiv mit einem Mädchen irgendwo niederlassen. Aber wie ich es meiner Familie klar machen soll, ohne sie umzubringen, ist immer noch ein Problem. Doch ich bedaure nichts. Ich bin glücklich, so wie ich bin. Alles, was ich vollbracht habe, rechne ich meinem Lesbischsein zu. Ich bin heute stärker und weiser.

~ Übersetzung: Bettina Schäfer

~ *Pakha, yellow tiil* – häßliche gelbe Füße
~ *palangga* – Geliebte, meine Liebste
~ *yaya* – Kindermädchen, auch Oma
~ *dalgita* – junge Dame
~ *nan nangh* – Chinesen
~ *hua na* – Filipino

~ *mestizo/mestiza* – spanisch-philippinisches „Halbblut", bevorzugte Hautfarbe, die mit europäischer Herkunft verbunden und daher mit Macht und Ansehen gleichgesetzt wird

Jamika Ajalon

Kaleidoskop

Jamika Ajalon arbeitet freiberuflich als Schriftstellerin, Dichterin, Schauspielerin sowie als Film- und
Videokünstlerin. Ihr Film *Cultural Skit-zo-phrenia*
erhielt bei mehreren Festivals Auszeichnungen. Sie
erwarb den Bachelor of Arts (Film- und Videokunst)
am Columbia College, Chicago.

Liebste Lana,

Zeit sammelt sich an leeren Gefäßen. Das habe ich erfahren: daß
die Zeit Mehltau ansetzen kann, wenn sie in Gedanken zu beharr-
lich bespiegelt wird. Je mehr wir über das Vergangene nachdenken,
desto unklarer wird es. Weil unsere Einstellungen den Blick rich-
ten, erinnert die Zeit, was wir aus ihr machen, obwohl wir selbst es
nicht tun. Was wirklich erinnert wird, unverändert, das sind die
Augenblicke, in denen wir uns ganz und gar unseres Lebens bewußt sind – egal, ob es sich um Momente des unerträglichsten
Schmerzes, um einen beeindruckenden Geruch, ein Lied oder um
höchste Ekstase handelt.

Erinnerung ist Zeit in konzentrierten Momenten. Und in jedem
Moment ist mein Leben zeitlos. Ich kann nicht behaupten, ich
würde nach der Uhr leben und mit diesem ganzen Hin- und Her-
gerenne. Eine Uhr brauche ich zur Zeit fast überhaupt nicht. Es interessiert mich nicht, Zeit einzufangen. Aber Du, Lana, hast mir
beigebracht, auf meine Augenblicke zu achten.

Meine erste Lektion fand in London statt. Ich versuchte dort, meinen Weg zurück in die USA zu finden. Ich kam mit einem einfachen
Ticket an und mit sehr wenig Geld, das schnell ausgegeben war.

Mein Visum lief bald ab, und Jobs waren nicht leicht zu finden, vor allem, weil ich keine Aufenthaltsgenehmigung hatte. Nach Monaten, in denen ich meine Bongos gespielt und Lyrik-Performances in den U-Bahnen gegeben hatte, in denen ich Gelegenheitsjobs nachging, hatte ich gerade genug zum Leben. Ich saß fest. Ich erinnere mich nicht mehr genau, wie wir uns begegnet sind, Du und ich, oder wie ich an diesem Tag in Deinem Zimmer landete (Du hast eine unheimliche Art, mich in neue Situationen zu versetzen, bevor ich begreife, daß ich dort bin). Es war Sommer. Es war der erste von vielen Tagen, die wir auf der Fensterbank verkeilt verbrachten, unsere baumelnden Beine bekamen ein wenig Wind ab. Damals hast Du mich gefragt, ob ich jemals beobachtet hätte, wie die Zeit vergeht.

Manchmal schaust Du aus dem Fenster und konzentrierst Deinen Blick auf etwas, das zart durch den Raum schwebt. Ein Blatt vielleicht. Du beobachtest etwas von einem Moment zum nächsten, benutzt ihn als Maß. Du hast eine Linie an meiner Wange entlanggezogen. „Zum Beispiel", hast Du gesagt, „konzentrier dich darauf, wie mein Finger abwärts fährt." Deine Finger haben meine Lippen gestreichelt. Ich habe meine Hand an Deine Wange gelegt und war angenehm überrascht von dem Kontrast.

Meine dunkelrotbraune Hand an Deiner Wange wie ein gerösteter Mandelkern unter der Nachmittagssonne, die unser beider Häute verbrannte. Unsere Blicke verfingen sich, und ich war mit Dir zusammen und plötzlich ohne Angst. Meiner Unsicherheit wegen fühlte ich mich wie ein Grobian. In diesem Moment, in dieser Sekunde vor unserem ersten Kuß, als ich Dein Gesicht in meiner Hand hielt, begriff ich, daß keine von uns beiden viel auf irgendwas gab, nur auf die Leidenschaft in uns und auf den Genuß daran, wie unsere komplizierten Rhythmen sich gegenseitig ergänzten. Die Anmut, mit der wir tanzten, ließ meine Hirnzellen schmelzen, und es geschah, daß wir in diese Tretmühle hineinglitten. Ich bemerkte kaum, daß es geschah – dieser gefährliche Tanz von dunklerer und hellerer Hautfarbe, diese Klassen-Krawall-Natter. Ich fühlte mich unwohl in einem Haus, das nur für sehr viel Geld zu haben war. Dieses Unbehagen schien unserer Beziehung hohnzusprechen, die sich so würdevoll entspann – trotz unserer offenbar gegensätzlichen Lebenslagen.

Nur deshalb habe ich mir schließlich erlaubt, Dir zu schreiben. Ich will nicht Vergangenes wiederaufwärmen, sondern will versuchen, einiges zu orten, das uns einander näher brachte und gleichzeitig terrorisiert zurückließ.

Vielleicht ist es dieser Terror, der meine seltsamen Seelenreisen bewirkte, nachdem ich diesen Stein gefunden hatte. Ja, es ist nur ein simpler Stein, aber die Orte, an die er mich brachte, spiegelten die Ängste wider, deretwegen wir uns mit einem Mal an die Kehle gingen.

Einen Monat, nachdem wir uns in London begegnet waren, kamst Du in die USA, um die Schule zu besuchen. Ich war entzückt. Zurück in den Staaten stiegen die Ängste, die ich in Schach gehalten hatte (die wir vielleicht beide versteckten), an die Oberfläche. Wir tanzten lange Zeit geübt um sie herum. Ich kam an einen Punkt, an dem ich wirklich wissen wollte, warum ich mich herumquälte. Wir hatten immer wieder Auseinandersetzungen, die bedeutungslos, aber unvermeidlich schienen, und dann hatte ich eines Abends bei mir zu Hause einen Koller.

„Warum bin ich nur so verdammt abgenervt von dir?" brüllte ich zur Zimmerdecke in meiner Wohnung an der Lower East Side. Der Stein in meiner Hand hielt mich am Boden. Seine Glätte wirkte seltsam tröstlich. Ich hatte diesen Stein im Park vor Deiner Wohnung gefunden, Lana. Nach dem Streit.

Ja, dieser Streit. Er war nur durch diese blöde Abschiedsparty in Brooklyn entstanden, die die Leute der Black-Poets-Co-op für mich veranstalteten. Ich habe Jahre als Performance-Künstlerin inner- und außerhalb dieser Kooperative verbracht, weil ich es brauchte, an einem Raum teilzuhaben und in einem gewissen Maß Nahrung für meine Arbeit zu finden. Ich wurde oft kritisiert: Ich gehöre zur *Schule der zornigen Schwarzen Frauen* oder ich sei zu weiß-beeinflußt (besonders bei den Stücken, die eindeutig homosexuell sind). Auf dem Weg zur Party wurde ich zunehmend nervös. Mir war klar, daß wir beide deren „Perfekt Schwarz"-Test nicht bestehen würden. Ich griff nach Deiner Hand, als wir die Stufen zum Eingang hochstiegen. Schaute nach unten auf unsere verflochtenen Finger. „Jungle Fever" kreischte in meinem Kopf. „Schnauze, Spike Lee", dachte ich, „wir sind beide Schwaaaaaz." Also weshalb war ich so aufgeregt? Diese Leute hätten meinesgleichen sein sollen, und doch schien es mir, als sei ich nur am Rand geduldet. Ich spürte, wie Du meine Hand gedrückt hast, Lana, Du fühltest meine Anspannung. Ich hielt Deine fest.

Wir öffneten die Tür, traten ein und wußten beide, daß wir die sicherheitsspendende Illusion eines Schwarzseins, das in der aufgesetzten Identität des Afrikanischen Nationalismus daherkommt, platzen lassen würden. Diese Leute waren Mittel- und Oberschicht (wenn nicht ökonomisch, dann von ihren Werten her), sie waren hetero, letztendlich konservativ und stanken nach falschem Stolz. Ihre Frisuren spiegelten diese „neuen" Afrozentrierten Ideale – von den tausend echten und falschen, mit Kauriperlen geschmückten Zöpfchen bis hin zu den kurzen Afros und den Rastalocken. Jede Nuance, jeder Ton, jede Geste und Pose war davon diktiert, was als korrekter Schwarzer Stil empfunden wurde. Afrikanische Medaillons hingen um vielen Hälsen. Diese ganze starre Uniformität bereitete mir Kopfschmerzen. Ich hatte ein Gefühl, als wandelte ich in einer Geheimgesellschaft. Ein Stück Kente-Stoff gewährte Einlaß durch das erste Tor.

Wir fielen auf mit unseren leicht verlotterten Klamotten, die hier mit dem East Village assoziiert wurden, mit unseren Frisuren, die ihre Haartrachten verspotteten. Mir wurde schmerzlich bewußt, daß in den Augen mancher Leute die rasierten Partien auf meinem Kopf meine Rastalocken herabsetzten. Deine Totalrasur war genauso ein Schlag ins Kontor – denn was hattest Du aus Deinem Frauenstolz, Deiner Haarpracht gemacht?

Mir wurde bewußt – obwohl niemand geradeheraus eine Bemerkung darüber fallen ließ, daß wir Lesben waren -, wie die meisten davon ausgingen, daß Du die Femme bist. Ich wußte, daß meine Rastalocken und meine dunkle Haut in mancher Hinsicht der herrschenden Vorstellung von Männlichkeit entsprachen. Oder es war vielleicht nur Zufall, daß ich fast sofort meine Nische bei ein paar Männern fand, mit ihnen bei den Trommeln rappte, während Du am anderen Ende des Raums bei den Schwestern standest.

Na gut, mich hat es angetörnt, im Kreis der Männer so etwas wie anerkannt zu sein. Mir gefiel die Macht, die mir die Rolle der Butch gab. Es machte mich an, und gleichzeitig war es ein bißchen ekelhaft, daß hier erwartet wurde, ich wäre der „Mann".

Später, auf der Toilette, lachten wir darüber, erinnerst Du Dich? Wir hatten uns davongestohlen, um zu uns zu kommen und auf eine Weise zärtlich zu sein, die wir besonders an diesem Publikum nicht erproben wollten.

„So ist das also", sagtest Du, als Du mich im Vorraum an die Wand manövriert hattest. „Du hast ausgesehen, als hättest du ganz schön intensive Gespräche mit deinen Kumpels geführt."

Ich lachte und sagte: „Und du hast kein Problem mit den Mädels gehabt. Hast du auf sie gespitzt, als ich nicht hingeschaut hab?"

„Hmmm, vielleicht ...", hast Du gesagt und mich fester an die Wand gedrückt, „und was wäre, wenn, da du schon die große böse Butch bist?"

Ich lachte, hatte die Ironie in Deiner Stimme herausgehört und verstanden, was Du meintest. Immer waren diese Butch-Femme-Rollen ein Spiel für uns, aber für die meisten um uns herum mußte eine der Mann sein.

„Komisch, wie orientierungslos die Leute sind", sagte ich.

„Allerdings", gabst Du zurück und knöpftest mein Hemd auf.

„Weißt du", sagte ich lächelnd mit einem tiefen Atemzug, als ich spürte, wie Deine Hand meine Brust streichelte, „du hättest auch rüberkommen und Dich am Gespräch beteiligen können."

„Also, ich wurde nicht dazu aufgefordert, und du kennst uns Weiber ja: Wir haben sowieso nichts Gescheites zu sagen", gabst Du herausfordernd zurück, und dann hast Du meine Brust geküßt. Deine Zunge umkreiste meinen Nippel. Dann hieltest Du an und sahst zu mir hoch. „Ich bin afrikanischer als sonst irgendeiner von diesen Hurensöhnen da draußen. Die Hälfte von diesen Arschlöchern mit ihrem ganzen afrikanischen Getue weiß sowieso nur, was afrikanisch ist, wenn das entsprechende Etikett dran klebt."

Ich mußte lachen. Es stimmte. Dein Vater kommt aus Ghana. Was die Leute verwirrt, ist, daß Deine Mutter weiß ist und Du die Mischung bist. Deine Nase, Deine Lippen und Dein Kraushaar zeigen Dich als Tochter Deines Vaters, aber für ein ungeübtes Auge überlagert Deine helle Haut alles andere.

„Wir haben über nichts als Lippenstift-Farbtöne geredet", erzähltest Du. „Und dann ging's weiter mit Unterwäsche und ..."

„Welche Farbe hat eigentlich deine?" unterbrach ich Dich und streichelte Deine Oberschenkel.

„Würdeste wohl gerne wissen?" sagtest Du und nahmst meine Hand weg.

Dann klopfte es an der Tür. Wir schauten uns an und lachten beide los. „Erwiiiischt!"

„Geh du vor", sagtest Du und bliebst auf der Toilette sitzen.

Draußen stand Mr. Möchtegern-Eldridge leibhaftig.

„Hm, Lana ist noch da drin", sagte ich so charmant ich nur konnte und versuchte mich an ihm vorbeizudrücken. Mit diesem Kerl bekam ich immer Streit. Er war die fleischgewordene Black-Power-Bewegung, die Karikatur des politischen Aktivisten, verdammte alles und jeden, der nicht zur „Nation" gehörte, und seine Inkonsequenz stank zum Himmel. Unter vorgehaltener Hand war bekannt, daß er eine weiße Freundin hatte.

„Deine Freundin ist 'ne heiße Nummer", sagte er und stieß mich in die Rippen. „Ist sie ausschließlich homo?"

„Hör zu, laß gut sein", antwortete ich.

„Ist's denn nicht gut, Schwestaa?" Er lächelte. „Ich mag eher Dunklere."

Na klar.

Dann kamst Du aus der Toilette. Du hattest einen seltsamen Gesichtsausdruck, aber das ignorierte ich. Ich wollte vor allem schnell fort von diesem Bruder, bevor ich ihm die Eier knacken würde. Ich fragte Dich, ob Du mit mir nach draußen wolltest, an die frische Luft.

Erst später, in Deiner Wohnung, bist Du auf mich losgegangen.

„… meine ich eben, daß sie dir Unterstützung geben, weil du den Part des Insiders spielen und auch so aussehen kannst", sagtest Du. „Ein Bruder hatte doch glatt die Chuzpe, mich zu fragen, ob ich wirklich Schwarz wäre!"

Da war ich noch genervt von diesem Eldridge-Bruder. Irgendwann auf der Party hatte er zu mir gesagt, ich rede und verhielte mich wie so ein „Village-Freak". Ich nehme an, er meinte die harsche Künstlerin mit dem schrillen Haarschnitt und den vielen Piercings. Er sagte mir das „als ein Bruder", dem seine „Afrikanische Schwester" nicht egal war, zumal sie gerade drauf und dran war, nach Europa aufzubrechen … Ich glaube, er war vielmehr besorgt, daß keine von uns beiden auch nur im geringsten an seinem *bedrohten Schwarzen Pimmel* interessiert war. Soweit ich sehen konnte, hattest Du es da leichter. Dieser selbe Eldridge, der Deine Hautfarbe in Frage stellte, wäre der erste, der versuchen würde, Dir an die Wäsche zu gehen, ohne nach irgendwelcher Farbe zu fragen. Mit Dir würde er nie so ein Hickhack veranstalten, wie er es mit mir machte. Sein Ständer würde Dir Deinen „abweichenden" Lebensstil verzeihen.

„Warum reitest du nur immerzu auf diesem Punkt herum?" keifte ich zurück. „Die Hälfte meiner sogenannten Brüder behandelt mich immerzu wie einen Onkel Tom."

Du standest mit dem Rücken zu mir vor dem Kamin.

„Ich verstehe einfach nicht, Latto, warum du kein Wort zu diesem Schwachkopf gesagt hast, als er anfing, Stuß zu reden, ich sei gar nicht dunkel und nicht hübsch."

„Scheiße, Lana, was willst du? Was hätte ich ihm denn sagen sollen?" Ich konnte nicht mehr. Ein Holzscheit im Feuer brach auseinander und ließ eine hohe Flamme aufzischen. Du bliebst unbewegt. Ich beschloß, Dich zu bewegen. Beschloß, unter die Gürtellinie zu zielen. „Vielleicht hat er bloß auf das Mädchen aus den feinen Kreisen reagiert." In demselben Moment wurde mir bewußt, daß Du in mancher Hinsicht für mich tatsächlich ein verwöhntes, reiches, Möchtegern-Ghetto-Mädchen warst, ohne Vorstellung davon, wie es war, sich als Schwarzer Mensch durchschlagen zu müssen. Wie eine Diva drehtest Du eine Pirouette zu mir herum, ich wappnete mich. Also los, dachte ich.

„Von was zum Teufel redest du da!" schriest Du und fuhrst mit der Hand über Deine fast nicht vorhandenen Haarstoppeln. „Scheiße, sie stempeln mich sofort als deine hirnlose Freundin ab, und wenn ich mich benehme, als hätte ich Verstand, bin ich plötzlich ein Snob, ja?"

Ich wußte, daß ich mich auf dünnem Eis befand.

„Na ja, viele von uns kriegen keine Schecks von Vaaatern."

„Wenn du glaubst, das Geld allein macht mich ..." fingst Du an.

„Nein, Mist! Es ist nur so, daß du dich um bestimmte Dinge nie zu sorgen brauchtest und daß dir dein Aussehen einen gewissen ..."

„Gewissen was? Vorteil verschafft, ja? Ist es das, was du sagen wolltest, Latto? Wenn's das war, dann ist die ganze Zeit, die wir damit zugebracht haben, ‚uns kennenzulernen', schlicht geschenkt!"

„Warum stellst du dich immer auf den Standpunkt: ‚Wenn du von Privileg redest, kennst du mich nicht richtig', sobald wir dieses Thema berühren?" schrie ich. Gehörte das nicht zum Kennenlernen?

„Ich bin viel fassungsloser, als es dich offenbar kümmert", sagtest Du und schautest mich an. Du warst so wütend, daß es mich anmachte; doch ich brauchte Platz, bevor dieser Streit zu weit ging und zu tief treffen würde.

„Hör zu", sagte ich und schnappte meinen Mantel, „ich bin müde und fang an, nur noch Scheiße zu reden." Ich küßte Dich auf die Wange. Abgesehen davon, ich wußte, daß die beste Strategie darin besteht, mitten im Streit wegzugehen. Und ich wußte, Du haßtest das. Du hast die Tür hinter mir zugeknallt.

Ich ging die gleiche Straße hinunter, durch Tompkins Square, den gleichen Park, den ich auf dem Rückweg zu meiner eigenen Bude so oft durchquert hatte. Und dort fand ich diesen komischen Stein. Mit diesem Stein, ich weiß, Du hältst mich jetzt für verrückt, aber die Reisen, auf die mich dieser Stein schickte, haben meine Welt etwas umgekrempelt. Mit diesem Stein konnte ich so was wie Zeitreisen unternehmen. Es war, als würde ich in andere Welten und Parallelwirklichkeiten eintreten – mit jeweils anderen Beleuchtungen und Farben. Sieh mal, ich verstehe jetzt einiges, was mir vorher nicht begreiflich war. Aus größter Achtung und Liebe, Lana, schicke ich Dir hier meine Tagebuchnotizen aus dieser Zeit. Bitte halte mich nicht für verrückt. Vielleicht gelingt es uns, wenn Du das gelesen hast, uns irgendwo zu begegnen, wo wir das alles aufdröseln können.

Lana legte den Brief beiseite. Dieses Mädchen hatte den Nerv, ihr einfach so aus dem Blauen heraus zu schreiben, und schickte ihr auch noch ihr verdammtes Tagebuch! Lana störte Lattos offensichtliche Annahme, sie habe die Zeit und das Bedürfnis, all das zu lesen. Gedankenverloren griff sie nach dem Automatenfoto von ihnen beiden. Es war wirklich ein scheußliches Bild, die Beleuchtung war nicht dafür gedacht, schwächere Helldunkel-Kontraste herauszubringen. Latto sah viel dunkler aus, als sie in Wirklichkeit war, und Lana sah ... ja, sie sah fast weiß aus.

Tatsache war, daß dieses Kameraauge und die Wahrnehmung der meisten Menschen sehr oft übereinstimmten. Wie oft hatte sie sich dagegen aufgelehnt, wie oft hatte sie Fragen über ihre Rasse mit einem stechenden Blick zurückgewiesen. Manchmal hätte sie gerne etwas von Lattos dunklerer Hautfarbe gehabt, um dem andauernden Kampf um „Legitimität", um Zugehörigkeit mit „ihren Leuten" zu entgehen. Die traurige Ironie, die sie durch Latto erkannte, war, daß auch Schwarzsein nicht bedeutete, automatisch in der Schwarzen Gemeinschaft „zu Hause" zu sein. Hmmm, dachte Lana. Obwohl sie fand, daß Latto einiges zu impulsiv angegangen war, überreagiert hatte, sah sie jetzt, wor-

um es bei einigen Vorstellungen von diesem Rassen-Quatsch ging. Sie beschloß, Latto zu antworten.

Gerade kam Dein Brief, Latto, und das Tagebuch. Hab das Tagebuch noch nicht geöffnet, wollte Dir aber eine Nachricht geben, damit Du weißt, wie gespannt und voller Sorgen ich darauf gewartet habe. Warum zum Teufel hast Du so lange gebraucht, um zu schreiben? Es ist über einen Monat her. Es war noch nichts geklärt, als Du Dich von mir getrennt hast. Du hast mich gefragt, warum ich mich „immer auf den Standpunkt stelle", wenn wir auf diese „privilegierte Hellhäutigkeit"-Scheiße kamen. Also, der Grund ist, daß ich nie das Gefühl hatte, Du nimmst Dir die Zeit, meine Situation zu verstehen. Jetzt muß ich das für mich und mit mir alleine klären, und das ist hart. Und überhaupt, was denkst Du dir? Glaubst Du, Du kannst einfach so in mein Leben rein und wieder raus rennen? Ja, ich bin verbittert.

Seit Du nach London gegangen bist, hat mich eine irgendwie verrückte Stimmung befallen, da ich gezwungen bin, mich selbst kritisch zu betrachten. Die Zwiebel fängt an sich zu häuten. Ich muß mit meiner weißen Seite zurechtkommen, dank meiner sehr britischen Mutter, der ich immer übelgenommen habe, daß sie mein Schwarzsein nicht wirklich versteht. Du weißt, ich bin wegen der „Vielfalt" in die Staaten gegangen, in der Hoffnung, dort über die Information und Anregung zu stolpern, die mir meine Mutter in England nicht geben konnte. Ich habe nachgeforscht, weißt Du, über Schwarze in Amerika, habe versucht, eine Verbindung zu finden, aber da gibt es so viel, das nicht zusammenpaßt. Meine Sprache, obwohl sie englisch ist, unterscheidet sich stark vom Amerikanischen, wie Du weißt. So gehen oft schon einfache Gedanken in der Übersetzung verloren, hmmm, und ich habe das Gefühl, selbst in der Übersetzung verlorengegangen zu sein, ich fühle mich äußerst wurzellos. Und obendrein bin ich ungeheuer genervt, mich mit diesem Müll auseinandersetzen zu müssen, von wegen „die-Tragik-des-Mulatten" und so. Es ist wirklich eine ganz schöne Scheiße. Ich bin sicher, irgendwie verstehst Du, wovon ich rede.

Ich sage „irgendwie", Latto, weil ich immer noch denke, Du glaubst, daß die ganze Welt sich nur um Dich dreht. Du hast allerdings ganz schön Mut, mir Dein verdammtes Tagebuch zu schicken. Es braucht schon Mumm, mir das anzuvertrauen. Ich werde es lesen

und dann verbrennen (grins). Ich schicke Dir diese Nachricht sofort.
Später mehr.

In Liebe wie immer,
Lana

März, irgendwas, 1994

Nachdem Lana und ich mal wieder zur Sache gekommen waren, verließ ich ihre Wohnung und tänzelte die Straße entlang zur Melodie irgendeines wehmütigen Blues. Etwas ließ mich mitten in diesem verdammten, dreckigen Park anhalten, und da fiel mein Blick auf diesen Stein. Ich hob ihn auf, und er schien perfekt in meine Hand zu passen. Ich lachte. Ich wünschte, ich hätte diesen Handschmeichler erfunden.

Mist, ich brüte über den Zustand, in dem Lana und ich uns befinden. Ich kann das nicht so weitergehen lassen. Vor allem, weil ich bald nach London will. Ich möchte, daß sie mitkommt. Ich muß verdammt nochmal aus dieser kranken Stadt hier raus. Alles ist so vermatscht hier in diesem verrotteten „Big Apple"; ich hasse diese Machenmachenmachen-meinen-Planer-voll-haben-und-professionell-sein-Tretmühlen-City. Ich brauche einen anderen Ort, um mir einiges durch den Kopf gehen zu lassen. Es ist witzig, aber im Moment scheint mich die Zeit eher einzugrenzen, und die ganze Zeit über, in der ich versuche, Zeit zu finden, scheine ich sie zu verlieren. Ich weiß nicht, wohin ich gehe, kann kaum ausmachen, wo ich gewesen bin. Als ob mir dauernd ein Dämon an der Ferse hinge und versuchte, mir das Gedächtnis auszusaugen. Ich brauche Raum, um nachzudenken. Ich hoffe, Lana versteht es.

Was soll's, ich hatte genug von den guten alten Lesbenrührstücken verarbeitet und beschloß, vor der Glotze Wurzeln zu schlagen. Scheiß doch auf diesen ganzen Beziehungskram, von mir aus kreuzweise. Ich raffte mich auf und ging ins Wohnzimmer.

Ich erinnere mich, daß ich den Stein auf den Fernseher legte. Beim Einschalten war das erste, an das ich mich erinnern kann, das Gequatsche einer nervigen Talkshow-Gastgeberin, so eine Opie, Hopie oder sonst eine Hexe, die über irgendeinen multikulturellen Generation-X-Blödsinn redete. Ich schaltete um, aber sie ging nicht weg, also setzte ich mich wieder auf die Couch.

Ich mußte eingenickt gewesen sein. Etwas wie eine elektrostatische Kraft oder Welle floß durch mich hindurch. Ich öffnete die Augen ... und war plötzlich ein Podiumsgast bei Ms. Dingsdas Talkshow.

„Ja, meine Damen und Herren, Latto hier ist zwischen zwei Welllllten gefangen", verkündete sie. „Sie sagt, daß sie manche Probleme mit ihren hellerhäutigen Schwestern gemein hat, weil sie oft als falsche Schwarze behandelt wird. Was meinst du, Latto, warum ist das so?"

Meine Stimme – sie war weg. Ich wisperte: „Ich träume", aber irgendwo tief in mir wußte ich, daß ich nicht träumte.

„Entschuldigung, was meinst du?" blubberte die Hexe weiter. Ich schaute mich im Publikum um und blieb an Lanas Blick hängen. Noch bevor ich irgend etwas zu ihr sagen konnte, erhob sich der Eldridge-Bruder, der von der Party in Brooklyn.

„Ich möchte gerne eines wissen, Latto. Du räumst ja ein, daß du von der weißen Umgebung, in der du aufgewachsen bist, wie soll ich sagen, irgendwie versaut worden bist, wie kommt es dann, daß du mit Village-Freaks zusammenlebst, anstatt mit deinen Brüdern und Schwestern?"

Ich sehe wieder zu Lana hin und bin im selben Moment auf diese Party zurückversetzt, und sie schickt mir wieder diesen Blick, der sagt: Rette mich. Der Bruder steht vor mir und erwartet eine Antwort.

Ich ließ ihn stehen und bewegte mich auf Lana zu ... und genau wie es zuvor an diesem Abend passiert war, gingen wir ein bißchen an die frische Luft. Wir setzten uns draußen unter das Vordach. Ich zündete einen Joint an.

„Danke", sagte Lana und nahm einen Zug. Ich legte meinen Arm um sie und wartete, daß sie etwas sagte.

„Du wirst mir fehlen."

„Ich werde nicht lange weg sein – und du kannst sowieso mitkommen oder mich besuchen."

Lana nahm einen tiefen Zug, blies den Rauch langsam wieder aus und sagte: „Du weißt, daß ich das nicht kann, Babiiie. Ich hab Schule. Aber echt", ihre Schultern zuckten, „ich will bei dir sein, das weißt du."

Ich inhalierte tief aus der Tüte, die Lana nun an meine Lippen hielt, rutschte näher zu ihr heran. „Ich versteh dich, Babydoll", sagte ich und lächelte mein schelmischstes Lächeln.

„Ach ja", veralberte sie mich. „Und was verstehst du von mir?"

„Ich versteh das hier", gab ich zurück und küßte sie auf ihre süßen Lippen. Ihre süßen ... süßen ... na gut, lassen wir das. Nach ein wenig Küssen und Schmusen schlug Lana vor, nach Hause zu gehen. Ich erinnere mich, wie ich zustimmend nickte.

Dann – peng – bin ich wieder in dieser vermaledeiten Talkshow und starre Lana an, nur daß sie mich nun anschreit: „Du verstehst mich nicht!" – und peng – falle ich auf meine vermaledeite Couch in meinem eigenen vermaledeiten Wohnzimmer. Ich nahm den Stein vom Fernseher, dem ich diese Art von Stoned-sein zuschrieb, und legte ihn in eine Schachtel auf meinem Altar.

31. März 1994

Verdammt, es ist, als würde ich aus irgendeinem langen Acid-Trip aufwachen. Nach diesem ersten Stein-Abenteuer, wie ich diese unerklärlichen Reisen jetzt nenne, ging ich zu Lana und versuchte ihr zu erklären, was los war. Wir waren ähnlich drauf, brauchten beide etwas Liebe, Schmusen, Zärtlichkeit. Na gut, wir waren total geil, was noch dadurch gesteigert wurde, daß ich in ein paar Tagen abreisen würde. Wir fingen an, uns zu lieben. Trieben es miteinander. Ausgiebig.

Der Fußboden in ihrem Schlafzimmer war mit Schuhen übersät (sie hatte am Vorabend lange nicht die passenden Schuhe für die Party gefunden). Weit und breit nur Schuhe, Plateaus oder sexy Sandalen. Sie lehnte an der Wand und schälte sich aus ihrer Kleidung. Ich schaute ihr mit jungenhafter Scheu zu. Hätte glatt das letzte bißchen Standfestigkeit verloren, wären da nicht meine festen schwarzen Pionierstiefel gewesen. Sie animierte mich, zu ihr zu gehen, stachelte mich an, es zu Ende zu bringen. Sie trug nur noch ihren Slip, einladend. Die Würde bewahrte mich beim Hinübergehen davor zu stolpern. Ich zögerte einen Moment, kniete vor ihr. Meine Zunge glitt langsam von ihrer Flanke zu ihrem Nabel. Ich spielte herum, zog den Slipgummi mit den Zähnen herunter. Mein Pimmel war hart, meine Zunge wollte sie schmecken. Ihre Beine hielten mich fest, als ich sie an die Wand drückte. Was sich daraus ergab, sang in forschen Rhythmen. Sie nahm mich. Es schien leicht zu regnen in ihrem Zimmer ... warme, und plötzlich heiße Spritzer durchtränkten uns beide in Ebbe und Flut, in flüssigem Eindringen, Ströme, dann Wasserfälle. Ich wollte sie hier nehmen und spüren, wie sie zitterte ... wollte sehen, wie sie heißen Regen mit den Lippen auffing.

Helle Sonnenstrahlen katapultierten mich in den nächsten Morgen. Ich bemerkte, daß ich meinen Stein auf Lanas Ausgabe von Nella Larsons *Quicksand* und *Passing* gelegt hatte. Ich fragte mich, was mit ihr los war. Da war etwas, das sie mir sagen wollte, ohne es zu sagen. Moment mal, ich verwechselte *mich* mit diesem letzten Durcheinander. Egal, ich hatte das Buch früher einmal gelesen und war neugierig, zu sehen, wie weit sie bis jetzt gekommen war. Ich griff hinüber, um den Stein wegzunehmen, als ich plötzlich ein seltsames Summen im Ohr hatte und denselben Stromstoß wie am Abend zuvor, als ich vor der Flimmerkiste gesessen hatte, spürte. Dann hörte ich ein tief trauriges Seufzen. Ich drehte mich um im Bett, um sie in die Arme zu nehmen, aber es war nicht Lana, die ich dort liegen sah.

Statt dessen war da diese sehr hellhäutige Frau, und ihr grünes Gewand breitete sich über das Bett und ließ sie fast wie ein frühreifes Mädchen wirken. Ihre Augen waren groß, als ob sie eine Reaktion von mir erwartete. Dann senkte sie die Lider und schaute nach unten. Mit ihren langen, schlanken Fingern malte sie ein unsichtbares Muster auf das Bett.

„Ach komm, du kannst doch nicht so böse auf mich sein, daß du mich wie Luft behandelst, Irene", sagte sie auf seltsam kokette Art. „Vielleicht bist du ja noch in deinen Träumen gefangen. Entschuldige, daß ich dich geweckt habe."

„Moment mal! Sie müssen im falschen Schlafzimmer sein", sagte ich und wandte mich zum Nachttisch, wo das Buch hätte liegen sollen. „Ich bin nicht Irene, und La...", ich hielt mitten im Wort an und hörte mich flüstern: *Quicksand* und *Passing*, aber der Band lag nicht da. Ich blickte zu der Frau hinüber, deren Haar wie eine Lockenmähne das Gesicht umrahmte. Mir fiel nach und nach ein, daß ich wütend auf diese Frau war. „Clare?" fragte ich.

„Ich weiß, du bist verärgert darüber, daß ich dich in diese Situation mit meinem Mann gebracht habe", sagte sie und ging zum Spiegel, wo sie ihren Unterrock zurechtrückte. Ich rutschte in eine Szene, die sich „vorher" abgespielt haben mußte, als ihr Mann irgendeinen Witz über „Nigger" machte. Sein blasses Gesicht entspannte sich zu einem Lächeln. Ihm war nicht klar, daß wir (denn es war noch eine andere Fast-Weiße anwesend) diese Nigger waren, über die er herzog. In seiner steifen Haltung drückte sich die Überzeugung aus, daß er weder in Frage gestellt werden könnte noch würde. Er hielt sein Privileg für gegeben. Nur Clare lachte laut und erschütterte die tödlich gespannte Stille, die ihr Mann, ohne es zu bemerken, verursacht hatte. Ich erinnerte mich, daß ich eine gewaltige Wut spürte, aber kein Wort kam mir über die Lippen. Ich wurde zur Komplizin meiner eigenen Demütigung. Ich konnte nur Clare anschauen, die jetzt im Spiegel meinen Blick auffing, sich umwandte und mich mit großen, bittenden Augen ansah.

„Ach, komm, sei eine Freundin. Ich brauche es, hierherzukommen und mit meinen Leuten zusammenzusein. Mein Mann ist so ein Langweiler ... so furchtbar nichtssagend."

Also was jetzt? Sie hatte sich für weiß entschieden, ich hatte Schwarz gewählt, und nun wollte sie ihr Schwarzsein von mir wiederhaben. Tja, ich besaß es aber gar nicht! Ich hatte so viel Zeit damit verbracht, mit mir selbst, mit meiner Rasse und meinem Platz in „der *community*" klarzukommen. Ihre Beharrlichkeit bedrohte meine Sicherheit. Der vorausgegangene Zwischenfall mit ihrem Ehemann war nur ein bitterer Denkzettel dafür, daß ich kein bißchen Schwärzer war als sie.

In diesem Augenblick schnellte ich aus dem Bett und wollte in einen Schwall wütender Vorhaltungen ausbrechen, ich wollte sie fertigmachen, diese Spiegelung einer Person, die ich zu vergessen suchte. Aber da erblickte ich mich selbst im Spiegel, und hinter mir das Spiegelbild von Lana, die im Bett langsam aufwachte.

Ein Rest Wut, der in Lanas Richtung zielte, war noch wach in mir – als Reaktion auf ihr Insistieren. Warum belastete sie mich andauernd damit, daß die Schwarzen sie nicht anerkannten, wenn ich doch dasselbe erlebte? Begriff sie nicht, was ich in Kauf nehmen, womit ich mich auseinandersetzen mußte? Daß ich selbst von vielen Schwarzen keine wirkliche Anerkennung zu erwarten hatte? Ich konnte ihren Maßstäben vom Schwarzsein nicht entsprechen. Ich kleidete mich „komisch", redete „komisch". Ich bin eine Lesbe. Obwohl ich ganz offensichtlich Schwarz bin, gilt Lesbischsein als „Nicht-Schwarzes Benehmen". *Darum* ging es also! Obwohl ich diese Rolle mit Lana hätte ... spielen ... Mir wurde ein Zusammenhang bewußt. Was Lana mir zu sagen versucht hatte, war, daß ich als „Schwarz" durchgehen konnte. Ich konnte eine gewisse Akzeptanz voraussetzen, die ihr nicht so leicht zuteil wurde, obwohl sie auch Schwarz war.

„Babiiiie, warum bist du schon so früh auf?" Lana räkelte sich, kuschelte sich an das Kissen neben ihr. „Komm wieder ins Bett."

„Lana", sagte ich, als ich zu ihr kroch, „warum findest du mich anziehend?"

„Weil du so 'ne starrrrrke Schwarze Frau bist", sagte Lana spielerisch und schlang ihre Arme um meine Schultern. „Warum fragst du?"

„Aus Neugier."

„Was zieht dich eigentlich an mir an?" kam Lana darauf zurück, als sie mich auf den Hals küßte.

„Vielleicht gibt's da einen Teil von dir, den ich nicht mit mir vereinbaren kann … einen Teil von mir, den ich will, den ich mir aber nicht erlauben kann." Ich starrte in die Ferne.

„Oouuuhh, Liebling, es ist noch zu früh für soviel Tiefsinn", sagte Lana gähnend und streckte sich. „Abgesehen davon, es gibt keinen einzigen Teil von mir, den du nicht haben kannst." Sie legte ihre Beine um mich. „Ich bin ganz für dich da."

Ich lächelte und küßte sie. Aber ich mußte es wissen. „Was magst du eigentlich an mir? Ist es meine Schwarze Haut, die attraktiv für dich ist?"

Widerwillig setzte sich Lana auf zu einem Gespräch, das sie eigentlich nicht wollte. Es war unser letzter gemeinsamer Tag. Wir hätten die Zeit besser im Bett verbracht.

„Na ja, in gewissem Maß ja, aber …" hob sie an. Das genügte, um meinen Verdacht zu bestätigen und diese Wut zu entzünden, die ich noch nicht genau bestimmen konnte.

„Ich kann gar nicht glauben, daß ich so blind gewesen bin", sagte ich, schwang mich aus dem Bett und schnappte meine Jeans vom Boden.

„Babiie, was ist los mit dir?" fragte Lana verwirrt.

„Und du bist auch blind." Je länger ich überlegte, um so vorwurfsvoller wurde ich. Ich war fertig angezogen. „Ich hab etwas, was du nicht hast: 'ne Menge Melanin. Du liebst meine Haut. Du hast nicht die geringste Ahnung, wer ich bin!"

„Untersteh dich und versuch, mit dieser beschissenen, idiotischen Anschuldigung abzuhauen, Latto!" Lana hatte die Decke zurückgeschlagen und war aus dem Bett gesprungen. „Mir reicht's jetzt, daß du immer gehst, wenn's brenzlig wird. Und warum richtet sich deine ganze Wut gegen mich? Ich weiß, warum. Weil es nur um dich geht und um deine Ich-bin-so-schwarz-und-so-unterdrückt-Scheiße!" Lanas Gesicht war rot. „Du *siehst* ja nicht mal *hin*, mit wem du redest!" Sie packte mich an der Schulter und drehte mich zu sich herum. „Schau mich an! Sieh mir in meine dunkelbraunen Augen und sag mir: ‚*Ich weiß nicht, wer du bist!*'"

Sie stand nackt da, in einer Pose, die mir „Afrika" entgegenschrie. Wie eine von diesen Schwarzen Frauen, die eine Hand in die Hüfte stemmen und mit ihrer Art jeden sofort auf den Pott setzen, der es wagt, ihnen zu nahe zu kommen. Etwas hatte einen bitteren Geschmack auf meiner Zunge hinterlassen. Ich schüttelte ihre Hand von meiner Schulter und wandte mich zur Tür um.

„Versuch nicht, diese Hautfarbengeschichte auf mich abzuwälzen, Latto", sagte Lana in neutralem, beherrschtem Ton. „Vor allem in Anbetracht der Tatsache, daß die meisten Frauen, mit denen du zusammenwarst, entweder weiß oder hellhäutig waren wie ich."

Hoppla, da war's. Ich wirbelte herum – bereit, zurückzuschlagen. Aber ich konnte nicht, mir war klar, daß sie recht hatte.

„Ja, o.k., vielleicht bin ich masochistisch!" giftete ich zurück.

„Was ist bloß los mit dir?" fragte Lana verwirrt.

„Was ist mit dir los, Lana", ging ich zum Gegenangriff über. „Unter der Oberfläche gibt es doch offensichtlich etwas, das dich beschäftigt", sagte ich, ging zum Nachttisch und nahm das Buch hoch. „Was ist damit?"

„Wie bitte? Ich kann nicht mal irgendein Scheißbuch lesen?" gab sie zurück und riß es mir aus der Hand. Sie warf es an die Wand. „Dein Problem ist dein zu großes Ego, so groß, daß du über dein verdammtes Selbst nicht hinausgucken kannst. Ich ich ich. Aber die Welt dreht sich nicht um dich, und ich hab deine Erwartung satt, daß meine Welt sich um dich drehen soll. Wirklich, es ist verdammt gut, daß du weggehst."

Das klang für mich zu sehr nach einem Bruch, das wollte ich auf keinen Fall. Ich spürte, daß ich sie brauchte, aber ich kam mit dem Grund für all diesen Streit nicht zu Rande.

„Babiiie, ich will wissen, was mit *dir* los ist, aber du erzählst mir nichts", sagte ich zerknirscht.

„Du hast mir nicht zugehört, Latto." Lana klang, als ob sie drauf und dran wäre, aufzugeben. „Weißt du, geh einfach. Ich hol dich morgen ab und bring dich zum Flughafen. Dieses Gerede ist sinnlos, und ich bin müde." Lana ließ sich wieder ins Bett fallen.

Nein, dachte ich, so kann ich nicht gehen. Ich schlüpfte ins Bett neben Lana und legte meinen Kopf auf ihre Brust. Einen Augenblick später fing sie an, in meinem Haar zu spielen. Nein, sie wollte eigentlich nicht, daß ich ging.

„Lana ...", fing ich an.

„Psssst", unterbrach sie mich. „Hör mir einen Moment zu." Sie holte tief Luft. „Du hast recht, bei mir ist die Kacke am Dampfen, und die betrifft eine Menge Zeugs, das ich noch nicht verstehe. Und Liebling, ehm, ich glaube, ich bin zu sehr in *dein* Leben, in deine Welt involviert gewesen und zu wenig in meine eigene. Eigentlich hab ich das gemeint, als ich sagte, es ist vielleicht besser, wenn wir uns für eine Weile trennen."

Etwas in mir wollte weglaufen, diese Frau verlassen und ihr sagen, sie brauchte mich nicht abzuholen. Etwas, das stärker war, das sich an sie gekuschelt sicher fühlte, zwang mich, dazubleiben. Ich rollte mich zusammen und schloß die Augen.

Ein Gedanke traf mich wie ein Vorschlaghammer: Wenn ich mich auch oft gefragt hatte, ob ich für Lana wohl als eine Art Passierschein zum „Schwarzsein" fungierte, so mußte ich mich jetzt fragen, ob sie mir nicht als Paß diente zu einer Art „Anderssein", einer Art Freiheit von den Verhaltensmaßregeln der Rasse.

April 1994

Start mit dem Flugzeug. Deine Brust ist schwer und der Kopf leicht. Es gibt nichts Vergleichbares, besonders, weil meine Brust schwer ist, um es gleich zu sagen. „A Love Supreme" flüstert mir durch die Kopfhörer zu, lädt mich zu süßen Erinnerungen an Lana ein. Wir fickten zu allen möglichen „Tranes" und „Miles". Und jetzt dehnen sich Meilen um Meilen zwischen uns. Alles ist noch so nah. Während ich mit dem Flug über den Atlantik die Schwerkraft überwinde, höre ich im Rollen des Ozeans Afrikaner schreien. Wußtest du, daß ihre Stimmen immer noch im Wind nachhallen?

Ich glaube inzwischen, daß ich es wie Bessie Head machen und wie Elizabeth in *Die Farbe der Macht* zusammenbrechen muß. Selbst Lana ist beleidigt. Ich glaube, sie denkt, ich gehe ihr aus dem Weg, aber nichts stimmt weniger. Es ist, als ob ich auf der Suche wäre und nicht damit aufhören könnte, bis ich irgendeine Verwandlung durchlaufen hätte. Klar, wenn ich Lana wäre, würde ich mich auch ins Irrenhaus stecken wollen, vor allem nach den letzten Stunden vor dem Abflug.

Ich hatte heute einer Freundin zu erklären versucht, daß ich auf einer Reise war und wußte, daß ich früher oder später wieder nach Europa mußte. Dieser Tag ist der richtige. Mein Abschied. Doch immer noch entzieht sich mir die Zeit, und obwohl ich eine tiefe Bindung an Lana spüre, frage ich mich, ob sie diesen Kampf wert ist. Ich brauche Musik, aber ich habe schon meinen ganzen Kram zusammengepackt, bis auf die alten kaputten Kopfhörer und diesen verrückten Stein.

15. April

Ich saß auf meinem Lieblingsplatz am Fenster, in einer Hand den Stein und die Kopfhörer auf den Ohren. Bloß waren sie nirgends in diesem Flugzeug angeschlossen, weißt du. Der Stein hatte ein hohes Lied angestimmt, und ich war auf irgend so einem alten Blues. Der Bluuuuues hing dick in der Luft, so dick, daß man ihn sehen konnte. Ich meine, ich konnte alle die Noten vor mir vorbeischweben sehen. Ganze Noten, halbe und Viertelnoten in einer schrillen Prozession der Farben. Dann hüpfte die Musik ganz wild, und die Noten fingen an, herumzuwirbeln und aneinanderzustoßen. Bald war alles ein Schemen aus zersprungenen und immer neu zusammengesetzten Bildern. Ich war in einer Art virtuellem Kaleidoskop gefangen. Ich war in meinem Inneren gefangen.

Die bekannte elektrische Welle rauschte durch meinen Körper. Ich ging in der Musik auf, und die Farben blendeten mich. Die Farben liefen zusammen und mischten sich, bis alles in weißes Licht getaucht war. In diesem Moment bemerkte ich, daß ich in eine Glühbirne starrte. Eine von Hunderten, die an Leitungen von der niedrigen rissigen Decke hingen. Ich war bei jemandem im Keller. Ein zischendes Geräusch, das Rauschen am Ende einer Schallplatte, ließ mich zur Seite schauen und einen Schwarzen

Mann erblicken, der, seinen Kopf in die Hände gestützt, neben einem alten Plattenspieler saß.

Er sah auf und lächelte mich an. „Ach, da bist du ja. Ich hab dich erwartet." Ein Hoffnungsschimmer in seinem Blick durchbrach die drückende Atmosphäre. Es roch nach Sumpf. Ich sah den Mann, der neben mir saß, genauer an, und allmählich erkannte ich ihn und diesen Raum wieder.

Diesen Keller. Diese Lichter. Diesen Plattenspieler mit dem verführerischen Blues ... er war der *Unsichtbare Mann*.

„W-w-wie bin ich hierhergekommen?" stammelte ich.

„Alle, die ihre Unsichtbarkeit erkennen, enden irgendwann hier, im Untergrund, unterirdisch", sagte er. Ich wollte gerade den Mund aufmachen und ihm antworten, daß ich genau verstünde, was er meinte, als er mir die Hand davorhielt.

„Pssst", sagte er. Schweißperlen tropften Schwarz von seiner Stirn. „Paß einfach auf. Ich nehme dich mit auf die Reise durch ein paar Erinnerungen, und wenn du was aushalten kannst, wirst du auch ein paar Freunden von mir begegnen." Ein ironisches Lächeln glitt über sein Gesicht. Er sah mir in die Augen, und sofort fiel ich in Trance.

Seine dunklen Augen bewirkten, daß ich zu einem Schatten in seinem Körper wurde. Wieder dieses Summen in meinen Ohren, und ich trudelte in eine warme Dunkelheit, wo Bilder um mich herum aufblitzten. Schnappschüsse von ihm, wie ich annahm, in einer südlichen Umgebung, wie er an irgendwelchen Bahnschienen entlanglief ... und von Leuten, die ihm zum Abschied winkten und die ich für seine Familie hielt. Dann sah ich sein Gesicht: angststarr und schweißnaß. Er hatte die Augen verbunden und blutete. Dann spürte ich, wie ihm/mir eine Faust ins Gesicht schlug.

Bei der nächsten Runde hörte ich eine Stimme, einen vornehm klingenden Schwarzen, der etwas über Weiße sagte. Sie könnten so gut lügen, daß ihre Lügen zu Wahrheit würden. Dann – bumm – noch ein Faustschlag und laute, freudig zustimmende Äußerungen. Dann – bumm – saßen wir in einem kleinen, modrigen Büro gegenüber dem Schreibtisch eines kleinen, kräftigen Schwarzen Mannes. „... aber Mr. Bledsoe ..." Ich spürte die Mundbewegungen des Unsichtbaren Mannes.

Mr. Bledsoe unterbrach ihn. „Du bist ein mutiger kleiner Rebell, mein Junge, und unsere Rasse braucht gute Kämpfer, die sich nichts vormachen!" Peng – fiel die Tür zu, und wir wirbelten herum und tauchten wieder in diese warme Dunkelheit ein. „Kämpfer, die sich nichts vormachen" hallte nach wie Karnevalsgeschrei.

Dann war alles still, bis auf das Tap-tap unserer Stiefel auf dem feuchten Pflaster; wir gingen zu einem Apartmenthaus.

„Das ist erst mal genug", sagte er. „Ich fürchte, ich habe dich schon zu lange aufgehalten." Bevor ich ihn weiter fragen konnte, trieb er mich die Treppe hinauf und durch die Türen zu diesem winzigen Apartment. Ich drehte mich gerade schnell genug zur Seite, um noch die Tür hinter ihm zufallen zu sehen. Er war fort.

Von der Küche her konnte ich zwei Schatten erkennen, eine Frau und einen Mann. Sie hatten eine stürmische Diskussion, rauchten beide, und zwischen ihren halb gefüllten Gläsern stand eine Flasche Whisky. Ich ging zu ihnen hin. Sie schienen mich nicht zu bemerken. Als ich nahe genug war, erkannte ich sie beide von verschiedenen Buchumschlägen wieder. Es waren Lorraine Hansberry und James Baldwin, die sich bei Scotch und ein paar Kippen Luft machten – kein Witz.

„Dieser ganze kulturelle, multi-skulpturelle Mischmasch ist doch für die Füße", sagte James und drückte seine Zigarette im Aschenbecher aus. „Und ich will auf keinen Fall irgend so einen liberalen oder sonstwie ,aufgeschlossenen' Weißen dazu bringen, mich zu verstehen. Ich versuch bloß, diesen Dämon zu bekämpfen, der in gestückelten, gut abgepackten Einzelteilen aus mir rausfahren will. Ich mach diesen Schmelztiegel-Mist nicht länger mit, denn ich bin selbst der Tiegel, und mein Schwarzer Latino-Bruder da in Harvard ist derselbe Tiegel, und die fast weiße Schwester – die ,War-gerade-beim-Frisör'-Mieze, die wir ,Niecy' nannten – ist auch der Tiegel. Wir sind eine Nation von Dusseln, und Amerika ist zu kalt, um für irgendwen den Schmelztiegel abzugeben. Stimmt's etwa nicht, Schwester?" Jimmy stellte die Frage in meine Richtung, bezog mich ins Gespräch ein.

Dann klinkte sich Lorraine ein: „Kategorisiert und homogenisiert. Mist, ich spring wieder in die Kiste. Hier draußen ist es zu kalt für meinen ascheschwarzen Hintern!" Ich mußte so lachen, daß ich fast auf *meinen* Hintern gefallen wäre. Lorraine stellte mir einen Stuhl hin.

Jawoll, ich war mit Baldwin und Lorraine unterwegs, und alle möglichen aufgeladenen *vibrations* schossen um uns herum – bei dem Versuch, die Qual zu überwinden, die es bedeutet, ein *gezink-*

tes Pik zu sein oder Mulatte oder *Spic* oder *Tonto*, ein Seitensprung vom *Lone Ranger*. Wir mußten lachen, als wir bei der vergessenen Szene ankamen, die nur im Untergrund-Fernsehen gezeigt worden war, nämlich als Tonto seinen Tomahawk zu der Musik von *„Que no sabe, que no sabe …"* in den Rücken des Gringos schlug.

Und dann, nach vielem Zuprosten angeheitert, fing ich an, Frank Sinatra zu singen, etwas tiefer. *„Just have to be meeeee!"* *Bummdada-bummshit bauuummm*, gib mir Raum, ich will … *summ dada summ* … Jimmy und Lor tanzten mit mir zusammen, *summ summ I gotta be meee!* Ich will ich selber sein. Die Flasche Scotch hatten wir geleert. Das Päckchen Lucky Strikes war zu Stummeln im Aschenbecher geworden. Dann kippte das Lachen über die Kante zum Weinen, und wir weinten und weinten. Wir hatten dieselbe Vision.

Weißt du, Jimmy und Lor hatten so eine besondere Art Flimmerkiste. Die Kanäle brachten nicht die üblichen Sender. Nein, sie war eher wie eine Kristallkugel. Du wechselst den Kanal, und es kann sein, daß du etwas siehst, das 1846 passiert ist. Drück noch mal, und du landest vielleicht im Jahr 3046, wo eine *person of Color*, eingeschlossen in einem weißen Raum, in einer gräulichen Zwangsjacke stöhnt: „Die Ururururgroßmutter meiner Urururururururururururgroßmutter war Sklavin." Siehst du, wir brauchen nur einen Blick in diese Zukunft zu werfen, und es ist, als hätte die Zeit eine bestimmte Geschichte, eine bestimmte Erinnerung ausradiert. Diese Art Geschichte könnte nämlich ein paar Eingeborene unruhig machen, weißt du. *Amerikkka* hätte schließlich erfolgreich allen beigebracht, daß wir immer schon eine große glückliche Scheißfamilie gewesen sind und immer eine sein werden. „Können wir denn nicht einfach miteinander klarkommen" hieß die neue Nationalhymne.

Na klar, und dieses arme eingelochte farbige Individuum war als verrückt diagnostiziert, weil im einunddreißigsten Jahrhundert jeder wußte, daß es keine Sklaven gegeben hatte. Es hatte nie welche gegeben und würde nie welche geben. Es gibt keine Aufzeichnugen davon, kein Gedenken.

Erinnerung.
Jetzt ausblenden und Löschen drücken.
Wir weinten und lagen uns in den Armen, und so fand mich Lana.

Sie küßte mich auf die Lider, um mich zu wecken.

„Was ist los, Baby?" fragte sie. Ich zuckte mit den Schultern. Wie sollte ich das erklären? Ich hatte schließlich begriffen, daß das, womit
wir uns herumschlugen, größer war als wir beide. Diese ganze verdammte Gesellschaft ist nur darauf aus, uns in Käfigen zu halten und
sicherzustellen, daß wir uns fürchten, einen Schritt hinauszutun. Sobald jemand es wagt, aus seiner Box herauszulangen, kommt es un-
weigerlich zu Konflikten und Angst. Angst vor dem Unbekannten.
Angst vor Entfremdung. Angst davor, völlig allein zu sein in der Welt.

Lana und ich lehnten uns gegen diese Käfige auf und hatten versucht, die Quelle für unseren Konflikt zu übersehen. Wir konnten
sie aber nicht länger ignorieren und uns weiterhin gegenseitig
dafür beschuldigen. Dieses Drama der Hellhäutigkeit und Dun-
kelhäutigkeit hing vollkommen davon ab, wie wir uns selbst sahen.
Wir mußten aufhören, außerhalb von uns selbst nach der Liebe zu
suchen, die diesen ganzen Rassenmüll und die daraus entstehen-
den Unsicherheiten verringern konnte. Keine von uns war schon
an diesem Punkt angekommen, doch was wir uns gegenseitig an
Gutem gaben, war ein Schritt in die richtige Richtung. Mir war
klar, daß ich nichts sagen konnte, was etwas von alldem leichter
gemacht hätte. Ich fragte sie, wann der nächste Spaceshuttle ging.
Ihre Antwort war: „Wenn du gehst."

„Ich will nicht von dir gehen", sagte ich und starrte Lana in die
Augen.

„Warum tust du's dann?" wollte sie wissen.

„Ich muß", antwortete ich in dem Versuch, mich selbst davon zu
überzeugen. „Ich denke, du hast recht mit Abstand und Raum und
so."

Lana trat zurück, nahm die Autoschlüssel aus ihrer Tasche und
seufzte leise: „Lauf, Mädchen, lauf!"

„Lana, das ist nicht fair", sagte ich und ging auf sie zu.

„Latto", Lanas Körper war jetzt ein Stein in meinen Armen, und
sie fragte: „Was ist schon fair?"

Ich konnte nichts antworten, also küßte ich sie. Was wir voneinander brauchten, kochte hoch, während die Brennstoffanzeige
auf Voll schnellte ... und sich selbst entzündete.

April, irgendundein Scheiß

Hier im Ver-fickten Köni-ck-reich, in der Wohnung einer Freundin, versuche ich, bestimmte Erinnerungen, einen Moment und die Illusion von Zeit zu erwischen. Mir wird klar, daß alle Erinnerungen und die Geschichte meiner und unserer Leute mit dem Afrikanischen ausbleichen. Wieviele Schwarze Menschen, die du kennst, können dir sagen, was eine Revolution ist? Ich weiß, daß das, was Lana und ich teilen, ein Stück davon ist.

Und deshalb werden wir, sie und ich, anstößig sein und diesen ganzen Terror aus unseren Knochen austreiben.

~ Übersetzung: Bettina Schäfer

~ Anmerkung der Übersetzerin: Generell wurde „Schwarz" und „Afrikanisch" entsprechend dem Original groß geschrieben, auch wenn im Text oft ironische Distanz zu den Gepflogenheiten (wozu die Großschreibung von Schwarz und Afrikanisch gehört) der aktuellen Schwarzen *community* in den USA signalisiert wird.

~ Schule der zornigen Schwarzen Frauen: ironische Anspielung auf die Literatur der „Generation der zornigen jungen Männer" der späten fünfziger und frühen sechziger Jahre in England/USA

~ Spike Lee: Schwarzer New Yorker Filmemacher, der mit seinem ersten großen Spielfilm *Do the Right Thing* in den achtziger Jahren weltbekannt wurde

~ Kente: Stoff in den Farben Schwarz-Rot-Grün als Zeichen Afrikanischer Einheit

~ Eldridge Cleaver (*1935 Arkansas): Protagonist der US-amerikanischen Black Power bzw. Black Consciousness-Bewegung. 1954 bis 1966 in verschiedenen Gefängnissen, dort autodidaktische Ausbildung. 1967 Informationsminister der Black Panther Party. Mit seiner autobiographisch-politischen Schrift *Seele auf Eis* (1968) wurde er auch in Deutschland bekannt. 1969 Exil (Kuba, Europa, Algerien).

~ Bedrohter Schwarzer Pimmel: Anspielung auf ein Schlagwort der afrikanischen Nationalisten in den USA von der „bedrohten Schwarzen Rasse"

~ *Quicksand* (1928) und *Passing* (1929): zwei Romane der Schriftstellerin Nella Larson (1893-1964), Tochter einer dänischen Mutter und eines karibischen Vaters, der jung verstarb, wuchs als Schwarze in einer weißen Familie auf, was sie zum Thema ihrer genannten Romane machte. Mit *„passing"* wird bis heute das bei Weißen „als weiß durchgehen, und damit Zugang zu Privilegien erhalten", bezeichnet.

~ Trane: Der Schwarze Tenor-Saxophonist John William Coltrane (1927-1967)

~ Miles: Der Schwarze Jazz-Trompeter Miles (Dewey Jr.) Davis (1926-1991).

~ *Die Farbe der Macht:* Roman der südafrikanischen Schriftstellerin Bessie Head, Berlin: Orlanda 1987

~ *Der unsichtbare Mann:* Roman von Ralph Ellison *The Invisible Man* (1914-1994), entstand 1954

~ Lorraine Vivian Hansberry (19.5.1930 Southside/Chicago – 12.1.1965 New York City): Der Fall Hansberry vs. Lee war zwischen 1938 und 1940 ein Präzedenzfall, den der Vater der Dramatikerin um das Recht der freien Wohnortwahl und gegen Rassentrennung im Wohnbereich führte und den er schließlich vor dem Supreme Court gewann, trotz des „heulenden Mobs, der unser Haus umstellte und wegen unseres Einzugs Steine warf." Aufgewachsen in einem privilegierten Mittelklassehaushalt wurde Lorraine Hansberry zu einer bedeutenden Schwarzen US-amerikanischen Dramatikerin und inszenierte als erste Schwarze Frau ein Stück am Broadway (*A Raisin in the Sun*, 1959, im Ethel Barrymore Theatre.) 1957 hatte sie ihr Coming-out als Lesbe und analysierte in Briefen an *The Ladder*, eine frühe US-amerikanische Lesbenpublikation, die politischen Zusammenhänge zwischen Homophobie und Antifeminismus sowie den wirtschaftlichen und psychologischen Faktoren, die Lesben in eine heterosexuelle Ehe zwangen.

~ James Baldwin: Das literarische Werk des am 2.8.1924 in Harlem geborenen Stiefsohns eines fanatischen Laienpredigers ist von der Überzeugung geprägt, daß „jede Kunst eine Art Bekenntnis [ist], daß alle Künstler, wenn sie überleben wollen, gezwungen sind, schließlich die ganze Geschichte zu erzählen und die Wut auszukotzen." So verwob er mit prophetischer Hellsichtigkeit in Romanen wie *Go Tell It on the Mountain* (1948), *Tell Me How Long the Train's Been Gone* (1968), *Giovanni's Room* (1956) und Essays wie *Notes of a Native Son* (1955), *Nobody Knows My Name* (1961), *The Fire Next Time* (1963), Bereiche der eigenen Erfahrungen weitläufigst mit Fragen des nationalen und globalen Geschicks. Er schrieb zahlreiche Drehbücher, Kurzgeschichten und Kinderbücher. Die Feindlichkeit der amerikanischen Gesellschaft gegen Schwarze und Schwule machte es ihm 1948 leicht, nach Paris zu gehen.

Er lebte in Frankreich bis zu seinem Tod am 3o.11.1987 in St. Paul de Vence. Er hat die Afro-Amerikanische Literatur der Nachkriegszeit sowie das kulturelle Leben der USA stark geprägt und beeinflußt. Er gehört zu den bedeutendsten modernen Schwarzen US-amerikanischen Schriftstellern, dessen Werk auch in deutscher Übersetzung erhältlich ist.

~ Gezinktes Pik: ein Ausdruck, der signalisiert, daß etwas nicht „ganz sauber" ist. Für Personen mit multi-etnischer Abstammung genauso abfällig gebraucht wie die Bezeichnungen „Mischling" oder „Mulatte"

~ *Spic*: auch Spick; abfällige Bezeichnung für Personen spanischer oder lateinamerikanischer Abstammung und die Abkürzung für: *(No) speak [english]*

~ The Lone Ranger und Tonto: Der einsame Reiter, Radiosendung zwischen 1933 bis 1954 (später auch Comics, Kinofilme, Fernsehserien) in den USA (später auch in Europa), die von den Abenteuern des unbestechlichen Cowboys mit der Augenmaske und ehemaligen Texasrangers John Reid und seinem Pferdes Silver ‚westlich der Rockies' erzählt. Er wird von seinem indianischen Freund Tonto und dessen treuem Pferd Scout aus einen Hinterhalt gerettet. Ein Standardspruch Tontos zu seinem Pferd war: *You Kemo Sabe. This mean trusty scout.* So jedenfalls wurde es in Filmen synchronisiert, in der Schriftsprache wiedergegeben und von den weißen Konsumenten der Episoden verstanden. Nimmt man allerdings an, daß Tonto höchstwahrscheinlich spanischer Abstammung war und statt des von Weißen so verstandenen und angenommenen „Indianerkauderwelsch" spanisch oder portugiesisch gesprochen hat, so sagte er, und möglicherweise gar nicht mal zu seinem Pferd: *You, que no sabe:* Du, der nichts weiß.

~ *People of Color*: Diese Bezeichnung meint alle nicht-weißen Angehörigen der US-amerikanischen Gesellschaft und setzt sich als politisch geprägter Begriff bewußt von den allesamt diskriminierenden weißen Bezeichnungen *„colored people", „coloreds", „mulattoes", „half-breed"* usw. ab.

~ Amerikkka: „kkk" steht für Ku Klux Klan und das rassistische weiße Amerika

Elizabeth Khaxas

Zeit mit den Frauen verbracht

Elizabeth Khaxas, geboren 1960 in Okombahe/
Damaraland in Namibia, Studium an der Academy
of Windhoek, Schulleiterin einer Farmschule bei
Windhoek, Mutter des heute 16jährigen Sohnes
Ricky, Mitbegründerin der Initiative Women
against Violence/Namibia, 1989 der feministischen
Zeitschrift *Sister-Namibia* und 1997 der schwul-
lesbischen Initiative Rainbow Project, Windhoek.
Seit 1998 Mitarbeiterin im Bereich Frauenfragen
beim Regierungszusammenschluß Southern
African Development Community (vergleichbar der
EG) in Gabarone/Botsuana. Verliebte sich mit
Dreißig in eine Frau, schreibt seit vielen Jahren
Lyrik und Kurzprosa, die zumeist in *Sister Namibia*
veröffentlicht wurde.

Als Mibagus an der Haltestelle für den Bus nach Khorixas ankam, wurde ihr auf einmal bewußt, daß sie ihren Bus nach Hause verpaßt hatte. An der Haltestelle standen normalerweise viele Menschen, aber jetzt lag sie verlassen da. Alle waren schon fort. Wußte ich doch, daß mir das passieren würde, wußte ich's doch! Diese verdammten Schwestern im Krankenhaus, lassen mich den ganzen Tag über warten, übersehen mich total.

Obwohl Mibagus viele Leute in Windhoek kannte, wußte sie deren Adressen nicht. Dies war ihr erster Besuch in der Stadt. Nur keine Panik, sagte sie sich, es ist noch nicht dunkel, und irgend etwas wird sich ergeben.

Sie schaute sich um und ging los, dorthin, wo die großen Geschäfte lagen. Bald merkte sie, daß sie irgend jemanden um Hilfe würde ansprechen müssen. Aber wen? Die meisten Leute drängelten in Eile vorbei oder standen in großen Gruppen zusammen, so daß sie nicht den Mut fand, sie anzusprechen.

Sie setzte sich auf die Treppenstufen am Postamt und war der Verzweiflung nah. Wenn wir nur ein Telefon zu Hause hätten und ich Mutter oder Ititeb anrufen könnte. Sie grübelte darüber nach, was ihr Freund Ititeb wohl denken würde, wenn ihm klar wurde, daß sie nicht im Bus war. Lange saß sie so da und schaute zu, wie der Abend kam, und ihr wurde klar, daß sie jetzt jemanden um Hilfe bitten mußte.

Zwei Frauen kamen Arm in Arm daher, offensichtlich gute Freundinnen, die zum Vergnügen ausgingen. Wo gehen die hin, fragte sie sich. Ob sie sie vielleicht mitnehmen würden? Sie nahm all ihren Mut zusammen, sprach sie an, stellte sich vor und erklärte, daß sie nichts zum Übernachten hätte.

Sieh mal, wir teilen uns selbst nur ein kleines Zimmer. Wir sind gerade auf dem Weg zu einer Party, warum kommst du nicht einfach mit? Dort finden wir bestimmt eine Frau, die dir weiterhelfen kann.

Mibagus umarmte sie fast vor Erleichterung. Auf dem Weg zu der Party erzählte sie ihnen, daß sie im vergangenen Jahr die Schule in Khorixas abgeschlossen hatte und gerne eine Arbeit in Windhoek finden würde. Jetzt war sie ganz aufgekratzt bei dem Gedanken, zum ersten Mal zu einer Party in der Stadt zu gehen.

Der Raum war voller Frauen. Sie tanzten oder unterhielten sich in kleinen Gruppen. Mibagus fühlte sich sofort wohl und vergaß bald ihr Problem, während sie die Stimmung dieses Abends in sich aufnahm. Nach einer Weile fragte sie sich, wo die Männer waren. Diese Frauen würden doch bestimmt nicht den ganzen Abend nur miteinander verbringen?

Mibagus ging in die Küche, um sich etwas zu trinken zu holen. Was sie dort sah, schockierte sie bis in die Haarwurzeln. Zwei Frauen umarmten und küßten sich gerade wie ein Liebespaar! Sie waren so mit sich beschäftigt, daß sie sie nicht einmal bemerkten! Entschuldigung, stammelte sie und war sofort wieder aus der Küche draußen.

Sie setzte sich in eine Ecke, um sich wieder zu beruhigen. Jetzt nahm sie langsam wahr, was sie vorher nicht bemerkt hatte: Es schien da eine ganze Reihe Paare zu geben, so wie das Pärchen, das sie in der Küche gesehen hatte. Und andere Frauen flirteten offensichtlich miteinander. Die Art, wie sie sich anschauen! Die Art, wie sie sich anfassen! Was sind das für Frauen?

Ein Bild von vor einigen Jahren schoß ihr plötzlich durch den Kopf, aus der Zeit im Mädchenwohnheim. Zwei Mädchen saßen Arm in Arm zusammen, und Mibagus hatte Eifersucht empfunden und dann Verwirrung. Sie erinnerte sich, daß sie bei der Frau, die ihre Lieblingslehrerin war, dieselben Gefühle hatte.

Jetzt kam ihr ein Gesicht auf der Party bekannt vor. Ich kenne diese Frau, dachte Mibagus. Sie war mit einem unserer Lehrer verheiratet. Plötzlich hatte sie ihn verlassen, und alle wußten, daß sie mit einer Frau zusammenlebte, einer wilden Frau, die als Schreinerin in der nächstgelegenen Stadt arbeitete. Monatelang drehte sich der Klatsch nur darum. Mibagus hatte sich oft gefragt, warum die Frau das getan hatte.

Sie tauchte plötzlich aus ihren Gedanken auf, spürte die Augen einer jungen Frau auf sich. Sie lief dunkelrot an.

Am nächsten Tag wurde Mibagus von ihrem Freund an der Bushaltestelle in Khorixas abgeholt. „Wo um alles in der Welt bist du gewesen?" fragte er aufgebracht. „Hast du in der Stadt einen neuen Freund gefunden?"

„Nein", sagte sie kühl, „ich hab meine Zeit nur mit ein paar Frauen verbracht."

~ Übersetzung: Bettina Schäfer

Marou Izumo und Claire Maree

Watashi, Otambi, Dyke

Marou Izumo wurde 1951 in Japan geboren, engagierte sich dort 1977 in der ersten lesbisch-feministischen Gruppe und war 1979-85 Mitglied der
Frauentheatergruppe Aoi Tori. Mit „Marous Queer
Report" ist sie Kolumnistin bei der Zeitschrift *Out*
(Japan). Sie arbeitet derzeit an einer Zusammenstellung von Filmessays.

Claire Maree wurde 1968 in Westaustralien geboren. Ihre Gedichte erschienen in *Poetry Australia*
sowie in *Common Lives/Lesbian Lives*. Sie übersetzt
Werke von Judith Butler, Yumi Nihongi und Marou
Izumo.

Mitten im Winter. Ich drehe meine Runde durch die Stadt, gehe zum Sport, trinke irgendwo einen Kaffee, stöbere im Buchladen herum.

Eine christliche Gruppe hat sich an der Kreuzung vor dem Buchladen aufgebaut. Sie verteilen Flugblätter an die Leute, die an den Ampeln stehen: „*Arkana* ist ein Sündenpfuhl." Selbst das Schlüsselloch des Ladens wurde beschädigt.

„Marou, sieh der Tatsache ins Gesicht, du bist im Grunde eine Kuschellesbe."

JJ war vorbeigekommmen und hatte mich drinnen *Wicked Women* lesen sehen.

„Du hast mich zu Tode erschreckt!"

Nur das eine Wort: „Lesbe". Und es gibt so viele von uns: SM-Lesben, New Age-Lesben, lesbische Feministinnen.

So viele Varianten für den einen Begriff.

Ich hatte immer nur von „Lesben" gehört, aber „Kuschellesbe"? Ich fragte JJ sofort, welche es sonst noch gibt.

„Also, da gibt's Bulldog-Dykes und Motorrad-Lesben, die legen Wert auf Stärke. Und Kuschellesben sind, wie der Name schon sagt, lieb und kuschelig."

Bezeichnungen und sprachliche Unterschiede sind ein heißes
Thema. Fragt nur JJ, sie interessiert sich besonders für Sprachun-
terschiede im Japanischen und deren Bezug zur Stellung der Frau-
en in der japanischen Gesellschaft. Wenn sie erst einmal damit
anfängt, redet sie stundenlang!

In „korrektem Japanisch", das „Ausländer" wie JJ lernen sollen,
gibt es viele anerkannte Worte, die Männer für Frauen benutzen
können, aber nicht umgekehrt. Ein gutes Beispiel ist das infor-
melle Personalpronomen der zweiten Person, *omae* (du). Man erklärt, daß es von einem Mann für eine Frau verwendet werden
kann, aber nicht von einer Frau für einen Mann. Im Grunde genommen vermittelt der Unterricht in „korrektem Japanisch" den
Lernenden mehr oder weniger deutlich, daß „in den sprachlichen
Beziehungen des Japanischen die Männer den Frauen übergeord-
net sind".

Etwa zu der Zeit, als JJ sich über ihren „korrekten Japanisch"-
Unterricht an der Universität regelrecht zu beklagen anfing,
schickte eine Freundin, die den Film zu Banana Yoshimotos Buch
Tsugumi gesehen hatte, eine Postkarte:

„Marou, Tsugumi als Kind ist dir unglaublich ähnlich."

Ich weiß nicht, ob sie damit meinte, ich sei ein fürchterliches
Kind gewesen (die Heldin *Tsugumi* hat was von einem richtigen
Balg), aber ich weiß mit Sicherheit, daß ich alles tat, um die „Frauensprache" zu verweigern, und als Kind oft „Männersprache" in
den Mund nahm, genau wie die Romanfigur Tsugumi.

Im Englischen gibt es für Frauen, Männer, Arbeiterklasse und
Mittelstand nur das eine Wort *I* (Ich), um sich selbst zu bezeichnen. Aber im Japanischen gibt es für Männer in der ersten Person
die Personalpronomen *boku, ore, washi, watashi* und mehr, die
entsprechend der hierarchischen Stellung des Sprechers zum
Adressaten eingesetzt werden. Für Frauen gibt es im allgemeinen
nur eine Wahl: *watashi.*

Es gibt eine große Kluft zwischen dem Ich, das „Marou" ist und
dem „*watashi*", dem Ich, das Frauen benutzen sollen und das ihre
Stellung in der Hierarchie der japanischen Gesellschaft ausdrückt.
Lange brachte ich es nicht über mich, „watashi" zu sagen, wenn ich
von mir sprach. Ich sagte immer: „Marou meint …". Sobald ich
nur „watashi" sagte, überkam mich das Gefühl, daß die genannte
Person in Wirklichkeit nicht ich war.

Ich kann heute, da ich das gegenwärtige gesellschaftliche System besser verstehe, in bestimmten Situationen „watashi" benutzen, aber ich denke wirklich, daß die „Frauensprache" das Konzept durchsetzt, Frauen in Japan seien entweder Nicht-Individuen oder anderen gegenüber unterwürfig.

Wenn man japanisch spricht, stehen zwei Sprachvarianten zur Verfügung, die allgemein als „Frauensprache" und als „Männersprache" bezeichnet werden. „Frauensprache" ist eng verknüpft mit unterwürfigen Formulierungen, die eine untergeordnete Stellung ausdrücken. Um sich also aus Beziehungen der Über- und Unterordnung zu lösen und sich frei auszudücken, fällt die Wahl natürlich auf „Männersprache".

Wenn ich die „Männersprache" verwendete, so wollte ich damit nicht grob sein wie ein Mann, sondern mich nur direkt äußern. Vielleicht hatte meine Weigerung, das Frauenwort „watashi" zu benutzen, etwas mit meinem Lesbischsein zu tun, aber ich glaube, die unbewußte Ablehnung des „ich, das weiblich bedeutet" kam eher aus meinem Wunsch, ich selbst zu sein.

Heute ist es für Mädchen nicht mehr so unüblich, wie *Tsugumi* die „Männersprache" zu benutzen, oder für Jungen, „watashi" zu sagen. Aber als ich ein Kind war, vor langer Zeit, schon! Vor der Zeit geboren zu sein hat seinen eigenen Reiz, aber du verschwendest auch gewiß viel Zeit!

Mitte der siebziger Jahre.

Auf den Straßen wurden die Aufführende des Underground-Zelttheaters *Joukyo Gekijo* bei Büroangestellten populär. Ursprünglich wurde Underground-Theater ohne Erlaubnis an allen möglichen Orten, außer dem Theater, gespielt, aber mit einem sich wandelnden Publikum wurden die radikalen Theatergruppen oft als eine schicke Art der Unterhaltung absorbiert und verändert.

Ken Togo hielt bereits erste Wahlreden in den Wahlsendungen der NHK, der nationalen Rundfunkstation.

„Ich bin Ken Togo, die Schwuchtel.

Hört mal alle gut zu.

Der Grünschnabel von Kaiser

könnte einen Schwanz im Arsch vertragen."

In drei Minuten voller im Rundfunk verbotener Worte sagte er alles, was er normalerweise nicht sagen durfte.

Es war die Rede davon, ein mit Stars besetztes Underground-Stück zur schwul-lesbischen Emanzipation auf die Beine zu stellen, nach einem Drehbuch von Masaki Domoto, mit der Musik von Nariaki Saigusa, der Maske von Simone Yotsuya und mit dem unvergleichlichen Ken Togo als Hauptdarsteller.

Unter den Schauspielern waren außerdem Tasuko, der von Anfang an bei *Joukyo Gekijo* gespielt hatte, Mitchan von der Bar „Forest of Fire", Mama vom „Club France" – alle große Stars der schwulen Barszene, sowie die Hinterbliebenen des Roman Theatre, die sich nach dem Tod von Yukio Mishima in alle Winde zerstreut hatten.

Damals war ich eine unpolitische „homosexuelle Frau" und verbrachte die meiste Zeit zu Hause eingeschlossen mit Lesen. Ich hatte zu niemandem von diesen Leuten direkten Kontakt, war aber zufällig die Freundin einer Freundin einer Freundin einer der Organisatorinnen und wurde eingeladen, die lesbische Rolle zu spielen.

Ich hatte noch nie gespielt, hatte keine Stücke gesehen und interessierte mich nicht fürs Theater, aber ich übernahm die Rolle. Bevor irgendeine ahnungslose Schauspielerin dem lesbischen Part möglicherweise den Garaus machen würde, hielt ich es für besser, selbst aufzutreten – wie im Leben!

Bald nach meinem Bühnendebüt wurde ich durch eine zufällige Begegnung mit der Frauentheaterkompanie *Aoi Tori*, der ersten Frauen-Theater-Gruppe Japans, beeinflußt. Sie arbeiteten kollektiv, ohne Chefin, und ich arbeitete mit am Bühnenbilddesign, bei den Bühnenaufbauten und später in der Tonregie. Bei *Aoi Tori* hatten die Hauptfiguren keine Liebesbeziehungen. Die Themen konzentrierten sich auf die Selbstbestimmung von Frauen und brachen mit den üblichen Mustern des japanischen Theaters. Auf der Bühne waren die Geschlechterrollen nicht festgelegt, die Darstellerinnen wechselten plötzlich von Anzügen zu geblümten Kleidern. Die Theatertruppe hatte eine große Anhängerschar junger weiblicher Fans, und obwohl in Tokio zu Hause, gastierten sie auch im Norden Japans, in Hokkaido, und im Süden, in Osaka.

Theater oder nicht, ich bin nur an „Noch nie Dagewesenem" interessiert. Jeder Ausdruck muß weißglühende Energie besitzen, die vorhandene soziale Konstrukte erschüttert, bevor ich es mir ansehen kann.

Die Proben für das Stück dauerten über anderthalb Monate.

Meine Einstellung gegenüber Takarazuka veränderte sich, als die ernsthaften Proben für die Gesangs- und Tanzeinlagen zur Musik von Nariaki Saigusa anfingen. Ich hatte immer über Takarazukas chaotische Frauen-Aufführungen von Pop-Musicals gewitzelt, weil sie mir völlig unsinnig erschienen, doch meine Ansicht über Einlagen, bei denen Gesang mit Tanz verbunden war, änderte sich grundlegend.

Selbst im Underground-Theater ist Singen, Tanzen und Text sprechen eine große Sache. Meine lesbische Rolle verlangte, daß ich meine Freundin, die noch im Schulalter war, nach gemeinsamem Gesang, Tanz und Text umarmte und mitten auf der Bühne eine laaaange Kußszene mit ihr aufführte. Während der Proben wechselten meine Bühnenpartnerin und ich Theaterküsse, die so aussahen, als ob.

Aber bei der Generalprobe äußerte die Regisseurin, die anderthalb Probenmonate lang nichts dazu gesagt hatte, plötzlich ihre Unzufriedenheit an dem Kuß.

„Garantiert mir, daß ihr euch bei den Aufführungen richtig küßt! Mit Zunge, einen tiefen Kuß, Okay! Und lang, so laaaaang ihr nur könnt. ,Tun sie's noch, tun sie's noch?' Ihr müßt die Zuschauer wirklich zum Hingucken herausfordern!"

Das Mädchen, das den Gegenpart spielte, und ich hatten bei den Proben unser Timing eingehalten. Wir standen da und starrten uns ratlos an. Aber wir kamen schnell wieder zur Besinnung.

„Bei den Aufführungen, Okay."

„In Ordnung, einen Zungenkuß!"

„Hals- und Beinbruch."

Wir beschlossen, unser Bestes zu geben.

Am Tag der Premiere.

Wer hätte es vorhersagen können, das Haus war voll, und es gab nicht einmal mehr Stehplätze. Auch meine Geliebte, mit der ich seit fünf Jahren zusammen war, seit der Universität, befand sich unter meinen Freundinnen.

Sie war die Älteste in einer reinen Mädchenfamilie, hatte offiziell „So und so Hanayagi" als traditionellen japanischen Tanz-(Nihon-Buyou)-Namen erhalten und trug die Verantwortung für ein kleines Unternehmen, als Teil ihrer Ausbildung zur Übernahme des Familienbetriebs. Sie war eine schwer arbeitende, gut verdienende, Chanelkostüme tragende Frau, die in ihrem BMW durch Tokios mitternächtliche Straßen preschte, um fast jede Nacht mit mir zusammenzusein.

Sie stahl sich mitten in der Nacht davon, um mich zu treffen, denn ihre Familie verdächtigte sie, etwas mit mir zu haben (der Verdacht war begründet). Das ist eigentlich offensichtlich, wenn eine mitten in der Nacht aus dem Haus schleicht. Aber vielleicht duldete ihre Familie das Ganze, solange sie es geheimhielt, in dem Glauben:

„Sie heiratet irgendwann sowieso."

Aber es gibt Grenzen für diese Art Täuschung. Damals hatte sie eine gewisse Stellung im Unternehmen, alle ihre materiellen Bedürfnisse waren gesichert, und sie war jeden Tag zwischen der Entscheidung hin- und hergerissen, „Blutsbande und Anstellung aufzugeben, um mich, ihre weibliche Geliebte, zu haben" oder „einen Ehemann zu nehmen, wie ihre Eltern es wünschten, und mit Sicherheit ein noch luxuriöseres Leben als jetzt zu führen."

„Wenn ich von zu Hause weggehe, meine Familie, Arbeit und Nihon-Buyou in den Wind schlage, wirst du dann ein Leben lang mit mir zusammenbleiben?"

So fragte sie mich viele Male.

Jedesmal sagte ich:

„Ich kann niemandem irgend etwas für die Zukunft versprechen. Warum soll ich dein ganzes Leben auf mich nehmen?"

Das verdroß mich beträchtlich.

Statt ihre Lage zu verstehen, daß ihre Eltern sie zu einer Entscheidung drängten, ärgerte mich ihr mangelnder Wille, grundsätzlich ihr eigenes Leben zu leben. Anstatt zu merken, wie sehr sie in die Enge getrieben war, hatte ich den Kopf voll mit dem Theaterprojekt.

Der Vorhang ging auf.

Wie zu erwarten, war diese Underground-Truppe eine einzige Katastrophe, wir waren weit davon entfernt, professionelle Schauspieler zu sein. Bevor der Vorhang sich hob, hieß es:

„Wenn ich keinen Drink bekomme, kriege ich Lampenfieber, bei diesem Riesenpublikum."

Eine Zweiliterflasche Sake machte in der Garderobe die Runde.

In der Aufmachung einer Kurtisane klang Ken Togo beim Sprechen seiner Texte wie ein Betrunkener, während er auf der erhöhten

Bühnenpassage erschien, die sich durch den Zuschauerraum zog. Dem Publikum gefiel es. Blumensträuße kamen während der Szene, in der wir alle sangen und tanzten, aus dem Zuschauerraum geflogen, und meine Bühnenpartnerin und ich führten einen langen, langen Kuß auf, der den Saal im Nu in atemlose Stille versetzte.

Meine Freundin wartete mit anderen Freundinnen auf mich, nachdem der letzte Vorhang gefallen war.

Wir schlenderten geräuschvoll die Straße entlang, doch als plötzlich jemand sagte: „Diese Kußszene war lang", rang meine Freundin nach Luft: „Ohhh!" und brach in Tränen aus, warf ihre Handtasche und alles, was sie bei sich trug, fort und rannte über die dunkle nächtliche Straße davon.

Anscheinend hatte sie an diesem Tag ihren Eltern gesagt, sie würde einen der ausgesuchten Partner heiraten, und unter dem Motto: „Beeilung, bevor sie ihre Meinung ändert!" hatten diese den Trauungstermin gleich festgelegt und einen Saal gemietet.

Die einzige, die von dieser aktuell wichtigen Angelegenheit nichts wußte, war ich.

Selbst nachdem das Stück nicht mehr gespielt wurde und wir wieder die alte Gewohnheit der nächtlichen Treffen aufnahmen, sagte sie mir nicht, daß sie schon vor ewigen Zeiten beschlossen hatte zu heiraten.

Sie sah aus, als hätte sie etwas sagen wollen.

„Was ist los?" fragte ich immer, aber:

„Ach, nichts. Alles Okay." Das war die einzige Antwort.

Nach so langer Zeit zusammen war mir sonnenklar, daß sie mir etwas mitteilen wollte, aber nicht konnte.

Als ich dann drei Wochen vor der Hochzeit die Wahrheit von ihr erfuhr, war ich total schockiert und außer mir vor Wut. Ich konnte mir die Folgen gar nicht vorstellen, konnte nur daran denken, vor dieser Hochzeit davonzulaufen, die da vor meinen Augen heraufzog.

Eine Woche später beschlossen wir, „durchzubrennen" und nach Kyoto zu flüchten.

Wir verabredeten uns auf dem Bahnsteig des Expreßzugs. Sie würde vorgeben, mit Kunden verabredet zu sein, und dann zum Tokioter Bahnhof eilen.

In Kyoto war gerade Gion-Fest. Ich habe niemals zuvor oder nachher so deprimierte Spaziergänge durch die Shijodori gemacht.

Wir gingen schließlich in ein großes Hotel in der Nähe der Nijo-Burg, aber wir hatten beide das Vertrauen zueinander verloren. Die Tage vergingen damit, daß wir unsere Münder nur öffneten, um uns anzuschreien.

Diese dunkle, niederdrückende Zeit fanden allerdings bald ein simples Ende.

Einige Tage später wurde ich von einem lauten Klopfen an die Hotelzimmertür geweckt. Auf das Schlimmste gefaßt, öffnete ich, ließ aber die Sicherheitskette noch eingehängt. Zwei Polizeibeamte in Zivil hielten mir ihre Ausweise vor und sagten:

„Wir haben etwas mit ihr zu besprechen."

„Okay", sagte sie aus dem Zimmer heraus und öffnete die Tür.

„Ihre Eltern sind sehr besorgt um Sie. Sie werden demnächst im Polizeipräsidium eintreffen. Bitte kommen Sie sofort mit uns", sagten die Zivilen und griffen nach ihrer Hand, um sie mitzunehmen!

„Einen Moment, du bist eine Erwachsene über Zwanzig. Du mußt nicht mitgehen, wenn du nicht willst!" rief ich.

„Wenn Sie weiterreden, werden wir Sie wegen Behinderung der Amtsausübung von Regierungsbeamten verhaften!"

Der Zivilpolizist hatte scharf gesprochen und stand zwischen ihr und mir.

Ich verstummte aus Angst.

Wie um alles auf der Welt diese Zivilen das Hotel, in dem wir uns aufhielten, gefunden hatten, ist bis heute ein Rätsel. Ich entdeckte später, daß die Polizei auf Drängen ihrer Eltern meine Wohnung durchsucht hatte. Sie hatten auch auf den Arbeitsstellen von Freundinnen angerufen, deren Telefonnummern in meinem Adreßbuch standen, das ich in der Eile zu Hause vergessen hatte.

Natürlich erfuhr meine Familie davon, daß wir durchgebrannt waren.

Meine Mutter vertraute mir, und obwohl sie bettlägerig war, versuchte sie die Eltern meiner Freundin zu beschwichtigen, die Angst hatten, wir würden einen Doppelselbstmord zweier Liebender begehen.

„Bitte regen Sie sich nicht auf. Das Mädchen gehört nicht zu denen, die Doppelselbstmord begehen. Wenn Sie noch ein bißchen abwarten, werden sie sich melden, da bin ich sicher."

Sie verhielt sich gegenüber den Eltern, die in eine schwere Panik verfallen waren, wie ein Wellenbrecher.

Die Trauung wurde abgesagt.

Aber bald war die nächste Feier arrangiert.

Seit Kyoto unter Aufsicht der Familie, floh meine Freundin eines Nachts, indem sie aus dem Fenster sprang und ein Taxi nahm, um mich zu treffen.

Völlig erschöpft entwischten wir ein zweites Mal.

Es war eine Farce. Sie verschwand und ließ mich allein. Ich ging in meine Wohnung zurück, müde und deprimiert, um Drohanrufe ihrer Eltern entgegenzunehmen.

„Glaub nicht, daß du damit durchkommst, weil du ein Mädchen bist. Wir haben ein japanisches Schwert im Haus, weißt du."

„Ach … ein japanisches Schwert? Mich interessiert eigentlich mehr, ob sie zu Hause gewesen ist?"

„Du bist diejenige, die weiß, wo unsere Tochter ist! Sag uns, wo sie ist!"

„Ich weiß es nicht, deshalb frage ich doch. Ist sie nicht zu Hause gewesen? Was soll ich machen?"

„Lügnerin!"

Der Hörer wurde aufgeknallt.

Zwei Tage später erzählte mir meine Freundin persönlich, daß ein Freund sie nach Hause begleitet hatte. Ich war völlig fertig vor Sorge, hatte keine Energie, irgend etwas zu tun, kein Essen ging mir die Kehle hinunter, ich schlief wie nach einem Zusammenbruch. Dann tauchte sie plötzlich wie ein Zombie auf, sah fröhlich aus und hatte eine Supermarkttüte dabei.

„Was machst du denn hier?"

„Wahrscheinlich hast du nichts gegessen, also dachte ich, ich mache ein Sukiyaki. Ich bin dann gleich wieder weg, wenn es fertig ist. Ich bin heimlich abgehauen und hab nicht viel Zeit."

„Was? Was denkst du dir eigentlich? Deine Hochzeit ist übermorgen, oder?"

„Wenn ich verheiratet bin, komme ich wieder zu dir. Gib mich für eine Weile frei. Ich komme wieder, sobald ich aus den Flitterwochen zurück bin."

Ich traute meinen Ohren nicht.

„Scheiße! Du machst Witze!"

Ich nahm den Zweitschlüssel an mich und schob sie mitsamt der Einkaufstüte aus der Tür.

Ich kann nicht so herumhängen, ich muß mich wieder aufraffen ... muß die Wurzel dieser ekelhaften Verkettung von Ereignissen loswerden.

Um wieder zu Kräften zu kommen und diesen Vorfall zu verarbeiten, ging ich für zwei Wochen nach Hause. Meine Mutter sagte nichts, sondern bot meiner offensichtlich erschöpften, abmagernden Person nur ihre Zuwendung an.

Kurz vor Probenbeginn für das Stück schickte mir eine lesbische Verfechterin der Frauenbefreiung über eine Freundin an der Universität einen Fragebogen. Es war der erste Fragebogen von Lesben an Lesben, den ich je gesehen hatte.

Ich schrieb in kleiner Schrift beide Seiten voll, und ein paar Tage später kam ein Telefonanruf. Meine Antworten waren so einzigartig, daß sie mich gerne in der Diskussionsgruppe haben wollten.

Die Diskussionsgruppe fand im heute nicht mehr existierenden *Lib Shinjuku Centre* (allgemein bekannt als *Libsen*) statt.

Ich war überrascht.

Im Libsen waren dann ungefähr zehn Frauen, und keine war wie die, denen ich bisher begegnet war.

Es war das erstemal, daß ich mit lesbischen Feministinnen zusammentraf, und sie verkündeten:

„Lesben sind wunderbar."

„Ihr könnt nicht einfach abheben und sagen, Frauen sind wunderbar. Ich habe seit meiner Kindheit allein gekämpft, und so viel von mir wurde verletzt."

Die lesbischen Feministinnen wußten nicht, wie sie auf meine verworrenen Meinungen, die auf persönlicher Geschichte beruhten, reagieren sollten.

Die Begründungen, die die Feministinnen den Frauen gaben, waren anscheinend gerade frisch aus den USA importiert. Die brillanten, aber wohl experimentellen Irrtümer dabei leuchteten mir kein bißchen ein.

Ich erlebte einen tiefgreifenden Kulturschock.

„Was ist dabei herausgekommen?"

„Schwesternschaft, ha. Also nennt ihr es Geschwisterliebe."

„Monogam. Wer ... ich? Das hab ich nicht gewußt."

„Könntestdudichbitteklarerausdrücken?"

Aus dieser Diskussionsgruppe ging die erste lesbisch-feministische Zeitschrift in Japan hervor: *Subarashii Onnatachi (Wunderbare Frauen)*.

Es gab große Klüfte zwischen uns, doch als Ergebnis dieser Treffen schrieb ich einige Artikel, machte den Handsatz zum Druck des Magazins, eröffnete ein Postfach und machte die Runde durch Läden, die Underground-Zeitschriften führten. Und während alldem hatte ich hitzige Diskussionen mit anderen über Feminismus. Mein widerspenstiges Ich begriff den grundlegenden feministischen Gedanken, „die Geschichte und die Gesellschaft vom Frauenstandpunkt aus erfassen", nicht ohne Kampf.

In dieser Zeit dachte ich frech, ich sei etwas Besonderes, aufgewachsen in einem besonderen Zuhause und hätte mit durchschnittlichen Frauen nichts gemein. Ich befand mich gegenüber Frauen in demselben „Frauenhasser"-Gedankenkreislauf wie Männer. Ich entdeckte das feministische Wort „Frauenhaß".

Ich hatte eine Erziehung nach der Art: „... weil du ein Mädchen bist", schon als Kind in Frage gestellt, indem ich diese Begründung ablehnte. Ich sagte: Nein – „...weil ich nicht will". Ich fand nicht, daß die Probleme von Frauen, die das nie getan hatten, mich etwas angingen; in Wirklichkeit verachtete ich sie. Aber ich entging der Entwicklung zur völlig unobjektiven *otambi* (der narzißtischen Lesbe, die sich selbst für ungeheuer scharf, offen und schön hält) durch die Treffen mit den lesbischen Feministinnen und durch das verunglückte „Durchbrennen".

Der „nach Kyoto Abhau- und Hochzeitsverhinderungs-Zwischenfall" zerstörte die Abwehr, mit der ich stur die Welt ausgeschlossen hatte. Er hatte die überwältigende Kraft, mich davon zu überzeugen, daß ich all die unmöglich zu vermeidenden allgemein-gesellschaftlichen Fragen als meine Fragen annehmen mußte, um in dieser Welt zu leben, daß es nichts nützen würde, sie zu verachten und ihr den Rücken zu kehren.

Innerhalb der zwei Wochen zu Hause erwachte die gemäßigte, unpolitische homosexuelle Frau, die ich war, und machte sich den lesbisch-feministischen Standpunkt zueigen.

Ich begriff, daß nicht nur meine kulturelle, historische und gesellschaftliche Stellung als homosexuelle Frau und als Frau über-

haupt, sondern auch die Sachen, die ich täglich esse, die Hormon-
ausschüttung, der Pollenflug, das Wetter, die Fernsehwerbung, die
Arbeit von Leuten, die Künstler heißen, die Explosionen neuer
Sterne, die Demonstrationen und die Kriege in Übersee etwas mit
mir zu tun hatten.

Ohne die Befreiung aller Frauen wird es keine Befreiung für
Lesben geben.

Ich habe mit JJ darüber gesprochen.

Mitten im Semester hat JJ noch andere Kurse als nur Japanisch
belegt. Sie studiert jetzt „Gender" und „Frauenstudien" und hat eine Menge lesbisch-feministische Schriften aus der Bibliothek
ausgeliehen. Sie liest bis tief in die Nacht, und mein Schlaflied
besteht aus Erklärungen zum postmodernen Feminismus.

Angesichts dessen, daß sie eine „homosexuelle Frau" war, als ich
ihr anfänglich begegnete, und meinte: „Ich kann die Worte ‚Lesbe' oder ‚Dyke' nicht besonders gut leiden", ist das eine große
Veränderung.

Und obendrein denkt sie daran, mehr über Japan zu arbeiten,
ihr Wissen aufzupolieren, um auf eine befreite Gesellschaft hin-
zuarbeiten, wo Lesben offen leben können.

Ihr Ziel ist jetzt, in Japan an die Universität zu gehen.

Zweifellos enthält lesbisches Leben viele Möglichkeiten, die sowohl die heutige Gesellschaft, die Heterosexualität für universell
hält, erschüttern als auch die männlich-zentrierte Kultur. Außerdem ist es eine Tatsache, daß die Realität von Frauen, die sich sexuell zu Frauen hingezogen fühlen, keiner Erklärung bedarf.

Make-up, Aufmachung, Mode können JJ und ich nicht hinneh-
men, ohne die Schönheitsideale, die Männer Frauen aufgezwun-
gen haben, in Frage zu stellen.

Aber es sind nicht nur die Männer, die eine schöne Frau anschauen und denken, sie ist schön. In gewisser Weise sind lesbische Frauen empfänglicher für die Schönheit von Frauen als Männer.

Frauen denken sich Frauen als schön, Frauen entdecken die
Schönheit von Frauen, Frauen sind von Frauen angezogen. Das ist
ein wunderbares Geschenk. Liebe und Begehren zwischen Frauen
leben an einem Ort, der keine Verbindung hat zur männlich-zen-

trierten Gesellschaft und sich nicht auf Männer bezieht. Wie bei JJ und mir.

Weil ich auch nicht einen Schritt ohne Liebe tun will (Ich kann es, wenn ich muß!), werde ich mich weiterhin homosexuelle Frau, lesbische Feministin, Dyke nennen – je nach Anlaß und Stimmung.

In der letzten Zeit konzentriert sich JJ noch mehr auf Gender- und Frauenstudien, aber wie immer trägt sie Röcke.

Wie wunderbar!

~ Übersetzung: Bettina Schäfer

~ *Gion-Fest*: vom 16. bis 24. Juli, am ersten und letzten Tag fahren festlich geschmückte Prozessionswagen mit hohen Aufbauten und Musikanten durch die Stadt

~ *Shijodori*: geschäftige Einkaufsstraße in Kyoto

Makeda Silvera

Man Royals und Sodomiten oder: Die Unsichtbarkeit afro-karibischer Lesben

Makeda Silvera ist eine afrikanisch-karibisch-
kanadische Autorin und Herausgeberin mehrerer
Anthologien, darunter *Piece of My Heart – A Lesbian of
Colour Anthology* und *The Other Woman – Women of
Colour in Contemporary Canadian Literature*.
Schreibend erforscht sie Identität und Sprache aus
lesbisch-feministischer Perspektive. Seit über 25
Jahren lebt sie in Toronto. Sie möchte mehr Zeit
zum Schreiben von Erotika haben, um Themen wie
Leidenschaft und Besessenheit zu erkunden.

Ich verbrachte die ersten dreizehn Jahre meines Lebens auf Jamaika unter starken Frauen. Meine Urgroßmutter, meine Großmutter und Großtanten gehören zu den wichtigsten Einflüssen in meinem Leben. Und da gibt es auch Männer, an die ich mich mit Zärtlichkeit erinnere. G., den „Männerfreund" meiner Großmutter, meinen Onkel Bertie und dessen Freund Paul, Mr. Minott, Onkel B. und Onkel Freddy. Und Männer wie Mr. Eden, der mich ängstigte, wegen seiner Finger, die „spazierengingen", und seiner Vorliebe für Mädchen unter Vierzehn.

Ich wohnte in einem Haus mit vier Schlafzimmern zusammen mit Großmutter, Onkel Bertie und zwei Mieterinnen. Meine Großmutter hatte auf demselben Stück Land noch weitere Mieter, meist Frauen und viele Kinder. Die große Veranda unseres Hauses spielte eine wichtige Rolle im Sozialleben dieser Gemeinschaft. Auf dieser Veranda erhielt ich meine ersten Lektionen über die „Stärke Schwarzer Frauen". Doch nicht nur über ihre Stärke, sondern auch über die alltäglichen Erniedrigungen, die sie bei der Arbeit und in Beziehungen aushielten. Die europäische Erfahrung prägte den Begriff „Feminismus", aber der Terminus „Stärke Schwarzer Frauen" geht über eurozentristische Definitionen hinaus, um die kulturelle Kontinuität meiner eigenen Kämpfe zu beschreiben.

Die Veranda. Meine Großmutter saß am Abend auf der Veranda, nachdem alle Hausarbeit getan war, und las Zeitung. Dort sammelten sich Leute – überwiegend Frauen – und diskutierten über „das Leben". Das Leben umfaßte alle denkbaren ökonomischen, lokalen, politischen, sozialen und sexuellen Fragen: der hohe Preis von Stockfisch, die Mehlknappheit, die schöne gelbe Yam, die auf dem Coronation Market zu haben war, Mr. Lam, der Ladenbesitzer, der sich „Freiheiten" bei Miss Inez herausnahm, die Kämpfe der Frauen mit ihren Mannsbildern, die Arbeit, Vermutungen über Miss Iris und Punsie, die etwas miteinander haben sollten, die Kosten der Schulbücher …

Meine Großmutter hatte meist gute Ratschläge für die Frauen auf der Veranda, die alle auf der Bibel fußten. Oma glaubte an Jesus, im Guten wie im Bösen und in Reue. Sie war außerdem eine praktische und sozial orientierte Frau. Ihr Glaube beeinträchtigte nicht im geringsten ihre Wahrnehmung dessen, was es hieß, eine mittellose Schwarze Frau zu sein. Er kollidierte auch nicht mit unseren Freitagabend-Ausflügen in die Bar meiner Tante Marie. Ich erinnere mich, wie ich mit Großmutter, zwei Großtanten und drei oder vier ihrer Freundinnen draußen auf der Piazza saß. Mir gefiel ihr blitzendes Lächeln, und ich war fasziniert von ihrer Unabhängigkeit, der Ungezwungenheit und ihrem Lachen. Ich liebte ihre Namen – Cherry Rose, Blossom, Jonesie, Poinsietta, Ivory, Pearl, Iris, Bloom, Dahlia, Babes. Jedesmal, wenn Themen zur Sprache kamen, über die sich „große Frauen" unterhielten – wer mit wem schlief oder wessen Tochter gerade zum „gefallenen Mädchen" geworden war -, wurde ich hineingeschickt, ein Glas Wasser oder eine Flasche Kola Champagner für eine Erwachsene holen. Jeden Freitagabend trank ich ein halbes Dutzend Fläschchen Kola Champagner, aber ich schaffte es immer noch, Wort- und Gesprächsfetzen über Frauen zu hören, die „zusammen waren".

In Jamaika beschrieben die Worte „Man Royal" und „Sodomit" solche Frauen. Schreckensworte. So schrecklich, daß Frauen nicht wagten, sie zu benutzen, um sich selbst zu benennen. Es waren Schimpfworte, mit denen Männer Frauen benannt hatten, um Aspekte unserer Leben zu beschreiben, die Männer weder verstanden noch guthießen.

Während meiner Grundschulzeit hörte ich oft das Wort „Sodomit" im Flüsterton, und im Schulhof wurden Geschichten von Frauen erzählt, die heimlich Sex miteinander hatten, an den Genitalien zusammenwuchsen und ins Krankenhaus kamen, um auseinandergeschnitten zu werden. Und immer starb eine von den beiden Frauen. Alle fünf bis zehn Jahre tauchte dieselbe Geschichte wieder auf. Manchmal wurde sie sogar in der Zeitung gedruckt. Solche Geschichten lösten viele Gespräche und Spekulationen aus, die von: „Oje, was sind diese Mädchen aber auch garstig!" bis hin zur Bemerkung einer weisen alten Frau reichten, die sagte: „Aber so geht's, wenn man zwei Tiegel zusammensteckt." Was soviel hieß wie, zwei identische Gegenstände können nicht ineinanderpassen. Jemanden desselben Geschlechts zu lieben war sündhaft, abnormal, etwas, das es zu verstecken galt. Selbst heute noch ist es nicht ungewöhnlich oder unüblich, gefragt zu werden: „Also, wie machen's denn nun zwei Frauen? Was nehmt ihr denn als Penis? Wer ist der Mann, wer ist die Frau?" Es ist unvorstellbar, daß Frauen intime Beziehungen haben können, die vollständig sind und in denen nichts fehlt, weil kein Mann da ist. Es wird davon ausgegangen, daß Frauen in solchen Beziehungen wohl Männer imitieren.

Das Wort „Sodomit" kommt aus dem Alten Testament. Seine Verwendung, um Lesben (oder jede starke, unabhängige Frau) zu bezeichnen, ist charakteristisch für Jamaika, dessen Kultur sich historisch stark auf die Bibel bezieht. Obwohl christliche Werte die ganze Welt beherrscht haben, wirken sie in Sklavenkolonien noch einmal ganz anders und auf besondere Weise. Unsere Vorfahren gewannen durch die Bibel Zugang zum Lesen und Schreiben, als sie von den Missionaren indoktriniert wurden. Die Bibel lieferte uralte, machtvolle Geschichten von Stärke, Durchhaltevermögen und Hoffnung, die den eigenen Kampf gegen Unterdrückung widerspiegelten. Dieses Buch erwies sich als so stark, daß es mit all seinem Rassismus und seiner Frauenfeindlichkeit unsere Leben heute noch einengt. So muß die Rolle der Bibel in der Afro-karibischen Kultur beachtet werden, um den geschichtlichen und politischen Kontext für die Unsichtbarkeit von Lesben verstehen zu können. Der „Zorn Gottes ließ brennenden Schwefel auf Sodom und Gomorrha regnen" (*Genesis 19, 23*). Wie sollte da eine karibische Frau diesen Namen für sich beanspruchen?

Als – Tausende von Kilometern weit weg und fünfzehn Jahre nach meiner Schulzeit – meine Großmutter mit meiner Liebe zu einer Frau konfrontiert wurde, war ihre Reaktion von ihrem christlichen Glauben bestimmt und auch von diesem Schreckenswort „Sodomit" – seinem Gehalt, seinen Implikationen, seiner Geschichte.

Und als meine Großmutter mit der Bibel in der Hand auf meine Liebe reagierte, mich im Alter von siebenundzwanzig Jahren setzen hieß, um die Genesis zu zitieren, geschah es aus dieser Tradition heraus. Als sie darauf hinwies, daß das eine „Sache der Weißen" sei oder „etwas, worin nur Leute mit Mischblut verwickelt sind" (um meine Liebe zu einer Frau mit multi-ethnischem Hintergrund anzusprechen und zu erklären), war das die starke Verleugnung vieler durchschnittlicher Schwarzer Frauen der Arbeiterklasse, die sie kannte.

Fünf Jahre später begann ich schließlich, durch Gespräche mit Großmutter, Mutter und einer ihrer Freundinnen, das Ausmaß dieser Verleugnung zu erkennen, die mich von der ganzen Sache abbringen und schützen sollte. Sie wußte nur zu gut, daß jede Frau, die eine Frau zur Geliebten nahm, sich damit auf einen Gang durchs Feuer begab, ein Niemandsland betrat. Ich begann zu erkennen, wie allgemein verbreitet Liebe zwischen Frauen tatsächlich war, besonders in der Arbeiterklasse. Ich begriff außerdem, wie schwer Scham und Schweigen diese Liebe niederdrückten.

Eine Freundin meiner Mutter erzählt:

Als ich hier aufwuchs, hörten wir nicht viel über Frauen, die mit Frauen zusammen waren. Sie waren nicht „verdächtig". Es gab viel mehr Gerede übers „Tuntenklatschen", als ich in den fünfziger Jahren ein Teenager war.

Ich erinnere mich an eine Geschichte über einen Mann, der „beargwöhnt" wurde. Jede Nacht, wenn er nach Hause kam, lauerten ihm meist ein paar Kerle auf und steinigten ihn so brutal, daß er um sein Leben laufen mußte. Damals war er nur tagsüber seines Lebens sicher.

Aber bei Frauen, da argwöhnte wirklich niemand etwas. Ich bin auf dem Land aufgewachsen und hab Frauen gesehen, die Hand in Hand gingen, sich drückten, zusammen in einem Bett schliefen, und da gab es keine Fragen. Einiges beruhte auf rein gefühlsmäßiger Freundschaft, aber ich wußte auch von Fällen, wo die Frauen mehr zusammen taten, aber niemand hätte das beargwöhnt. Die engsten Bekannten wußten davon, aber nicht jeder. Es war keine Angelegenheit, die du nach außen getragen und verbreitet hättest. Es war etwas, das nur zwischen den beiden blieb.

Wichtig ist auch, daß die betreffenden Frauen ihr Leben so weiterführten wie sonst auch. Es wurden keine großen politischen Statements abgegeben. Diese Frauen gingen weiter zur Kirche, ließen sich taufen, gingen auf Pilgerfahrt. Und ich muß an eine bestimmte Frau denken, Tante Vie, eine sehr starke Frau, mit starkem Willen und so, sie nannten sie hinter ihrem Rücken immer „Man Royal". Aber keiner hat es gewagt, sich mit ihr anzulegen.

Heute ist es anders in Jamaika. Heute brauchst du nur mal auf den Zuruf eines Mannes nicht zu reagieren, und sie nennen dich gleich „Sodomit" oder „Lesbe". Ich glaube, damals vor vierzig Jahren, da war das ganz anders, weil es für alle schwieriger war, sich wirklich vorzustellen, daß zwei Frauen miteinander schliefen und Sex hatten. Aber ich erinnere mich, stand eine „in Verdacht", redeten die Leute über sie. Sie ist als „anders", als „nicht normal", ein bißchen „verrückt" eingestuft worden. Aber Frauen wurden nie richtig gesteinigt wie Männer.

Woran ich mich erinnern kann, ist, wenn eine Frau alleinstehend war oder wenn zwei Frauen alleine gelebt haben und ein paar Leute das beargwöhnten – wenn ich sage, ein paar Leute, meine ich ein paar Kerle -, dann wurden manchmal andere Gewalttaten gegen die Frau begangen. Manche sehr gewalttätig, manche eher subtil. Verprügeln war gang und gäbe, vor allem in Kingston. Wenn ein paar Männern eine Frau verdächtigten oder es bei ihr herausgefunden hatten, daß sie „Sodomit" war oder wie ein „Man Royal" auftrat, taten sie sich zusammen und machten Gruppenvergewaltigung mit jeder, die „anrüchig" war. Manchmal stand es in den Zeitungen, manchmal nicht. Aber wenn du in einer kleinen Gemeinde lebst, brauchst du keine Zeitung, die dir sagt, was vorgeht. Du erfährst es durch Mundpropaganda, und solche Geschichten gab es öfter. Manchmal kanntest du die Männer, die geprügelt haben.

Eine andere, subtilere Art war das „Kaltstellen" der Frauen. Das hieß, du nahmst von ihnen nichts mehr an, vor allem kein Essen, besonders kein gekochtes. Fast, als ob die als „Sodomit" oder „Man Royal" Beschuldigte eine ansteckende Krankheit hätte.

Ein Gespräch mit meiner Großmutter:

Ich sag dir das nur, damit du begreifst, daß das keine Berufung ist, auf die eine stolz sein könnte und auf die sie sich einlassen sollte. Na gut, jeder Mensch sollte neugierig sein, und ich weiß, daß du schon neugierig auf die Welt gekommen bist und als Kind immer neugierig warst. Ich kann nichts daran ändern, weil jeder auf diese Art sein Wissen kriegt über die Welt. Ich sag dir das nur, denn als du ein Teenager warst, hast du immer gesagt, du wolltest alles selbst erfahren und dir deine Meinung selber bilden. Du hast es nicht gemocht, wenn dir jemand sagte, was falsch und was richtig ist. Das hat mich immer beängstigt.

Erfahrung ist gut, ja. Aber sie muß ausgeglichen werden. Du mußt wissen, wann du zuviel Erfahrung in einem Bereich gesammelt hast. Ich sag dir das, weil ich glaube, du hast genug Erfahrungen damit gemacht, um jetzt wieder zum Normalen zurückzukehren. Du hast zwei Kinder. Willst du, daß die mit dem Wissen aufwachsen, was für ein Leben du da führst? Aber das ist deine Entscheidung.

Ja, es gab viele Frauen, die mit Frauen zu tun hatten in Jamaika. Ich kannte viele von ihnen, als ich in den zwanziger Jahren hier auf dem Land aufwuchs. Ich freundete mich aber eigentlich nicht mit ihnen an. Aber ich war nicht schroff zu ihnen. Meine Mutter hätte auch keinerlei Unfreundlichkeit von uns Kindern gegenüber Erwachsenen geduldet.

Ich erinnere mich noch an eine Frau, die wir immer Miss Bibi nannten. Sie wohnte direkt neben uns, ihr Mann war Fischer. Ich glaube, er ist ertrunken, bevor ich auf die Welt kam. Sie hatte ein kleines Holzhaus, nach hinten raus, zur See, genauso wie unseres. Sie war sehr still, las immerzu. Daran erinnere ich mich noch, denn sie ging mindestens viermal in der Woche zu der kleinen Leihbücherei. Und reden konnte sie. Alles, was du wissen wolltest, frag nur Miss Bibi, und sie hat es dir gesagt. Sie war eine Mulatto, aber arm. Immer, wenn ich bei meinen Hausaufgaben etwas nicht verstand, fragte ich sie. Woran ich mich aber auch noch erinnere, ist, daß uns Mutter nicht erlaubte, in Miss Bibis Haus reinzugehen, und so redete ich immer draußen mit ihr, aber sie schien das nicht zu stören. Manche Leute dachten, sie wäre verrückt, weil sie soviel Zeit alleine verbrachte. Aber ich hab das nicht geglaubt, denn für alles, bei dem sie mir geholfen hat, hab ich eine gute Note in der Schule bekommen.

Sie war auf ihre Art farbenfroh, aber still, immer alleine, außer wenn ihre Freundin sie einmal im Jahr für zwei Wochen besuchte. Dann sah ich Miss Bibi kaum, weil meine Mutter sagte, ich könnte jetzt nicht zu ihr gehen. Manchmal sah ich sie dann auf dem Markt, wo sie frischen Fisch gegen Gemüse und Obst eintauschte. Ich sah dann auch ihre Freundin. Sie war jadeschwarz, trug ihr Haar immer in leuchtend bunten Stoff eingebunden und hatte stets große goldene Ohrringe an. Die Leute sagten, sie würde mit Mann und Kindern auf der anderen Seite der Insel wohnen und einmal im Jahr für zwei Wochen nach Port Maria kommen, um Miss Bibi zu besuchen.

Meine Mutter und mein Vater waren große Geschichtenerzähler, das habe ich von ihnen gelernt, aber ich habe es, glaube ich, Miss Bibi zu verdanken, daß ich als Kind die Liebe zum Lesen gelernt hab. Erst als ich nach Kingston gekommen bin, sind mir noch mehr Frauen wie Miss Bibi aufgefallen.

Ich will dir von Jones erzählen. Erinnerst du dich an sie? Also, das war die Frau, die von uns aus im nächsten Hof wohnte. Sie ist diejenige, die mich wirklich gegen Leute wie sie eingenommen hat, und weshalb ich so besorgt bin, daß du da in diese Sachen verwickelt bist. Sie war sehr laut. Hat sich sehr aufgespielt. Trug Hosen und Männerhemden von ihrem Mann. Manchmal lud sie mich zu sich nach Hause ein, aber ich ging nicht hin. Sie trug immer einen Kurzhaarschnitt, ging immer barfuß und war mit dem Garten und ihren Obstbäumen beschäftigt. Sie versuchte, mich in diese Art Leben hineinzuziehen, aber ich sagte nein. Damals mußte ich mir etwas Geld ausborgen, und sie lieh es mir. Später sagte sie zu mir, ich brauchte es nicht zurückzuzahlen, sollte nur zu ihr kommen und das Ding sehen, das sie hätte und das süßer wäre als alles, was ein Mann je zu bieten hätte. Ich hab nein zu ihr gesagt und ihr schließlich das Geld zurückgezahlt.

Wir redeten immer noch miteinander. Es war schwer, Jonesie – so nannten sie alle – nicht zu mögen. Sie war offen und mit ihr war leicht reden. Aber trotzdem hatte ich wegen ihr Angst. Mir kam es vor, als steckte sie in einer Sackgasse ohne Ausweg. Ich wünsche dir das nicht.

An diesem Tag verließ ich das Haus meiner Großmutter voller Wut und Trauer über Miss Jones, vielleicht auch über mich, wer weiß. Ich fühlte mich in die Ecke gedrängt, hatte nichts gesagt, nur still zugehört.

Nachts im Bett dachte ich über Miss Jones nach. Ich weinte leise um sie (um mich). Ich erinnere mich an sie, eine männlich aussehende indische Frau, mit blitzenden Goldzähnen, zwischen denen immer eine Craven A-Zigarette klemmte. Sie war, als ich Kind gewesen bin, immer nett zu mir. Sie hatte die süßesten, saftigsten Mangos der ganzen Straße und reichte mir immer Mangos über den Zaun. Ich erinnere mich an die Hunde in ihrem Hof und das Schild an ihrer Tür: Vorsicht, bissige Hunde. Ich ging nie zu ihr hinein, obwohl ich immer neugierig war.

Vage erinnere ich mich an ihre Hosen und Hemden, obwohl ich mir dabei nie etwas gedacht habe, bis meine Großmutter es erwähnte. Ebensowenig erinnere ich, daß dieses Schreckenswort als Bezeichnung für sie verwendet wurde, obwohl jeder in der Straße über sie Bescheid wußte.

Ein Gespräch mit meiner Mutter:

Ja, ich kann mich an Miss Jones erinnern. Sie rauchte viel, trank viel. Eigentlich war sie eine richtige Alkoholikerin. Als ich ein Teenager war, kam sie immer zu uns rüber, immer auf die Veranda. Ich kann mich nicht erinnern, daß sie sich hingesetzt hätte, scheint so, als hätte sie immer gestanden, geraucht, getrunken und in Erinnerungen geschwelgt. Sie redete immerzu über die Vergangenheit, über ihr Leben, und immer auf der Veranda. Und immer über Frauen: junge Frauen, die sie kannte, als sie jung war, der Spaß, den sie zusammen hatten, und wie gut sie eine Frau lieben konnte. „Die Mädchen, mit denen ich schlief, hatten vielleicht tolle Figuren. Ihr hättet mich kennen sollen, als ich jünger war, hübsch und mit einer tollen Figur – gerade so wie die Frauen, mit denen ich gerade ging."

Die Leute auf der Straße neckten sie immer, aber nicht weil sie Lesbe war oder daß sie ihr „Sodomit" hinterhergerufen hätten. Die Leute neckten sie, wenn sie betrunken war, weil sie dann aus dem Rumladen kam und die Straße runter nach Hause torkelte.

Ich erinnere mich an die Frauen, die sie meist tagsüber zu sich nach Hause mitbrachte. Viele Frauen aus der Altstadt, Straßenhändlerinnen, Fischhändlerinnen. Sie gab meistens damit an, mit allen möglichen Frauen vom Coronation Market bekannt zu sein. Ihr Ehemann lebte mit ihr zusammen, und das diente ihr als bester Schutz gegen andere Männer, die etwas gegen sie unternommen hätten. Nicht, daß irgend jemand Miss Jones einfach hätte übers Ohr hauen können, sie konnte für sich selbst einstehen. Aber es half, einen Ehemann zu haben. Er war ein sehr schweigsamer, in sich gekehrter Mann und redete auf der Straße mit niemandem. Er hatte auch keine Freunde, und so war es für niemanden einfach, zu ihm zu gehen und über seine Frau zu tratschen.

Niemand konnte uneingeladen zu ihr kommen, aber ich würde nicht sagen, daß sie eine sehr zurückgezogen lebende Person war. Sie war eine Einzelgängerin. Ging alleine in die Rumläden, trank alleine, wankte alleine nach Hause. Die einzigen Gelegenheiten, bei denen ich sie mit jemandem zusammen sah, waren, wenn sie zum Coronation Market oder sonstwohin in die Altstadt ging, um eine Frau zu finden und mit nach Hause zu bringen. Die einzigen Male, in denen ich sie sich mit jemandem unterhalten sah, waren, wenn sie auf die Veranda kam, um über ihre Frauen zu plaudern und darüber, was sie im Bett machten. Das war alles, was sie von sich preisgab. Nichts darüber, wie sie empfand, ob sie traurig oder deprimiert, einsam oder glücklich war. Nichts. Sie schien das alles mit Lautheit und ihrer Vulgarität zu überspielen, und mit ihrer ständigen Drohung, jedem eine reinzuhauen, der sie auf ihrem Weg vom Rumladen nach Hause belästigte oder anmachte.

Kannst du dich noch an Cherry Rose erinnern? Sie war eine gute Freundin von Tante Marie und von Mama. Auch ein Sodomit. Auch laut, aber anders als Miss Jones. Sie war viel zugänglicher. Sie arbeitete als Bardame und hatte eine Menge Freunde – sowohl Männer als auch Frauen. Ihre Persönlichkeit zog die Menschen an – sehr lebhaft, immer zum Lachen, Reden und Anfassen aufgelegt. Kinder hatte sie keine, aber Gem hatte welche.

Erinnerst du dich noch an Miss Gem? Nun, die hatte Kinder, war ebenfalls Bardame und hatte auch viele Freundinnen. Und auch einen männlichen Freund, der Mickey hieß, aber das war egal, denn manche Frauen hatten ihre Männer und trotzdem Frauen, mit denen sie rummachten. Die Männer wußten meistens nicht, was vor sich ging, und wie es so mit Männern ist, die kommen und gehen, wie's ihnen paßt, waren sie nicht jeden Tag und jede Nacht da.

Miss Pearl war auch eine von dieser Sorte. Sie war Schneiderin und konnte wirklich gut nähen. Während Gem hellhäutig war, war sie eine sehr schwarze Schwarze Frau mit tiefen Grübchen. Während Gem ein bißchen rundlich war, war Pearl schlank, aber mit großem Busen und Hintern. Beide waren sie schöne Frauen.

Ich kann mich nicht erinnern, das Wort „Sodomit" in Verbindung mit ihnen oft gehört zu haben. Manchmal wurde es hinter ihrem Rücken geflüstert, aber nie ihnen gegenüber erwähnt. Und sie waren so lebhaft und redselig, daß sie immer Leute um sich hatten.

Die Frau, die ich beinahe vergessen hätte, war Miss Opal, eine sehr stille Frau. Sie war mit Miss Olive befreundet und saß immer in ihrer Bar. Ich weiß nicht mehr viel von ihr, nur, daß sie nicht trank wie Miss Jones und nicht vulgär war. Sie redete leise, eine Halb-Chinesin. Ihre Mutter war in Hongkong geboren, ihr Vater war ein Schwarzer. Sie konnte wirklich backen. Belieferte die Läden mit Kuchen und anderem Gebäck.

Es gab also viele dieser Frauen hier. Aber es wurde nicht hinausposaunt.

Ich erinnerte mich an sie. Nicht als Lesben oder „Sodomiten" oder „Man Royal", sondern als Frauen, die ich mochte. Frauen, die ich bewunderte. Starke Frauen, einige bunt, andere still.

Ich liebte Cherry Roses Art. Ihre Lautstärke, die Art, wie sie Männer bei Meinungsverschiedenheiten herausforderte, die Direktheit, mit der sie ihnen ins Gesicht lachte, das Klimpern ihrer Goldarmbänder. Ihre farbenfrohe und geschmackvolle Art, sich zu kleiden. Sie war voller Witz. Worte wurden in ihrem Mund lebendig.

Miss Gem: Ich erinnere mich an ihr großes eisernes Doppelbett. Dort verbrachten ihre Töchter Paula und Lorraine, die in meinem Alter waren, und ich eine ganze Woche, als wir die Windpocken

hatten. Meine Großmutter brachte mich hin, damit ich Gesellschaft hätte. Das war ein Spaß. Miss Gem wohnte direkt über ihrer Bar, und so konnten wir jederzeit aus dem Fenster hinaus auf
die Piazza und die Straße gucken, die vor Leben und Energie bro-
delte. Sie war eine sehr warmherzige Frau, geduldig und fürsorg-
lich. Jeden Tag kochte sie uns Suppe und erzählte Geschichten.
Später am Abend brachte sie Kola Champagner herauf.

Miss Pearl nähte mir Kleider. Sie benutzte kaum ihr Metermaß,
sie brauchte dich nur anzusehen, und dann nähte sie dir ein Kleid
wie für eine Königin. Was wird sie heute wohl machen, fragte ich
mich. Und Miss Opal mit ihrer stillen, ruhigen Art. Wo ist sie? Ob
sie immer noch backt?

Welche Geschichten könnten diese Lesben uns erzählen? Ich,
eine Afro-karibische Frau, die in Kanada lebt, komme mit diesem Gepäck – mit ihren zum Schweigen gebrachten Geschichten.
Großmutter und Mutter kennen die Wahrheit, aber das Schweigen
umgibt uns immer noch. Die Wahrheit bleibt vor dem Rest der Familie und vor den Freunden ein Geheimnis, und ich muß mich
entscheiden, ob ich weiter an diesem Stoff der Verleugnung arbeiten will oder ob ich mich befreie, um die Künstlerin, die ich bin,
zu erschaffen und zu werden. Ob ich die Stimmen und die Er-
scheinungen von Cherry Rose, Miss Gem, Miss Jones, Miss Opal,
Pearl und den anderen zum Leben erwecke.

~ Übersetzung: Bettina Schäfer

Sharon Fernandez

Terimahkaseh

Sharon Fernandez wurde in Kuala Lumpur/
Malaysia geboren und lebt heute in Toronto/
Kanada. Sie ist ständig auf der Suche nach der
vollkommenen Beziehung.

Das Zimmer war fast völlig dunkel, doch dort, wo die Vorhänge nicht ganz abschlossen, gab es eine dünne gelbe Linie. Ich bin froh, daß sie eingeschlafen ist. Nach all der Zeit zeigt sich kein Schmerz. Schmerz wäre eine Erleichterung für mich, die Fähigkeit, damit Schluß zu machen. Aber ich kann nicht Schluß machen. Beim Abendessen hat sie mit dem Weinglas mit mir angestoßen, hat meine Hand genommen. Sie hat sie geküßt, vor der ganzen Heterowelt, um zu zeigen und zu sagen: „Auf uns, auf die Liebe, darauf, daß wir zusammen alt werden." Jetzt träume ich von Flucht, von der Freiheit. Der heutige Abend war der schlimmste von allen. Alle Grenzen sind schon lange überschritten und bleiben dem Maß einer jeden überlassen. In Momenten wie diesen verschwindet das kleine Etwas, das ich bin. Sie schreit mich an, belegt mich mit Schimpfworten, die nicht ausdrücken, wer ich bin. Vielleicht weiß sie auch nach all der Zeit nicht, wer ich bin. Als die Champagnerflasche zerschellte, ging mir meine Naivität vor meinen Augen auf, und Torheit überflutete mein Herz. Aber ich glaube ihr. Heißt das, ich glaube an ihre Kraft, mich nicht zu verletzen?

Ich bin zu einigen Schlüssen gelangt. Tiefe Verletzung ist etwas sehr Einsames. Es ist ein anderes Land, das ich besuche. Wenn ich häufig sage: „Ich liebe dich", glaubst du meine Wiederholung?

Wenn du häufig sagst: „Ich liebe dich", soll ich dann aufhören zu denken, soll ich diese Worte um deine Wirklichkeit wickeln wie um einen Baum, unter dem ich Schutz vor dem Sturm finden kann? Soll ich diese Worte um meine Wirklichkeit wickeln wie Blätter, wie etwas, an das ich mich halten kann, weil ich mich an dich nicht halten kann?

Warum träume ich von Freiheit, wenn mein Herz doch voller Liebe für dich ist?

Sie bewegt sich schützend, hält im Schlaf an mir fest. Es gibt keine Grenzen zwischen unseren Seelen, die dabei sind, die Bedeutung hinter der Verwirrung zu suchen. Alle Abtrennung des Physischen, die unvermeidlichen Trennungen, welche Frau entscheidet sich schon dafür?

Morgen wird die Depression einsetzen. Ich höre den Nachtgeräuschen zu, Paaren, die die Bar verlassen, auf ihre Zimmer gehen, Bäumen, die im Wind knarren. Das einzige, was sich bewegt, sind meine Gedanken, sie laufen durch dieses Land, das unsere Liebe ist.

Ich höre Tias Stimme. Sie ist meine Freundin, wundervoll in ihrer Ganzheit. Was offensichtlich ist, bleibt ihrem zugewandten Herzen nicht fremd. Sie stellt mein abstraktes Privileg in Frage, und Tränen überwältigen meinen Wunsch zu sprechen, einzutauchen in die weibliche Landschaft der Selbstverleugnung, unserer Eigenschaft, unseres Begehrens. Wer hat uns das Verlangen danach gegeben? Daraus habe ich Leinwand um Leinwand bemalt, Farbe auf Farbe gesetzt. Hat es mich größer gemacht als mein Leben? An wen kann ich mich wenden, wenn ich mich entschieden habe, dich zu lieben ... dich, die eine andere Liebe hat.

Wenn du oft: „Ich liebe dich" sagst, höre ich dann auf, meinen eigenen Herzschlag zu vernehmen und höre dir intensiver zu? Ist das die Bedeutung von: stellvertretend lieben? Meine Verleugnung ist manchmal leicht; sie trägt eine intellektuelle Maske, intoniert Worte, die mich davon abhalten, tiefer in die Verrücktheit hineinzugehen, einer alten Musik folgend, die das Herz erahnt, aber nicht interpretieren kann. Dieses ländliche Zimmer, unser heimliches Zuhause. Draußen hat es angefangen, sachte zu regnen.

Als ich ein Kind war, hatte ich nur Angst vor dem Übernatürlichen, vor den trauernden Frauengeistern, den Pontianaks, die bei der Geburt eines Kindes gestorben waren und dann in den großen Blüten der Bananenhaine lebten, voller Düfte, besonders in der

Nähe von Friedhöfen oder Eisenbahnschienen. Jetzt, mit Dreißig, habe ich Angst vor der Liebe, vor vielen Wörtern dieser Sprache, die mit L anfangen – Liaison, Lügen, liberal, Liebe, Liebende.

Dieses Zimmer, das ich ausgesucht habe, mit seinem Fichtenholz, seiner sinnlichen Intimität, ist ein anderes Moment der Hoffnung, wo die Wahrheit unserer Nähe wie ein Stern leuchten könnte, wenn auch kurz.

Der Regen draußen ist sanft.

Meine Gedanken gehen zurück, nach vorn, darüber hinaus, darunter, und verlangen danach, frei zu sein vom männlichen Herangehen an die Liebe, das die Seele im klaren Tageslicht stranguliert. Ihre Arme haben im tiefsten Schlaf Angst, mich zu verlieren. Mein Körper ist so still wie das Sonnenlicht heute mittag am See, gibt ihr Gewißheit, läßt sie weiterschlafen, weit fort von mir, in ihrem eigenen verstörten Land des Entsetzens.

Es gibt Grenzen für das, was wir ertragen können, bis wir unsere Wut annehmen, wütend aufstehen, einzigartig, einzeln, in der Lage, der Welt zu begegnen ohne unsere Mütter, ohne unsere Liebsten, ohne.

Der Geschmack dieser Liebe quillt aus meiner Haut, irrational in ihrem Daseinswillen, dem Willen, sich dem Geheiligten und Bekannten hinzugeben. Was könnte ich tun? Die Stadt verlassen, weggehen, ein neues Leben anfangen?

Werde ich daran sterben? Was werde ich im Kampf von mir zurücklassen? Heute nacht, das war eine Invasion aus einem anderen Land, in dem keine Vögel fliegen, ein Land, das keine diesseitige Wirklichkeit begreift.

Die Nacht ist vergangen. Die dünne gelbe Linie, wo die Vorhänge nicht abschließen, platzt in unser Zimmer, und sie wacht auf und hält mich.

Mein Ich will fliehen, aber ich bin passiv, am Rande des Widerstands. Worte wie dunkle Erde fallen warm von ihrer Seele, um die Erinnerung einzubalsamieren. Sie fallen fruchtbar mit Liebe, doch mein Körper ist eine Wand. Die Worte türmen sich schwer auf meinem Herzen.

Ich möchte herausschreien, sie anschreien, so wie sie geschrien hat.

Diese seltsame Landschaft des Klangs, Klang einer Liebe, die keine feste Form hat und kein Gesicht, die nicht fähig ist, in Erscheinung zu treten und dir in die Augen zu schauen, oder in der Hand gehalten werden könnte, eine ideale Liebe ...

Nicht nur unsere, eine kollektive Un-Annehmlichkeit, blühend wie ein gigantischer Baum mit grünen Blättern. Eine subversive Klanglandschaft, der Klang von Liebe, die eine Erinnerung ist.

Sie ist unruhig wie ein Pferd, aufgekratzt, will lieben, uns bestätigen. Aber es gibt nichts in mir, was sich auf sie zubewegen kann.

Sie ist so liebevoll, wie nur sie es sein kann, flüstert in die Stille nah an meinem Ohr. Sie würde ihn gerne leicht angehen, den neuen Tag. Ich würde es gerne leicht angehen, das neue Leben.

Sie versteht nicht, daß jede Verletzung ein Schlüssel ist, der eine Tür zu dieser besonderen Dunkelheit, dieser Verweigerung in mir öffnet, so wie jedes Jahr des Wartens eine Frau mißmutiger werden läßt.

Ihre Lippen bewegen sich hinunter, zu meinen hin. Ich spüre, wie ihre Hände mit meiner Haut verhandeln. Ich höre ihre Stimme aus weiter Entfernung.

„Ich liebe dich. Ich liebe dich. Ich liebe dich." Ihr Körper sagt mit seinen Bewegungen dasselbe. Aber meine Gedanken sind immer noch auf der Flucht.

Die Leere in mir erinnert sich des Gespräches, das ich letzte Woche mit Tia hatte. Tia, die kettenraucht, gelassen in ihrer Depression, überarbeitet, bepackt mit den Ansprüchen anderer Leben, die ihres auffressen.

„Sieh mal", sagte sie, „diese Art Beziehungen sind nur für zwei Sachen gut: für Idealismus und Scheiße."

„Und was ist mit der Liebe?" fragte ich. „Wenn sie stark ist, können wir dann nicht neue Formen des Zusammenseins schaffen?"

„Meine Liebe, Liebe braucht eine konkrete Wirklichkeit, um sich auszudrücken; was drinnen ist, muß nach draußen gehen, zum Schöpferischen, um sich zu spiegeln. Und dann erzähl mir mal, wie du das machen willst, wenn der Platz schon besetzt ist?" sagte Tia. „Wenn die Umstände den Ausdruck der Liebe behindern, dann lebt die Liebe im Schatten", fügte sie hinzu.

„Aber Tia, können wir nicht als Lesben Beziehungen neu definieren, können wir in der Liebe nicht radikale Standpunkte einnehmen, die befreiender sind?" fragte ich sie.

Sie schaute mich an, schüttelte den Kopf.

„Willst du wissen, was meine radikale Definition von Liebe ist? Die heißt: die Person nicht verletzen, von der du sagst, du liebst sie. So simpel, ja. Ist es zuviel verlangt, von bewußten Frauen zu erwarten, daß sie ihren Selbstausdruck mit ihrer Fähigkeit, sich zu verbinden, in Balance halten? Und was ist neu daran? Eine neue Maske?"

„Hör mal, Mädchen", fuhr Tia fort. „Von dem Moment an, in dem du mit jemandem intim bist, betrittst du unüberschaubares Gelände, die Grenzen verändern sich, und du bist mitten im Unbekannten. In jeder Art von Beziehung muß die Ernsthaftigkeit oder Unernsthaftigkeit der Verbindung gleich sein, damit sie weitergeht oder endet, ohne die Beteiligten zu schädigen."

„Glaubst du nicht, daß wir mehr als nur einen Menschen gleichzeitig lieben können?"

„Sicher", sagte sie, „aber die Liebe erweitert sich nur zusammen mit unserer Fähigkeit, unsere Verpflichtungen ihr gegenüber zu erfüllen, und im Zusammenhang mit Machtgleichheit."

„Schau", sagte sie geduldig, „intime Beziehungen sind immer feudale Beziehungen. Sie sind etwas, das nur von Lippen zu Lippen, Beinen zu Beinen und Brüsten zu Brüsten verstanden wird."

~ Übersetzung: Bettina Schäfer

~ *Terimahkaseh*: malaiischer Begriff für „Dankeschön". Wörtlich: Ich nehme mit Liebe.

Jocelyn Maria Taylor

Bekenntnis einer nackten Frau

Jocelyn Maria Taylor ist Videokünstlerin, tritt häufig auf und betätigt sich als Aktivistin. Geboren und
aufgewachsen in Washington, D.C., zog sie 1989
nach New York, engagierte sich in der Videogruppe
DIVA-TV von ACT-UP und erkundete auf diese
Weise Themen wie Coming-out, Sexualität und
Erotik.

Es ist ein ständiger Lernprozeß gewesen, Verantwortlichkeit für meinen Körper und mein Verlangen nach politischer Darstellung zu verbinden. Meine Überlebensinstinkte schimmerten immer durch die Oberfläche der eher körperlichen Seite meines Selbst, lenkten, verdrehten und verzerrten meinen Weg zur anderen Seite jedes sich auftuenden Problems.

Diese Sensibilität machte sich erstmals heftig bemerkbar, als ich nach New York City zog. Nur wenige Monate zuvor hatte ich mein Coming-out als Lesbe. Bei der ersten Gelegenheit verließ ich die Bequemlichkeit und Sicherheit meines heimatlichen Washington, D.C., einer vorwiegend schwarzen Stadt mit dichten, kraftspendenden Gemeinschaftsbanden, um zur Ostküstenhauptstadt der Queers zu ziehen. Ich ging in der Hoffnung, diesen auftauchenden Aspekt meiner Identität bestätigen und kreativ ausdrücken zu können – einer Identität, die machtvoll, bestimmt und zunehmend radikal hervordrängte.

Als ich in New York ankam, hatte ich mehrere schlecht bezahlte, zeitraubende Jobs. Ich ging regelmäßig zu Treffen von ACT-UP (AIDS Coalition to Unleash Power) und bekam mit deren Mediengruppe DIVA-TV (Damned Interfering Video Activists) zu tun. Wir gingen mit dürftiger Ausrüstung auf die Straße, bereit, Demonstrationen zu dokumentieren und Demonstranten vor den dreckigen Machenschaften der Polizei zu beschützen. Sechs Monate später trat ich *House of Color* bei, einer multi-ethnischen Gruppe von Videoneulingen, die ein Projekt entwickelten, das Dialoge zu Themen wie Exotizismus, Marginalität und Homophobie enthielt. Als Gruppenmitglied entdeckte ich den Zusammenhang zwischen Medienaktivismus, Darstellung und kreativer Ausdrucksweise. Video lag mir. An Kameras war nicht allzuschwer ranzukommen; diejenigen, die eine Ausrüstung hatten, liehen sie denen, die keine hatten. Der Gedanke, ich könnte tatsächlich meine eigenen Fernsehbilder machen, gefiel mir.

Je mehr ich mit der alternativen Videoszene zu tun bekam, desto mehr bedauerte ich, nicht genug Geld zu haben, um mehr Zeit in meine Entwicklung als Künstlerin und Aktivistin stecken zu können. Ich konnte mich kaum selbst finanzieren. Ein Job mit normalen Arbeitszeiten kam nicht in Frage. Ich hatte das Gefühl, daß der Beitritt zum Heer der Arbeitskräfte meine Zeit und Energie auffressen und zu einer Form der Versklavung werden würde.

Die Aussicht auf schnelles Bargeld und mehr Freiheit führte mich in die Welt der Sexarbeiterinnen. Ich begann, als Stripperin in Sexbars zu arbeiten, kaufte eine dunkle Pagenschnitt-Perücke, Netzstrümpfe, ein billiges Paar Stöckelschuhe und ein festes Haarnetz. Die Perücke trug ich, damit man meine neuen Dreadlocks nicht sah, die zwar noch kurz, aber immerhin „radikal" waren.

Meinen ersten Job als Stripperin bekam ich durch eine damalige Mitbewohnerin, die im *Hustle Joint* arbeitete und heute eine bekannte Performance-Künstlerin ist. Mit ihr herumzuziehen beflügelte meine exhibitionistische Ader, die ich mit zunehmender Deutlichkeit wahrnahm. Sie hatte eine Freundin, eine Fotografin, die eine Serie über nackte Frauen in der Öffentlichkeit zusammenstellte. So fuhren wir drei um halb neun Uhr morgens die 42nd Street hinauf. Meine Mitbewohnerin hielt meinen Mantel, während ihre Freundin Bilder von mir machte, als ich nackt vorm Roxy-Theater stand. Die ganze Sache dauerte vielleicht dreißig Sekunden. Ein paar Kerlen blieb der Mund offen stehen, sie trauten ihren Augen nicht. Ein anderer Mann lief vorbei und murmelte: „Verfluchte Lesben." Vermutlich waren sie den Anblick einer nackten Frau, die sich in Arbeitsstiefeln mit Stahlkappen fotografieren läßt, nicht gewohnt. Ich unterdrückte Gefühle von Verletzlichkeit und eine innere Stimme, meine „radikale Erinnerung" an Bemerkungen über Schwarze Frauen und an Bilder von ihnen als sexuelle Wesen. Ich konzentrierte mich auf die Aggressivität der Handlung – die ich als etwas betrachtete, das gegen die Zensurbestrebungen sowohl meiner Gemeinschaft als auch die der anderen sprach –, und in diesem Moment fühlte ich mich befreit.

Soweit ich weiß, waren meine Mitbewohnerin und ich die einzigen Lesben, die in dem Sexschuppen arbeiteten. Mitanzuhören, wie sich die Heteras unter den Tänzerinnen darüber unterhielten, welche Männer sie toll fanden, machte mich ganz krank. Es schien, als hätten die Heteras eine Menge in das „Pretty Woman"-Märchen investiert. Sie suchten nach reichen, wohlwollenden Freiern, die sie aus ihrem ökonomischen Elend herausholten. Einige Männer waren *tatsächlich* in der Hoffnung in die Bar gekommen, Frauen kennenzulernen. Der Austausch war immer gleich: „Ich gebe dir Geld, wenn du mir das Gefühl gibst, daß ich in einer chaotischen Welt mein Leben im Griff habe." Auf Distanz zur heterosexuellen Macht-Fick-Beziehung zwischen Geld und Sex hielt ich an einer anderen Phantasie fest. Ich glaubte, daß ich genug Geld verdienen konnte, um dem ganzen Spiel ein Schnippchen schlagen zu können. In meiner Vorstellung wurde Geld zur Lösung all meiner Probleme. Einmal bot mir ein Mann 300 Dollar, um mit mir zu essen. Natürlich gab es da das Schreckgespenst einer gesteigerten Erwartung. Doch für lausige 300 Eier überlegte ich tatsächlich, den Abend mit ihm zu verbringen.

Ich war eine von nur zwei Schwarzen Frauen, die in dem Schuppen arbeiteten. Ich habe die andere Schwarze Frau nie richtig kennengelernt. Sie war dunkler als ich und bekam als Ergebnis dieser „Exotik" gutes Trinkgeld. Im Sexgeschäft gehört ein „Schwarzes Mädchen" ebenso zu einer Fetischkategorie wie bärtige Damen oder tätowierte Frauen. Wir waren ganz klar Novitäten. Gelegentlich wies uns der Besitzer der Bar an, irgendeinen vertrockneten alten, weißen Stammgast zu betreuen. Der Besitzer sagte uns dann mit einem Glitzern in den Augen: „Er *liiiebt* schwarze Mädchen." Wir „Schwarzen Mädchen" verdienten jedoch nicht annähernd soviel wie die weißen Frauen, die dort arbeiteten.

Wir alle, Schwarze, Weiße oder andere Frauen, wurden mit „Mädchen" angesprochen. Wir nannten einander „Mädchen" („Wie viele Mädchen arbeiten in dieser Schicht?").

Wenn ich die Bar betrat, ließ ich meine politische Einstellung vor der Tür. Ich machte mir Sorgen darüber, wie ich Rechnungen bezahlen und Videobänder für das Projekt kaufen konnte, machte mir Sorgen darüber, wie ich als radikale Schwarze Frau weitermachen sollte, wenn ich nicht das Geld zum Überleben hatte. Mir war bewußt, daß Strippen nur Mittel zum Zweck war, daß ich es nicht für immer machen konnte und wollte. Irgendwie fand ich es aber viel attraktiver, als Kellnerin sein oder in einem Büro zu arbeiten. Strippen war einfacher. Der Sexschuppen erschien mir als eine andere Welt und dort zu arbeiten eine Übung im Distanzhalten, die ich sehr erfolgreich meisterte. Ich konnte meinen exhibitionistischen Gang einlegen und mir vorstellen, daß ich wirklich alles unter Kontrolle hatte und eigentlich die Situation ausnutzte. Ich dachte auch, daß ich mit einem Aspekt meines erotischen Selbst experimentierte. Ein Teil von mir mochte Performance, z.B. ein gefesseltes Publikum, das nur mir zuschaute.

Zu dieser Zeit hatte ich schon den *Clit Club*, einen lesbischen Partyclub, aufgemacht, hatte aber immer noch große finanzielle Probleme. Der Club eröffnete 1990, während des Sommerlochs bei den Frauenveranstaltungen in New York City. Im *Clit Club* wurden Frauen in allen Formen, Farben und Größen ermutigt, ihre sexuellen Grenzen auszudehnen und lesbische Sinnlichkeit in der Sicherheit eines Frauenraumes zu erkunden. Für diejenigen, die durch die Türen des *Clit Clubs* kamen, war es wichtig, sich behaglich genug zu fühlen, um jede Einschränkung abzulegen, die ihr Verlangen beeinträchtigen könnte. Es war die erste Adresse zum *Betonen* dreister sexueller Vergnügen für Lesben in einer Clubatmosphäre. Videos, erotische Dias und Tänzerinnen sorgten dafür, die „sex-positive" Einstellung des Clubs zu betonen. Der *Clit Club* lief damals gut, und während ich gerade meine Experimente mit Exhibitionismus, erotischer Macht und ihrer Darstellung begann, glaubte ich, daß Strippen (auch vor Männern) mir gestattete, mehr von meiner eigenen sexuellen Wirkung zu entdecken.

Unglücklicherweise vernebelte die Geldangelegenheit den Teil von mir, der sich ernsthaft fragte, ob ich meine Macht verkaufte oder negativen Stereotypen Vorschub leistete; ich war viel zu sehr damit beschäftigt, überteuerten Saft zu verkaufen. In New York City war es Sexbars verboten, Alkohol zusammen mit Sex anzubieten, doch das schloß die „harten Geschäfte" nicht aus. Wenn der Kunde wirklich heiß war, wurde er animiert, eine Flasche alkoholfreien Champagner für 300 Dollar zu kaufen. Im Preis war das Zusammensein mit einer Tänzerin in einem privateren Bereich im hinteren Teil der Bar inbegriffen. Vieles geschah in diesen 300-Dollar-Separées.

Es widerstrebte mir, soweit zu gehen. Außerdem war es wirklich schwierig, jemand dazu zu kriegen, so viel Geld auszugeben. Ich war fast sicher, daß ich damit nichts zu tun bekommen würde. Trotzdem versuchte ich herauszufinden, was sich hinter den Vorhängen abspielte. Alle Antworten waren unglaublich vage: „Also, ich tanze eine Weile völlig nackt, dann gebe ich ihm eine kleine Massage." Wenn die Frage „Was meinst du mit Massage?" aufkam, wurden meine Ermittlungen abgeschnitten („Oh, ich muß auf die Bühne, sorry."). Aus keiner konnte ich eine direkte Antwort herausbekommen.

Ich packte für alle Fälle ein paar Kondome in meine Handtasche. Es war mir nicht wohl bei dem Gedanken, gefickt zu werden, aber um ehrlich zu sein, ich war nicht sicher, wie weit ich bei diesem Experiment bereit war zu gehen. Mir war bewußt, daß Frauen extra Trinkgelder von diesen Freiern erhielten. Ich befürchtete, daß irgend jemand mir ein wahnwitziges Angebot machen würde, das nur schwer abzulehnen wäre. „Was ist, wenn ich nicht genug verdient habe, um in diesem Monat Rechnungen und Miete zahlen zu können, und irgend jemand legt mir 1.000 Dollar hin, damit ich mich auf seinen Schwanz setze?" Auch ein Dildo wanderte in meine Handtasche; vielleicht konnte ich eine Situation schaffen, in der ich mich damit selbst ficke und der Kunde zusehen konnte, und ich würde immer noch mein Geld verdienen. Schließlich schaffte ich es, jemand zu überreden, den Pseudochampagner zu bestellen, aber nachdem er bezahlt hatte, erkannte ich, daß ich nur 60 Dollar daran verdient hatte, und war deswegen nicht mehr bereit, weiter zu verhandeln. Ich ging ins Hinterzimmer, tanzte ein bißchen, bewegte die Spitze meines Stöckelschuhes kreisförmig in seinem Schoß (meine „Spezialmassage"), nippte ein bißchen von dem zweifelhaften Champagner und ging. Da versuchte er, mir seinen Finger in den Hintern zu stecken. Er schaffte es kaum hinein, aber mein Arschloch brannte die ganze nächste Woche über. Er hatte sich etwas auf die Fingerspitze geschmiert. Ich flippte total aus. Kurz danach wurde ich gefeuert. Es stellte sich heraus, daß ich mein Soll an „Champagner"-Umsatz nicht erfüllt hatte, und außerdem hatten sie schon ein Schwarzes Mädchen.

In der Sexindustrie *fühlst* du nicht, du tust nur so. Es verblüffte mich, wie weit ich von mir und meinem – wie ich es zu nennen beschlossen hatte – damaligen politischen Entschluß entfernt war. Ich war leicht beunruhigt, wenn ich merkte, daß mir von Kunden und Kolleginnen rassistische Bemerkungen entgegengeschleudert wurden. Mensch, ich war bloß wegen dem Geld hier. Eines Tages kam eine Horde unflätiger weißer College-Boys in die Bar und johlte, sie wollten in meine schwarze Möse sehen. Ich zeigte sie ihnen, solange sie Dollars springen ließen, aber als der Geldfluß nachließ, ging ich von der Bühne. Das war meine einzige Möglichkeit, mich zu behaupten und das bißchen Kontrolle, das ich hatte, zu behalten. Nach einem Arbeitstag bestand meine Lieblingsbeschäftigung darin, Perücke, Make-up und Netzstrümpfe abzulegen und die butchesten Klamotten anzuziehen, die ich finden konnte. Irgendwie mußte ich die Stripshow mit dem Häutungsritual – mich in eine Butch zu verwandeln – ausgleichen und versuchen, mich wieder zu erden.

Einerseits kämpfte ich, meine schwarze lesbische Identität von ihrer gesellschaftlichen Randstellung wegzuzerren. Währenddessen versetzten mich meine Bemühungen, den schwarzen weiblichen Körper zu befreien und den *Clit Club* zu eröffnen, in die Lage, Sexarbeit als Möglichkeit anzusehen. Im *Clit Club* spielten radikale lesbische Frauen eine Vielzahl an sexuellen Posen durch. Das wurde unterstützt. Ich bin häufig mit nahezu nichts am Leib durch die Bar gegangen. Ich dachte: „Irgendwas ist hier so richtig. Ich kann auf eine Art eine sexuelle Schwarze Frau sein, wie ich es noch nie zuvor erlebt habe." Ich hatte durch diese Möglichkeit, meine erotische Macht zu verherrlichen, ein Stück weit an Boden gewonnen. Und ich traute dieser Macht zu, mich zu schützen und mir Sicherheit zu geben, während ich für Männer strippte.

1989 habe ich Washington verlassen, doch ich fuhr häufig zurück in eine Lesbengemeinschaft, die ich kaum kannte. Während dem üblichen Gequatsche in einer Lesbenbar sagte eine Frau einmal zu mir: „Du bist aus New York, oder?" Ich erklärte ihr, daß ich in D.C. geboren und aufgewachsen sei, und erinnerte sie daran, daß sie eine Schwester hat, die mit mir in die Grundschule gegangen war. („Oh, du bist *die* Jocelyn Taylor!") Die Kluft zwischen der Heimatstadt und der Einheimischen wurde größer. Enge Freundinnen wurden die stärkste Bindung, die ich noch zu Washington hatte. Teresa, meine Freundin und ewige Vertraute, die mir geholfen hatte, nach New York zu kommen, besuchte mich oft, um zu sehen, wie es mir geht. Ich war ganz aus dem Häuschen, als sie mir erzählte, daß sie das New York Pride-Wochenende mit mir verbringen würde. Es war meine erste New Yorker Pride-Parade überhaupt.

Pride in New York unterschied sich erheblich von dem relativ kleinen Event zwischen Dupont Circle und P Street Beach in D.C. In New York schritten wir über die 5th Avenue – oben ohne. Ich hatte meine Brüste mit der Aufschrift *Schweigen = Tod* akzentuiert. Teresa sagte, sie sei wie verjüngt von dem Gefühl, ihre Brüste unverhüllt zeigen zu können, doch gleichzeitig auch traurig, weil das zu Hause nie möglich wäre. Die Lesbenszene in D.C. fühlte sich selbst während irgendeines lesbisch-schwulen Festes nicht sicher genug, um das auszuprobieren. Sogar an „Sicheren Orten", Frauenorten, würden sich Lesben wahrscheinlich nicht barbrüstig in der Öffentlichkeit zeigen. Von der Sichtbarkeit und Furchtlosigkeit der New Yorker Lesben inspiriert, schlug ich Teresa vor, doch eine „Oben-ohne-Aktion" in einer der wenigen Frauenbars in Washington zu machen. Wir ermutigten andere Freundinnen in D.C. zum Mitmachen bei einer, wie wir dachten, kraftvollen Manifestation persönlicher Macht und Selbstbejahung.

Es war während der Ladies Night im Juli 1990, und die Frauen kamen in Scharen. Die monatliche Lesbenveranstaltung war ein mit Spannung erwartetes Ereignis, das vorwiegend Schwarze Frauen aus der Stadt und den Vororten anzog. Dreißig Tage waren für die Lesbengemeinde gerade lange genug, um in ausreichendem Maß sexuelle Energie aufzubauen und den Club in einen Dampfkessel des Verlangens zu verwandeln. Frauen tanzten Brustwarze an Brustwarze und Wange an Wange; die Musik war packend und der Club gestopft voll. Paare standen im intimen Gedränge an der Außenseite der Tanzfläche. Ich hielt inne, um zu beobachten, wie Frauenkörper sich zur Wahl der DJane umeinander wanden und schlängelten. Die Leute grabschten, drückten, fühlten und spürten „es". Als die Musik von Slow Jam zu House wechselte, gab ich meine Rolle als Voyeuristin auf und wechselte über zu einem wilden Tanz, auf den jede Exhibitionistin stolz gewesen wäre. „Es" begann mich zu besitzen, und mein Körper wurde zu einem einsachtzig großen, erotischen Nervenende. Die Tanzfläche kochte, Teresa stieß mich an, um mich an unsere „Mission" zu erinnern, und das nächste, was passierte: Wir warfen unsere Hemden ab. Dann fielen noch mehr Hemden, doch niemand hörte auf zu tanzen. Ich hätte auf einem Campingplatz für Mädchen sein können, wo ich meine Möpse den Sternen entgegenschüttelte; ich hätte zu Hause sein können, tanzend vor dem Spiegel; ich hätte auf der 5th Avenue marschieren können. Ich schaute zum Rand der Tanzfläche und sah eine Reihe Schwarzer Frauen kichern, deuten und sich gegenseitig ungläubig anstoßen. Hatten die noch nie Titten gesehen? Es ist verwirrend, nackte Menschen in der Öffentlichkeit zu erblicken, aber die Reaktion dieser Schwestern überraschte mich. Ich spürte, daß sie entsetzt waren, aber warum verhielten sie sich wie Männer, die eine Girlieshow beobachteten? Diese Frauen fühlten sich so unwohl, daß sie nur den männlichen „Blick" nachahmen konnten. Ihrer Ansicht nach ging es bei unserer Aktion nicht um erotischen Ausdruck oder erotische Befreiung. Anscheinend hatten sie zu gut gelernt, daß sexualisierte Körperteile (wie Brüste) versteckt werden mußten, es sei denn, eine war soweit, „sich hinzulegen". Als einige anfingen, Brustgrößen zu kommentieren, machte ich schließlich den Mund auf:

„Was ist denn mit euch los?"

„Warum müßt ihr eure Hemden ausziehen? Wißt ihr nicht, daß das ekelig ist?"

„Es geht nicht darum", sagte ich, „was andere Leute glauben, was sich für mich gehört. Es geht um individuelle Freiheit."

„Ihr seid ja alle Freaks", sagte eine.

Freak genannt zu werden ließ mich einen Moment innehalten, denn der Ausdruck wird meist auf Frauen angewandt, und ich rettete mich in eine gesetzte, schulbuchmäßige Erwiderung.

„Freaks? Freaks sind Individuen, die keine sexuellen Grenzen haben und die sexuelle Begegnungen nicht diskriminieren. Frauen, die viele Beziehungen haben, werden als Freaks bezeichnet, genau wie Sexarbeiterinnen und Lesben. Ist daran nicht etwas *falsch*?" wollte ich wissen.

Eigentlich zog eine Schwarze Frau in der Mitte der Tanzfläche, die ihren Oberkörper schon freigemacht hatte und gerade dabei war, Jeans und Slip auszuziehen, die meiste Aufmerksamkeit auf sich. Als die Jeans fielen, spürte ich, wie mich die Panik überfiel. Hier stand ich – barbrüstig – und plötzlich gezwungen, mich mit der Tatsache auseinanderzusetzen, daß auch ich festgeschriebene Grenzen hatte. Ich hatte mehr Angst um diese Frau ohne Jeans als um mich selbst. Ich konnte ihr lockiges schwarzes Schamhaar sehen, als sie den Rand des Slips weiter und weiter nach unten zog.

In der Frauenbewegung standen Brüste als Beispiel dafür, wie weibliche Körperteile als Mittel zur Kontrolle von Frauen angepaßt, mißhandelt und idealisiert worden sind, lange Zeit an erster Stelle der Themen. Genauso hochkarätig war das Thema Vagina bei den Debatten um Abtreibung und die Selbstbestimmung bei der Reproduktion. Doch es hat keine organisierte feministische Agenda gegeben, die das Recht der Frauen auf öffentliche Nacktheit schützte, geschweige denn eine, die sich besonders des Rechts der Schwarzen Frauen auf Erprobung alternativer erotischer Möglichkeiten annahm. Natürlich gibt es Orte, an denen öffentliches Nacktsein keine Bedrohung darstellt und sogar ein Gefühl der Sicherheit verleiht, wenn auch nur illusorisch. Ich wurde angesichts dessen, was ich als Akt politischer Streitlust gedacht hatte, erneut an meine Angst und an meine inneren Widersprüche erinnert.

An dieser Stelle befand sich die Sicherheitstruppe des Nachtclubs in den oberen Rängen und leuchtete mit Scheinwerfern in die Menge, um die Übeltäterinnen zu lokalisieren. Minuten später kam eine Sicherheitsfrau zu mir und forderte mich auf, mein Hemd wieder anzuziehen. („Zieh dein Hemd wieder an, oder ich muß dich rausschmeißen.") Ich konnte nur lächeln, die Luft anhalten und meine simple Erwiderung abgeben („Nein, aber danke für den Hinweis."). Die Wachfrau meinte, sie hätte den Joker im Ärmel, und versuchte, es darauf ankommen zu lassen. („Zieh dein Hemd wieder an, oder ich hol die Bullen und laß dich einsperren.") In einer idealen Welt hätte ich die Wachfrau daran erinnert, daß Mädels auch Spaß haben wollen und daß während der Männerveranstaltungen viele Herren fast nichts anhaben. Wir hätten gelacht, uns gegenseitig ein Bier ausgegeben, und die Party wäre weitergegangen. Aber unter der Gerichtsbarkeit der Realität konnte ich ihr nur sagen, daß ich nicht freiwillig die Bar verlassen würde. Ich legte mich auf die Tanzfläche und bereitete mich auf das Nachspiel vor („Wenn du mich raushaben willst, mußt du mich hinaustragen."). So wie ich ohne Anstrengung unter ihr lag, hievte sie mich auf ihre Schulter und marschierte zum Ausgang.

Schon fast vor der Tür des Clubs setzte sie mich ab und machte mir weiter Vorwürfe. Sie verlangte, daß ich „meinen Schwestern zuliebe" mein Hemd wieder anziehe. Ihr Ton ließ erkennen, daß ich mich nicht einer Schwarzen Frau angemessen benahm. Sie war außer sich und schämte sich, offensichtlich nicht einverstanden mit meinem Beharren darauf, daß es einer Frau gestattet sein sollte, in einer Lesbenbar oben ohne zu sein, wenn sie es wollte. Doch trotz meines herausfordernden Auftretens verstand ich, wie sie sich fühlte. Meine Überzeugung – das „politisch korrekte" Rahmenwerk, das anfänglich die Aktion veranlaßt hatte – wurde bedeutungslos, weil ich aus Egozentrik und Exhibitionismus heraus handelte. Meine Schwester reagierte aus jahrhundertealter Angst und Selbstzensur heraus, um negative Stereotypen von Schwarzen Frauen entgegenzuwirken.

Unsere Körper – unsere Titten, Ärsche, Mösen etc. – waren in die Vorstellung vom „Wilden Ding" verwoben, dem anderen, schwarzen und geheimnisvollen Körper, der ausgebeutet und zum Fetisch wird. Mich in der Öffentlichkeit vor Männern zu entblößen (selbst wenn sie schwul wären), vor unbekannten Frauen und Weißen, erweckte aufs neue ein schmerzliches Bild, das auszulöschen uns unsere weiblichen Ältesten, oft bis an die Grenze der Selbstverleugnung, beigebracht hatten. Obwohl ich ehrlich glaube, daß Eltern, Großeltern, Verwandtschaft usw. uns beibringen wollen, wie wir „handeln" müssen, um in einer schwarzenfeindlichen, frauenhassenden Umgebung zu überleben, werden die Lektionen häufig in Form von Überwachung vermittelt. Uns wird beigebracht, unser Verhalten auf einen anti-erotischen Standard zu modifizieren, damit wir uns in unseren eigenen Körpern sicher fühlen können. Doch in der Zwischenzeit liefern dunklere Beeren den süßeren Saft, und ich bin als die „Exotische" – selbst wenn ich meine Kleider anbehalte – immer noch Ziel einseitigen erotischen Verlangens.

Ich wollte mir meine Erotik zurückerobern, aber als die Wachfrau sagte: „Zieh deinen Schwestern zuliebe dein Hemd wieder an", zog ich mein Hemd wieder an, wischte über mein tränennasses Gesicht, murmelte so etwas wie: „Ich komme wieder" und rannte aus der Tür. Ich stieß mit dem weißen Besitzer des Clubs zusammen, der mit dem Finger vor meiner Nase herumfuchtelte und meinte, daß er die Polizei nicht gerufen hätte, wenn wir ihn um Erlaubnis gebeten hätten, die Klamotten auszuziehen. Um Erlaubnis gebeten? Das Wort klingt mir immer noch in den Ohren. Ich sagte ihm, daß ich dächte, das sei ein lesbisch-schwuler Club, ein Phänomen, das nur auf sehr unsicherer Basis in den Staaten existiert, in denen gleichgeschlechtliche Liebe gegen geltendes Gesetz verstößt. Glücklicherweise erlaubt ihm die Gesetzeslage in Washington, D.C., ohne Angst oder Repressalien den Club zu betreiben. Zu jener Zeit war im Club ein Abend pro Monat den Frauen vorbehalten. Ich wollte wissen, auf welcher Seite er stand. Wollte wissen, wen und was er genau verteidigte? Im Endeffekt war er hauptsächlich darauf aus, seine Investition zu verteidigen, und er wollte keine wie auch immer geartete Publicity, die seine profitable Beziehung zur Queer Community oder seine Fähigkeit, den Club zu führen, trübte. Als die Bullen gingen, überraschte er mich mit der Erklärung, daß es uns „gestattet" sei, in der Bar die Hemden auszuziehen. Fein. Die Bullen verschwanden, die Frauen tanzten barbrüstig zur Musik, und ich saß nachdenklich an der Bar − mit Hemd.

Ich fühlte wenig Triumph an diesem Abend. Ich fühlte mich entmutigt, weil es schien, daß nur wenige den politischen Impetus meiner Aktion verstanden. Bevor die Wachfrau mich rausgeworfen hatte, war eine gute Freundin zu mir gekommen und hatte gesagt: „Jocelyn, Girl, du bist so verrückt!" Es war ihr beinah ernst damit. Sie sagte, daß sie niemals ihr Hemd in der Öffentlichkeit ausziehen würde, weil ihre Brüste viel zu groß wären. Zu groß für was? Ich wollte sie fragen, woher sie wußte, daß ihre Brüste zu groß sind. Ich wollte die Regeln verändern. Ich wollte die Bedeutung öffentlich geduldeten Verhaltens verändern; Verhalten, das durch den menschlichen Körper ausgedrückt wird und daher ein Ausdruck des menschlichen Geistes ist.

Ich verstehe, daß es gesundheitsgefährdend für mich ist, im falschen Kontext oben ohne die Straße entlangzugehen. Ich werde das nicht machen. Aber ich dachte, daß ein Homoclub voller Lesben ein angemessener Ort sein könnte, erotische Möglichkeiten zu erproben. Das ist aber nicht der Fall. Warum konnten groß-

mittel-kleinbrüstige Frauen nicht oben ohne in einem schwulen Club sein, der ihnen einmal im Monat die Tore öffnete? Ich wußte, daß es Gesetze gab, die es Frauen untersagten, sich oben ohne in der Öffentlichkeit zu zeigen (außer an Orten mit Kabarettlizenz wie Stripteaseschuppen), doch alle im Club leben bereits – vor vielen Formen von Mißbrauch und Diskriminierung ungeschützt – im wesentlichen außerhalb des Gesetzes. Ich war wütend wegen der Widersprüche, die da abliefen. Und auch tief besorgt, daß ich den Konflikt zwischen mir und der Gruppe von Frauen nicht gelöst hatte, die sich bei dem, was sich abspielte, und der Rolle, die eine Schwarze Schwester darin spielte, unwohl fühlten. Ich wurde von dem nagenden Gefühl überwältigt, daß ich Strategien anwandte, die sich nicht aufrichtig in das reale Leben Schwarzer Frauen übertragen ließen. Siebzig Prozent der Frauen im Club waren Schwarze. Von den ungefähr dreißig Frauen, die oben ohne tanzten, waren über zwanzig weiß. Meine „Direkte Aktion" wurde zur Reaktion statt zur Interaktion. „Direkte Aktion" als Form von Aktionismus ist der Schwarzen Gemeinde nicht fremd. Als Kind sah ich die endlosen Nachrichtensendungen über die Bürgerrechts- und Black-Power-Bewegung. Obwohl ich 1968 mit meiner Mutter am Marsch nach Washington teilnahm, der von Martin Luther King angeführt wurde, hatte ich keine anderen handfesten Erinnerungen an den Kampf. Die Nachrichten zeigten in aller Ausführlichkeit das Beharrungsvermögen der Schwarzen und unser glühendes Streben nach sozialer Gleichheit. Das leuchtete mir ein. Deshalb machte ich bei ACT-UP mit, obwohl es eine überwiegend weiße, schwule, männliche Organisation war. Der Einsatz von „Direkter Aktion" in der Gruppe gefiel mir – Demonstrationen, Telefonaktionen, „Die-ins" usw. – die die Leidenschaft des Kampfes auf eine Art wieder zurückbrachte. Am Ende unterliefen Rassen- und Klassenunterschiede jedoch die Koalitionenbildung. Wir sollten uns auf die Aids-Krise konzentrieren, argumentierten einige, und nicht darauf, ob Schilder und Plakate ins Creol oder Spanische übersetzt würden. Wenn ich das, was ich bei ACT-UP über „Direkten Aktionismus" gelernt hatte, auf die Aktion im Club anwandte, war dieser Abend sowohl bewundernswert als auch naiv. Die Aktion verursachte ein leichtes Aufsehen in der Lesbengemeinde von D.C., aber ich sprach mit niemand dort über das, was da passiert war. Ich ging auf keine der Frauen in der Bar zu, die

nicht zu meinem Freundeskreis gehörten, und fragte, was sie darüber dachten, wie sie sich fühlten oder was sie als nächstes tun
wollten. Ein kleiner Dialog und ein bißchen Organisation hätte
viel dazu beigetragen, ein Forum zu schaffen, in dem Schwarze
Frauen darüber sprechen konnten, ihre eigenen Körper zu besitzen, ob in der Öffentlichkeit, privat oder wo auch immer in der
Welt.

Während ich versuchte, die Aktion in D.C. zu verstehen, kam mir
die schmerzliche Erkenntnis, daß ich eine Exhibitionistin war.
Als eine, die es liebt, „da draußen" zu sein, beurteile ich immer die
Räume und Aktionen, in die ich mich begebe – teils weil ich gewiß
sein will, daß ich dort sicher bin. Nur selten vollführe ich einen
ausgefallenen Stunt, ohne zu wissen, daß ich nicht verletzt werde.
(Die 5th Avenue, umgeben von Tausenden von Queers, oben ohne
hinunterzugehen, ist ein Beispiel dafür.) Die Fähigkeit, Entscheidungen über meine Sicherheit zu treffen und darüber, vor wem ich
auftrete, verschafft mir Kontrolle über mein direktes Umfeld.
Doch das alles ist Gehirnakrobatik, weil man einige Variablen nicht
vorausberechnen kann. Ich weiß niemals mit letzter Sicherheit,
wie die Leute reagieren werden. Ich gebe gerne vor, es sei egal, wie
die Leute reagieren, weil ich so sehr damit beschäftigt bin, mich
unverletzlich zu machen. Manchmal frage ich mich, ob ich all das
nicht nur mache, um Aufmerksamkeit zu bekommen. Ich weiß es
nicht, glaube aber, es ist, damit ich nicht in Vergessenheit gerate.
Ich möchte gesehen werden, möchte, daß man sich an mich erinnert. Doch die Aktion im Club in D.C. war meinem Zuhause zu
nah. Mein Schutzschild der Ambivalenz löste sich in Ungewißheit
auf, weil ich eine Menge Frauen dort kannte. Wir hatten ähnliche
Erfahrungen gemacht, waren zur gleichen High School gegangen
und hatten – mit unterschiedlichen Strategien – die gleiche Auf-
gabe gemeistert, nämlich in einer Gesellschaft zu manövrieren,
die schwarzenfeindlich, frauenfeindlich, schwulen- und lesben-
feindlich und daher *gegen uns* war.

Und dann mochte ich das Aussehen meines Körpers. Meine
Mutter gab meinem Schwarzsein ständig Sicherheit, indem sie
mir durch ihre persönlichen Erlebnisberichte die Möglichkeit bot,
sie als Schwarze Frau zu lieben. Sie erzählte mir, wie sie Wäsche-
klammern auf der Nase getragen hatte, um sie dünner zu machen,
oder eine der speziellen Bleichcremes verwendet hatte, die auch

ihre Freundinnen benutzten, um heller auszusehen. Später, als sie ein stärkeres Gefühl für ihr Selbstbild gewonnen hatte, trug sie, wie viele Schwarze Frauen in den späten sechziger, frühen siebziger Jahren, einen riesigen Afrohaarschnitt. In den späten Siebzigern schnitt sie das Haar sehr kurz. Haar, Gesichtszüge und Hautfarbe sind bei Schwarzen Frauen immer noch Indikatoren für Selbstwert. Ich lernte, daß die Kraft, zu widerstehen und politisch zu motivieren, damit verbunden sein kann, daß du dich selbst als schön und liebenswert empfindest. Ich brauchte lange Zeit, um über die besondere Grausamkeit, der Women of Color ausgesetzt sind, wütend zu werden, aber nachdem ich herausgefunden hatte, daß es *mein Bild* war, das unterdrückt wurde, begann ich, meinen eigenen Körper als politisches Werkzeug zu benutzen, um institutionalisierten Selbsthaß herauszufordern und zu verhöhnen.

Ich betrachte die reine schwarze weibliche Form als Kraftquelle und Widerstandssymbol. Wenn ich an die weltweit vorherrschende Angst vor Frauen und vor Schwarzen denke und an die daraus folgernde Raserei, diese Wesen in Schach zu halten, denke ich daran, im Körper einer Schwarzen Frau zu sein, und wie machtvoll das ist. Ich phantasiere, in einem Heer nackter Frauen die Constitution Avenue in Washington, D.C., hinunterzureiten. Die Nacktheit ist ein wichtiger Teil dieser Phantasie, weil es ein mächtiges und furchtloses Bild ist, das sagt: „Wir glauben nicht, daß unsere Körper unreif und häßlich sind oder jeder Art von Angriff offen." Ein Heer von Frauen ist eine Macht, die nicht passiv auf dem Rücken liegt, während andere sie erotisieren und differenzieren. Ich träume von Armeen, weil es unheimlich ist, alleine und in geringer Zahl aufzustehen. Ich brauche einen Hafen, in dem ich weiß, ich bin okay und geschützt. In diesem Kampf werde ich dir den Rücken freihalten, wenn du mir meinen freihältst.

Ich habe an diesem Abend mein Hemd ausgezogen, weil ich die Nase voll hatte von Begrenzungen, die mir durch meinen Körper auferlegt werden. Meine Wut führt mich zur dritten Wahrheit über mich selbst, die da heißt: Ich glaube an radikale Politik. Autorität, sowohl von Seiten der Regierung als auch lokale, und wie Frauen, Queers und Schwarze davon betroffen sind, hat dazu geführt, daß ich eine gesunde Respektlosigkeit gegenüber nur dünn vom Gesetz maskierter „Moral" in dieser Nation entwickelt habe. Zuviele Gesetze wurden von Scheinheiligen gemacht und von Personen, denen mehr an Machtgewinn und Machterhaltung gelegen war, als daran, radikale Veränderungen zu initiieren, die allen Menschen gedient hätten. In New York zu leben hat mein Augenmerk wieder auf Aktionismus gelenkt und mich eine wichtige Lektion über Strategien der „Direkten Aktion" gelehrt. Mein Kampf mußte nun die Wahrheiten integrieren und die Widersprüche enthalten, denen ich mir mehr und mehr bewußt wurde.

Der *Clit Club* eröffnete zwei Wochen nach den Ereignissen in Washington. Mir lag viel daran, erotische Bilder zu finden, die Schwarzsein als begehrenswert reflektierten und von stereotypisierten, exotisierten Erwartungen abtrennten. Das Schwierigste beim Zusammensuchen der visuellen Materialien für den Club war, erotische Videos von Schwarzen Frauen zu finden, die von Lesben, oder, in dem Fall, überhaupt von jemandem gemacht waren. Daß die Darstellung des Begehrens Schwarzer Lesben fehlte, ließ mich sehr klar verstehen, daß für mich oder für irgendeine, die so aussieht wie ich, nie vorgesehen war, Leidenschaft für sich zu empfinden. Ich fing an, mich ganz bewußt selbst zu „sehen", auch wenn es nur mein Spiegelbild oder ein Foto von mir war. Ich beteiligte mich als „dunklere Schwester" an allen erdenklichen Fotosessions, hoffte, irgendwie Parität für eine Lesbensubkultur zu schaffen, deren Bedürfnisse größtenteils nicht bedient wurden. Sehr oft war ich unkritisch in der Auswahl. Häufig lief mein exhibitionistisches Ego auf vollen Touren, doch ich war entschlossen, alle Aufmerksamkeit zu bekommen, die ich jedesmal, wenn ich eine Zeitschrift aufschlug oder den Fernseher einschaltete, nicht bekam. Ich kämpfte gegen das Ausgelöschtwerden, versicherte mich meiner Sexualität und kam noch auf meine Kosten, alles zur gleichen Zeit. Kein Wunder, daß ich dachte, ich könnte damit fertig werden, Striptänzerin zu sein; ich hatte ständig mit Rassismus und Frauenhaß zu tun, also warum tat ich es nicht für Geld? Ein paarmal entdeckte ich eine feine Linie zwischen „da draußen sein" und „sich selbst verkaufen".

Während der Arbeiten an einem Video über den Zusammenhang zwischen Sexualität und Spiritualität wurde eine Darstellerin gebraucht, um traditionelles Make-up irgendeiner unbekannten ostafrikanischen Gesellschaft zu tragen und dann in die Kamera zu schreien. In dieser speziellen Videosequenz ging es darum, die

Kehle zu öffnen, um die sexuelle Energie anzuzapfen. Die Sprecherin instruierte die Zuschauer, frei nach Belieben eine „primitivere" und „wildere" Seite des Selbst auszudrücken. Die Schwarze Frau, die diesen Part spielen sollte, ging. Ich unterstützte sie dabei, blieb aber. Ich sprach mit den Leuten am Set darüber, daß der Vorschlag, sich durch die Aneignung traditioneller ostafrikanischer Gebräuche sexuell zu befreien, mehr als problematisch wäre. Er war beleidigend. Die Unterstellung, eine Kultur und eine Tradition wären „wild" und „primitiv", stellte die Produzentinnen (eine Mischung aus weißen Lesben, Sexarbeiterinnen und heterosexuellen Frauen) als rassistisch und eurozentristisch bloß. Große Anstrengungen waren unternommen worden, die „Authentizität" des Make-ups sicherzustellen (die Visagistin hatte ein Buch über sudanesische Kultur erworben), aber es wurden keine Anstrengungen unternommen, irgendwelche zeremoniellen, religiösen oder sexuellen Symbolismen hinter den Bildern klarzumachen. Bis heute bin ich nicht sicher, ob die Produzentinnen verstanden haben, wie irritierend diese „afrikanische Simulation" gewesen ist. Ich fürchte, daß wir alle unter den psychologischen Effekten leiden, die die Arbeit in der Sexindustrie mit sich gebracht hat; es ist eine Mentalität, die es einer erlaubt, sich alles im Namen der „sexuellen Befreiung", des „künstlerischen Ausdrucks" und natürlich des „Geldes" zu nehmen, zu borgen oder anzupassen. Die Produzentinnen waren „verständnisvoll", und einige Veränderungen wurden vorgenommen. Ich erlebte andere unbefriedigende Interaktionen, in denen ich gestattete, daß mein Bild in Situationen benutzt wurde, die mich immer noch als die „Exotin" oder die „Quoten-Andere" festschrieben. Ich gab das Strippen auf, weil meine Vorstellungen von finanziellem Gewinn in einem pornographischen Gefühl der Selbstverleugnung wurzelten. Jedesmal, wenn ich mich für Männer auszog, entledigte ich mich selbst auch einer emotionalen Erwiderung. Ja, ich konnte high werden vom Tanzen, davon, die Bewegungen meines Körpers zur Musik zu spüren, aber ich bemerkte, daß ich wie eine Marionette für ein Publikum spielte, zu dem ich eine deutliche Distanz behielt. Wenn ich dachte, daß mein Körper geschätzt würde, spielte er eigentlich für das Vergnügen von irgend jemand anders. Wenn ich dachte, ich würde Geld verdienen, verkaufte ich eigentlich den nicht-erotischen Teil meiner selbst: hartes Bargeld statt wirklicher

Emotionen und Gefühle. Ich weiß nicht, wie lange ich brauchte, um zu erkennen, daß es höchst unwahrscheinlich ist, daß eine Schwarze Frau ihre Befreiung in einem der Mafia gehörenden Stripteaseschuppen findet.

Ende 1992 erreichte ich eine andere Wegkreuzung. Ich gab das Strippen auf, nachdem ich zwei Jahre lang – wenn auch mit Unterbrechungen – immer wieder dabei gewesen war. Es ist fast Ironie, daß ich mich um die gleiche Zeit auch vom *Clit Club* zurückzog. Die Barszene zehrte enorm an meiner kreativen Entwicklung. Mein Körper wurde zur Sekundärquelle, als ich anfing, Video ausschließlich als Mittel zum Sammeln und Verbreiten von Bildern meiner Schwestern und mir zu verwenden. Nun lebe ich dafür, Videos zu machen, die mit Nachdruck die Sexualität Schwarzer Lesben preisen. Mutig, sinnlich, lustig und machtvoll. Sie zehren von den Lektionen dieser Erfahrungen und bieten einen Blick, der beginnt, die erotische Leere zu füllen, die in meinem Herzen und in den Herzen anderer für so lange Zeit bestanden hat. In Unsichtbarkeit liegt so viel Schmerz. Es dauerte eine Weile, bis ich begriff, daß ich nicht diejenige vor der Kamera sein muß, die sich unwohl fühlt und denkt, daß das wenige besser als nichts ist. Keine muß das. Ich bin erst so kurze Zeit in New York. Irgendwie fühlt es sich an, als wäre ich schon ewig hier. An jeder Wegkreuzung erkenne ich, wie ich auf die Zukunft einwirken kann, ohne Kompromisse zu schließen, ohne meine politischen Überzeugungen, meine Bindungen an meine Gemeinschaft oder mein physisches Selbst zu verändern. Die Dreadlocks, die zu Beginn dieser Reise anfingen zu wachsen, reichen mir jetzt bis unter die Schultern, lang und mit herrlichen grauen Strähnen. Zu lang, um sie unter einer Perücke zu verstecken.

~ Übersetzung: Käthe H. Fleckenstein

Sharee Nash

Schwebezustand

Sharee Nash wurde 1967 in St. Louis geboren.

Von Meckerliesen schien ich auf Zicken zu kommen. Ich erlaubte ihnen, mir ins Gesicht zu heulen, bis es fleckig war vor blasiger Wutspucke, während ihre Augen, Lippen, Zähne und Zungen wie ein strahlendes Feuerkarussell herumwirbelten, herum und herum, bis es zur blendenden, weißen Chimäre wurde. Tiraden, Verdammnis, Anschuldigungen. Ich konnte ihre Hetze und ihre Litanei nicht überhören, und so habe ich, wieder einmal, meine Existenz mit all ihren Sehnsüchten eingepackt und diese Schätzchen – leise – hinter mir gelassen.

Es stimmte, daß ich einen ziemlichen Teil meines Lebens als Flüchtige zugebracht hatte. Aufgezogen und ernährt mit der Frucht der Beraubung, erfahren im Umgang mit Selbstbestärkung, war meine Welt die Vertreibung. Und so rannte ich von der einen zur nächsten, in dem Bedürfnis nach Kontakt, aber immer darauf gefaßt, auf Gleichgültigkeit zu stoßen.

Ich besaß reichlich und wenig zugleich – einen gebrauchten Ledersack voller magischer Elixiere, feste, abgelatschte Arbeitsstiefel, die mich auf übernatürliche Weise trugen, und mein Selbstwertgefühl, hastig über die Schulter geworfen – ich konnte jederzeit – fristlos – fliehen.

Ich ging, manchmal auf dem Gipfel der Qual, weil die Wonne wild außer Kontrolle gewirbelt war. Kam benommen an, in schwarzblauen Nächten, klopfte heimlich an gefährliche Türen, leer und betrübt und verzweifelt nach Herberge suchend. Bei Fremden bat ich leise, daß sie mir ihre Türen öffneten und mir einen winzigen, einfachen Fleck zum Bleiben einräumten. So wurde ich eingeladen, in ruhige und gesittete Häuser, die das Aroma des Mitleids in sich trugen, und ich veränderte sie. Erst einmal drinnen, zog ich meine Elixiere hervor und sprach einen Zauber aus, und bald küßte ich erregte Lippen, hielt dankbare Körper im Arm und streichelte erschöpfte Häupter. Dummerweise gab ich ihnen etwas, woran sie glauben konnten. Die süßen, sanften Schätzchen, die schon bald wütend werden würden, wenn sie merkten, daß ich selbst an nichts glaubte.

Sie lehnten sich immer voller Dankbarkeit zurück und sahen mir zu, wie ich aus meinem Sack allerlei heilende Salben zog. Sie beobachteten mit Unbehagen, während ich mich bewegte. Wußten sie, daß ich mich stets von ihnen fortbewegte? Sie hofften, daß ich ihnen meine Würde anböte, im Tausch gegen ihre Charakterfestigkeit. Und manchmal gab ich unvernünftigerweise nach, denn ich kannte den Wert meiner eigenen Würde nicht. Stets mit wenig Gewinn oder mit gar nichts brach ich nach solchen Transaktionen auf, in eine andere Stadt, zu neuen Fremden. Nie kam mir in den Sinn, daß ich einen Glauben brauchte, den Glauben an etwas, den Glauben an eine Unwiderstehliche, die mich zum Bleiben veranlassen könnte.

Ich wurde zur nächsten Stadt gelockt durch sanft pulsierende Lichter, das Klackern von Stöckelschuhen auf Beton und der mitreißenden Geschwindigkeit ferner Stimmen.

In solchen Städten verspielte ich meine kostbaren Besitztümer mit vollen Händen, denn sie waren alles, was ich hatte, und verdienten den Mut zur Extravaganz.

In solchen Städten war ich in die Nacht eingehüllt, angeregt von den köstlichen, bernsteinfarbenen Bränden, den Pfeifen mit Rauchwölkchen aus Kräutern und Opiaten, von würzigen Broten und Fleisch und Ölen und Gewürzen. Die Nächte schienen heiser, Saxophone und Klarinetten, die sich mit dem erotischen Schlagen auf Trommelfelle mischten.

Ich schmachtete im weiten Schoß der Nacht und hörte Geschichten zu – Märchen erzählt von Entarteten/Teufeln/Huren/Liebhabern/Abenteurern/Engeln. Ich schloß die Augen und lauschte den Geschichten von runden, anonymen Hintern, an dampfende, stetig mahlende Lenden gepreßt, von samtenen Hügeln, die unter dem Kuß feuchter Münder sieden, von festen, nachdrücklichen Händen, die in die zweigeteilte Gegebenheit eindrangen und wundervoll über schwellendes Fleisch streichelten.

Von all dem wurde mir ganz schwindelig, und ich hüpfte aus diesem Schoß und gesellte mich zu denen, die die Märchen machten.

Ich bestellte noch einen Kaffee, zündete mir eine Zigarette an, atmete ein, hörte Musik. Dann sah ich sie. Sie bekam einen Kaffee und einen kleinen Sambuca serviert. Ich schaute ihr zu, wie sie eine große bernsteinfarbene Hand um das Glas legte und die klare Flüssigkeit in ihren Kaffee goß. Dann hielt sie das leere Glas an die Lippen und schloß die dunklen Lider, während sie trank.

Ihr Nacken war kräftig, mit üppig-süßen Muskeln bepackt. Ich wollte meine Lippen auf ihre Schultern drücken und Kuß für langsam süßen Kuß diesen mächtigen Hals erklimmen, bis ich ihren kolossalen Mund erreichte.

Ich wünschte, sie würde von den Seiten ihres kleinen, gebundenen Buches aufsehen. Ich bestellte einen Whisky für meinen eigenen Kaffee und beobachtete sie. Ich konnte die letzten paar Buchstaben des goldgeprägten Titels des kleinen Buches erkennen: *gisch*. Hieß es magisch? Oder tragisch?

Ich nahm genau dann eine Zigarette aus der Schachtel, als sie eine runde kleine Kippe aus ihrem Päckchen auf dem Tisch zog, ohne ihr Buch aus den Augen zu lassen. Vielleicht war „logisch" im Titel enthalten.

Wir begannen einander zu spiegeln: Sie schlug eine Seite in ihrem Buch um, während ich eine vollgeschriebene Seite in meinem Notizbuch umblätterte. Griff ich nach meinem Kaffeebecher, stellte sie ihre bauchige Tasse gerade wieder auf den Holztisch.

Als der Kellner kam, um ihre Tasse nachzufüllen, bestellte sie noch einen Sambuca. Dabei sah ich ganz deutlich ihr liebes Gesicht. Ich bestellte noch einen Whisky.

Ihre Augen waren große braune Flecken mit dichten, schweren, schwarzen Wimpern, und über diesen Augen schwebte das schwarze Gewirr von Brauen. Ihr kurzes Haar war in der Mitte lose gescheitelt und kringelte sich in der Luft wie rußig-rauchige Irrlichter.

Als mein Whisky kam, nahm ich träge einen Schluck aus meinem Glas, während ich zuschaute, wie sie die glänzende Zunge über die Lippen rollen ließ, um den Sambuca zu kosten.

Ein schwarzer Clog klebte locker an ihrem beigen Fuß wie ein Klumpen dunkler, feuchter Erde.

Um mich herum hing dieses Gefühl geheimnisvoller Befriedigung. Meine Augen folgten einer ihrer amberfarbenen Hände, ein Finger mit einem polierten Silberring geschmückt, in dessen Mitte zwei große Mondsteine gefaßt waren. Diese Hand lag auf der edlen Tischplatte aus Mahagoni, und ich konnte beobachten, wie sie anfing, unwillkürlich das schwere Holz zu streicheln, zärtlich das glatte Furnier zu betasten. Wie im Reflex begann ich, mir über meinen rasierten Kopf zu streichen, das plüschig-samtige schwarze Haar zu streicheln.

Ich zündete erneut eine Zigarette an und trank noch etwas Whisky. Ihre Zigarette lag glimmend im Aschenbecher. Sie führte sie an ihre Lippen, Lippen wie zwei purpurne Pflaumen, reif und rund. Sie mochte ihre Zigarette, rauchte langsam und gefühlvoll, führte den gelbbraunen Filter an diese sinnlichen Lippen, öffnete sie in simplem Einverständnis, nahm tiefe Züge, die das glimmende Ende zum Glühen und Knistern brachten, während kleine Glutascheteilchen davonspritzten, genoß das Inhalieren blaugrauen Rauches, der tief in ihrer Brust verweilte, blies Rauchwolken aus und brachte so die Zigarette zur vollen Entfaltung.

Unser Rauch mischte sich und erfüllte die Luft im *Daza*. Mein Verstand wurde vom Alkohol benebelt, und ich war in der Stimmung, mich in ihre Richtung zu begeben. Doch ich wußte, wie leicht ich meine Würde bei solch verwirrenden Kapriolen aufs Spiel setzte. Ich wußte nur zu gut, wie leicht ich in diese Stimmung kam und wie abrupt ich wieder hinausgeworfen wurde. Also beschloß ich, nicht zu spaßen, mich zu fassen, es sein zu lassen. Ich hielt es für das Beste, meine Sachen zu packen und umgehend aus diesem Café zu verschwinden.

Ihre Stimme klang wie alte, abgegriffene Münzen, die in einem staubigen Lederbeutel rasselten. Das hatte ich in Erfahrung gebracht, denn sie wisperte mir, als ich das *Daza* verließ, im Vorbeigehen zu: „*Cuidaté* ... – Paß auf dich auf ...‟

Top sucht Top

Da gibt es Geliebte, die ich aus leichtsinniger Neugier akzeptierte, und es gab Geliebte, die ich aus diffuser Unentschiedenheit ertrug. Was ich tatsächlich zu finden hoffte, war eine Liebe, die göttlicher Berauschtheit nicht abgeneigt war.

Es hatte zuviele seltsam verdrehte Augenblicke gegeben, in denen ich mir erlaubte, an einen erotische Meer der Verzweiflung zu liegen. Von ihrer Schönheit bestochen und überzeugt, meine einzig wahre Freude und mein einziger großer Lebenszweck bestünde darin, die schicksalhaften Geliebten aus dem Abgrund der Selbstablehnung herauszuholen, sank ich hinab, teilte die Tiefen, um eine in Auflösung begriffene Seele zu lieben.

Aber derzeit konnten meine Dämonen nur mit einer einzigen Heldentat zufriedengestellt werden: mit dem kostbaren Akt des Genommenwerdens.

Ich wollte Ekstase: eine gigantische Liebhaberin, die meine Schenkel teilt, sie wie Berge versetzt, die meinen feurigen Leib und die zarten Knochen mit stillem Begehren überzieht, in meinen bedürftigen Mund eindringt, meine Zunge mit wohlschmeckendem Saft durchtränkt. Volle Lippen, die an meine prallen, stechen, mich zu Nebel auflösen. Stürme und Nebel. Ja, das waren diese seltsamen Tage, in denen ich mich im permanenten Zustand des Verlangens befand. Alleine schon das Herumlaufen fühlte sich so intensiv an. Mein Bedürfnis war so roh, daß ich die Kleinanzeigen durchkämmte:

Liebevolle fröhliche Welpen zu verschenken

Liebe Kätzchen suchen ein glückliches Zuhause

Garderoben-Diva für neuen heißen Nachtclub gesucht

Ihr phantastisches Traumhaus an der Jersey-Küste!

Atemberaubend schöne Kissen-Prinzessin sucht sexy Top, die alles unter Kontrolle hat

1-800 Heisssser Sex
1-900 Les-Bien

Aber nichts von all dem wäre genug. Ich wollte nichts, was gekauft werden konnte, nichts, was von unehrlichem Charme ausging, nicht das Stehlen eines einzigen Moments, um verbotene Freuden zu genießen. Ich brauchte etwas, das schon immer geschätzt worden ist, etwas Uraltes, mit Weisheit Gesättigtes.

So tat ich das einzige, was ich tun konnte, um meine Sehnsucht zu lindern. Ich ging ins *Daza*, auf etwas Musik und etwas Flüssiges.

Daza

In Gabriel Garcia Marquez' Roman *Die Liebe in den Zeiten der Cholera* erwiderte Fermina Daza einundfünfzig Jahre, neun Monate und vier Tage lang die Liebe von Florintino Ariza nicht. Das Café war nach ihr benannt. Ich ging, so oft ich konnte, zu *Daza*, denn sie regte die Geduld an. Zu ihr ging ich, als ich begreifen mußte, daß mein Verlangen vielleicht nur mit einem Cocktail, etwas Musik und ein paar Zigaretten zufriedenzustellen war. In Augenblicken wie diesen, wenn ich darum kämpfte, an etwas zu glauben, fiel ich in *Dazas* Schoß und spürte, wie eine heitere Gelassenheit wiederkam wie warmer, duftender Atem, der ein geheiligtes und andauerndes Mantra in meine Ohren blies. *Daza* war die Akzeptanz des Temperaments der Natur. *Daza* war ohne Klagen zu ertragen. Und zumindest sorgte sie für die nettesten Ablenkungen, die eigenwilligsten Gespräche und für Musik, die alle Höhlungen des Herzens erfüllte.

Du bist aufmerksam zu mir, du bist einer, der meine Bedürfnisse versteht, ein Mann, der sensibel ist ... du gibst mir alles, was ich zu Haus vermisse. Du weißt, wie du mich lieben mußt, und all die Dinge, die ich spüren will, in jedem zärtlichen Kuß gibst du mir alles, was ich zu Haus vermisse ... Dinge, die ich zu Haus vermisse.

Mein Freund Gabriel hatte es sich an einem Tisch abseits in einer Ecke bequem gemacht und schlürfte einen extra dicken Bloody Mary, ich blieb bei ihm stehen, um hallo zu sagen. Gabriel hatte gerade die letzte Runde dessen gedreht, was er „drei Nächte auf der Rolle" nannte, und war wild darauf, davon zu erzählen. Also setzte ich mich zu ihm. Ein paar Freunde hatten ihn nach Harlem mitge-

nommen, in ein luxuriöses, vier Stockwerke hohes Apartmenthaus.
Dieses Apartmenthaus diente samstagsnachts als Safe-Sex-Club.

„Was für ein Bordello, Honey! Voll mit den absolut großartigsten
Schwarzen und Latinos. Und ob du's glaubst oder nicht, an der
Tür gibst du deine Kleidung ab."

„Was heißt das?"

„Das heißt, du kannst nicht rauf zur Party mit irgendwelchen
Klamotten am Leib!"

„Keine Klamotten?" Ich überlegte. Es war mir immer so vorge-
kommen, als ginge keine Tunte ohne großartige Fummel irgendwohin, als Schutz gegen die Verwerflichkeit, mit einem Makel gesehen zu werden. „Und was haben sie dir als Schutz gelassen?"

„Ich war fies! Ich hab alles ausgezogen, bis auf meine Arbeitsstiefel, einen schwarzen Samtriemen und die schwarzen Leder-
armbänder."

„Und du hast dich nicht schutzlos gefühlt?"

„Och, es gab jede Menge Schutz ... überall die großen Schüsseln
mit Kondomen, in allen Größen, Beschaffenheiten, Farben und
Geschmacksrichtungen!"

„Vier Stockwerke voll mit nackten Körpern, die bereit sind zu
spielen, Gabriel?"

„Die ganze Nacht Spielzimmer, und einige der heißesten Körper
in so vielen Farben." An diesem Punkt hatte Gabriel keine Geduld
mehr für meine Fragen. Er setzte sich auf und erzählte Einzelheiten von der ersten Episode des Abends.

„Nachdem ich hineingegangen war, steuerte ich die Bar an — die
Drinks waren im Eintrittspreis inbegriffen — und bestellte einen
Drink. Ich stand in einer Ecke, denn ich wußte, ich mußte mich
erst auf die ganze Sache einpendeln. Da kam ein großer, dicker
Mann und drückte seinen Unterleib an meinen Hintern. Also, ich
hatte ihn schon gesehen, als ich mich am Eingang auspellte, er
stand in der Schlange hinter mir. Egal, wir wechselten kein Wort,
sondern fingen einfach an, uns im Rhythmus der Musik aneinan-
der zu wetzen. Dann führte er mich zu einem der Séparées im ersten Stock ... Die Einzelheiten dessen, was dann dort geschah,
kann ich nicht enthüllen, aber was auch immer du dir vorstellst, ist
ziemlich nah dran."

Ich konnte mir nur Gabriels großen braunen Körper verschlungen mit Körpern anderer Jungs vorstellen, in dunklen Ecken, auf

Treppenabsätzen, in Eingängen, vor kleinen geilen Menschenan-
sammlungen, die warteten, bis sie dran kamen. Ich sah heiße,
dicke Lippen vor mir, die sich auf brennende Purpurmünder
preßten, streichelnde Hände, tastende Finger, rhythmisch krei-
sende Bewegungen.

„Honey, meinen sündhaften Handlungen waren keine Grenzen
gesetzt! Ich hatte willige Männer vor mir, ungesehene Gesichter
hinter mir, eifrige Jungs zu meiner Linken und Regenbogen-
schüsseln voller Kondome zur Rechten."

Dann mußte ich gehen. Ich mußte einen Tisch für mich finden
und über die Jungs und Gabriel und ihre Eskapaden nachdenken.
Ich wollte allein sein, um über den ständigen, immer ausreichend
vorhandenen, orgiastischen anonymen Sex unter Männern nachzudenken und dann über die pure Entladung von Sex ohne Liebe
unter Männern spekulieren. Wie würde es den Staat verändern,
wenn Frauen es so machen würden, weg von den Hinterzimmern
mit dem „Bad-Girls-Image", wo so viel nur gespielt wurde? Wenn
sie namenlose, gesichtslose Körper voller Lust lieben würden?
Unmittelbare Intimität ohne endlose Reue? Dem Körper die Sün-
de verschafften, die er verdiente?

Ich saß am entlegensten Tisch im *Daza* und steckte meinen Kopf
in ein exzentrisches Buch über die paradoxen Beziehungen zwischen Schlampen und Heiligen.

„*Mi mártir bella.*" Meine schöne Märtyrerin. Ihre Stimme erhob
sich wie der Dunst von einer dicken, sämigen Salbe und besänftig-
te alles um mich herum. „Darf ich mich setzen und eine Zigarette mit
dir rauchen?" Sie war ganz leise an meinem Tisch aufgetaucht.

Eine hübsche Fremde an meinem Tisch? Ich liebte Fremde.
Freunde waren nicht immer so überwältigend. Also machte ich
ihr einen Platz frei.

Sie setzte sich, schlug ihre langen, stämmigen Beine unter dem
unverrückbaren Holztisch übereinander und öffnete meine Ziga-
rettenschachtel. Sie nahm zwei heraus, zündete beide zwischen
ihren Pflaumenlippen an, dann gab sie mir eine.

„Spring", sagte ich, nachdem ich eine Rauchwolke in die Luft ge-
blasen hatte.

„Ja, es könnte auch Frühling sein", gab sie zurück.

„Nein, ich heiße Spring. Du hast mich anders genannt, bevor du
dich hingesetzt hast."

Sie blies den Rauch zur Decke. Ich mußte diese Lippen küssen. Aber ich hatte Lippen stets mit nichts weiter als diesem bloßen Begehren geküßt und es war immer mehr Ärger dabei herausgekommen, als ich gebrauchen konnte.

„Ah, tú habla español?" Du sprichst Spanisch?

„Sí, pero un poquito." Ja, aber nur ein bißchen. „Warum nennst du mich Märtyrerin?"

„Ich habe dich ‚schöne Märtyrerin' genannt." Sie lächelte, und ich wollte meine Lippen gegen ihre kühlen Elfenbeinzähne pressen.

„Warum?" Mit wem hatte sie gesprochen? Was hatte sie erfahren?

„So sehe ich dich."

„Sag mir, warum."

„Das will ich jetzt nicht erklären. Pero digamé – aber sag mir, warum Spring? Frühling?" Sie war nicht daran interessiert, ihre Geschichte zu erzählen. Sie widmete mir ihre ganze Aufmerksamkeit. Das war mir peinlich. Ich hatte diesen faszinierten Blick sich schon in anderen Gesichtern breitmachen sehen und hatte diesen widerwärtigen Hang zur Hemmungslosigkeit empfunden. Aber das war in diesem Augenblick belanglos. Ich sah in zwei leuchtende Augen, pechgefüllte Monde, die hüpften.

„Ich wurde mitten in der kalten Jahreszeit geboren. Meiner Mutter kam die Schwangerschaft endlos lang vor und hochgradig gefühlsauszehrend, und sie fand den Winter fast unerträglich. Sie sehnte sich nach der Zeit, wenn das Tauwetter kommt, ihren Gefühlen neues Leben bringt und das Land wärmt. Sie erzählte mir, alles, was sie sich wünschte, war, daß ich lebte und daß der Frühling kam."

„Ja, dann könnte es auch Frühling sein", sang sie. „Wollen wir einen Wein trinken? Ich werde Ramone bitten, uns eine Flasche zu bringt. Einen schönen spanischen Rotwein?"

Sie hatte mir ihren Namen nicht gesagt, aber ich war in Rotweinstimmung. „Ja" lautete meine Antwort.

Sie winkte Ramone herbei, und als er kam, zog sie ihn dicht zu sich heran und flüsterte ihm leise ins Ohr. Ramone lächelte und machte sich auf in den Keller, um unsere Flasche Wein herauszusuchen.

„Sag mir deinen Namen." Ich mußte zumindest wissen, wie ich sie ansprechen sollte.

„Evangelista."

Ramone kam wieder und öffnete die Flasche. Er goß mir einen Schluck ein, und ich probierte. Er füllte mein Glas und dann Evangelistas.

Ich beobachtete, wie sie an ihrem Glas mit blutrotem Wein nippte, und als sie meine Zigaretten rauchte, genoß ich ihre Art, so viel Getue darum zu machen.

Ihr ungebändigtes tintenschwarzes Haar nahm den Duft von Frangipani-Blüten auf, der in der Luft des Cafés schwebte. Ich saß in einem goldenen Zwischenreich, betrachtete, wie das gelbe Flackern der elfenbeinfarbenen Kerzen ihre bernsteinfarbene Haut sättigte. Um ihre Schultern, ihre Brust und ihre Arme sammelten sich die verschiedenen Gewebe der Wandverkleidung. In der Zeit, die ich mit ihr zusammensaß, schien sie alles zu verlocken, von den Rändern her zu ihr zu kommen.

„Du bist Fisch, stimmt's? Jetzt verstehe ich", sagte sie und heftete ihren Blick auf mein Gesicht.

„Ja, bin ich." Ich setzte mich aufrecht hin. „Mit wem hast du über mich gesprochen?"

„Mit niemandem. Es ist sehr einfach. Es sind deine großen, wunderbar tragischen Augen. Sie sind charakteristisch für eine ganz bestimmte Art von Fischegeborenen, und daran habe ich es erkannt. Ich habe dich oft gesehen, so ganz für dich und gelassen dahingleitend wie im Wasser, in keine bestimmte Richtung und ohne Absicht. Und ich genoß die phantastische Länge deines Körpers. Wie fließend deine Finger sind! Wie dünn und gelenkig deine Mitte und die Hüften, und wie endlos deine Beine. Aber am meisten gefällt mir dein makelloser, runder Kopf. Den möchte ich streicheln. Du gehst so ruhig und still durch die Welt, doch jede kleine Störung entfesselt einen Hurrikan. Deshalb bist du meine schöne Märtyrerin." Jetzt enthüllte sie mir mein eigenes Selbst, mithilfe dieser hübschen Flasche Rotwein.

„Aber ich verstehe nicht, wieso mich das alles zur Märtyrerin macht." Obwohl mir jemand einmal gesagt hat, daß Fische einen Märtyrerkomplex haben.

„Weil der Schmerz in dir leicht zu erkennen ist und es so einfach für dich ist, Schmerz hinzunehmen. Qual ist dir so vertraut." Sie wußte zuviel.

„Stimmt es, daß du dich mit Sternzeichen beschäftigst?" Vielleicht konnte ich jetzt etwas über sie aus ihr herauskriegen.

„Nein. Eigentlich nicht. Mir gefällt es nur, Verschiedenes zu wissen, um allem Sinn zu verleihen." Sie kippte den Rest ihres Weines hinunter. „Ich koche Kaffee in einem Café, und außerdem trete ich auf." Sie schenkte uns beiden ein.

„Als was?"

„Ein paar Freundinnen haben ein kleines Restaurant mit Kabarett, dort singe ich an drei Abenden in der Woche."

„Was singst du?"

„Sentimentale Liebeslieder, Fado, Lieder von Liebe und Elend."

„Auf Portugiesisch?"

„Ja, einige auf Portugiesisch. Mein Vater war Portugiese, aber ihn kenne ich nicht. Und meine Mutter war Mulattin – schwarz und italienisch. Manche singe ich auf Französisch."

„Ich würde gerne hinkommen und dich hören."

„Klar. Das würde dir gefallen, melancholisch, gehaucht und verraucht. Wenn du bald kommst, hab ich ein Lied, das ich für dich singe."

„Wie kommt's, daß du mich kennst?"

„Ich habe dich beobachtet und deinen Körper sprechen hören." Die Worte strömten aus ihrem großen Schokoladenmund.

Plötzlich wurde mir bewußt, daß ich sie verzweifelt begehrte, also mußte ich sie und dieses Café schnell verlassen. „Ich muß gehen", sagte ich zu ihr, während ich meine Sachen zusammensammelte und ihr ein Blatt Papier gab mit etwas Prosa, die ich geschrieben hatte. Noch nie hatte ich einer, die ich nicht kannte, eine Arbeit von mir gegeben. Es war riskant, und gerade hatte ich mir geschworen, kein weiteres Risiko einzugehen.

„Natürlich mußt du. Ich hab's an deinen unruhigen Blicken gesehen. Aber gehst du morgen mit mir essen?"

Ich lächelte zustimmend und ließ sie lesen, was in einer Nacht wunderbar besoffener Einsamkeit entstanden war:

Unser Verständnis von unserem Wohlbehagen war außergewöhnlich und köstlich, aber es schien so routiniert. Hatten wir einander in einem vergangenen Leben schon gekannt? Nein. Dein Geruch barg keine Erinnerung an irgendeine, die mir je unter die Nase gekommen war. Ich hatte nie einen Mund gesehen, der die Form eines Tarnkappen-Unterseebootes hatte. Ich war noch nie so gesegnet gewesen, wie in dem Moment, in dem ich diese Stimme hörte, die so kraftvoll und beständig auf meinen ganzen Körper zielte. Und dann dein Körper; ich war noch nie in eine so feine Decke aus zartem Lammleder gehüllt worden.

Nein. Wir hatten uns nicht gekannt.

Wir hatten uns in den tief burgunderroten Rauchsalons verirrt. Jemand saß in einer blau beleuchteten Ecke und drückte auf einem brodelnden Saxophon Kummer aus. Wir nippten Alkoholika, während eine großzügig gestopfte Elfenbeinpfeife von deiner Hand zur nächsten und noch einer und einer anderen wanderte, bis sie mir in die Hand gedrückt wurde, die es gewährte.

Wir hatten in viereckigen, eierschalfarbenen Räumen gesessen, auf dick gepolsterten, cremefarbenen Sofas und in tiefen Sesseln mit falschen Samtbezügen, mit Kerzen, die von jedem verfügbaren Platz aus flackerten und dem Dunst brennender Räucherstäbchen, die über den Ort wachten. Eine lethargische, plüschfellige Miezekatze rieb sich an trägen Waden. Im Hintergrund sang Teena Marie in „Quiet Storm" von einer portugiesischen Liebe, während wir uns alle auf die Geschichten zu konzentrieren suchten, die von einem Erzähler dargeboten wurden. Und wir rauchten stummlige Gitanes, tranken kalten Weißwein, du hieltest deine Liebste im Arm wie ich die meine.

Wir waren zu Gast auf tollen Partys in weitläufigen Stadthäusern. Du schwebtest aus einer Bar, die von einem herrlichen Leuchter würdevoll gekrönt wurde, hieltest dein Kristallglas voller Rotwein in der Hand, ich trieb an dir vorbei.

Du sankst auf eine hochlehnige, goldgewirkte, mit rotem Teppich belegte Bank, umringt von soldatenhaften Bewunderern, höflich distanziert. Ich saß auf der Bank, die deiner am nächsten stand, von Geliebten eingequetscht, ungeduldig vor Langeweile, voller Verlangen nach einem ungewöhnlichen Rausch.

Wir tanzten auf der flimmernden Tanzfläche mit unseren kaum bemerkten Liebhaberinnen, zu all den Songs, die uns auf eine Bedeutung zu bewegen konnten.

Doch wir hatten uns nie gekannt, waren nie ein Stück Wegs zusammen gegangen, während wir zu einer der Möglichkeiten gelangten, mit denen wir unsere Leidenschaften gerne hätschelten.

Dies war unser allererstes Mal zusammen.

Keine von uns hatte gesagt, wann und wo wir uns zum Mittagessen treffen würden, so nahm ich an, es wäre im *Daza*. Aber ich hatte für diesen Tag Arbeit angenommen, und so mußte ich das Mittagessen ausfallen lassen. Auf diese Weise würde ich um den Schrecken, die Wut und das Begehren des Wartens auf eine neue Geliebte herumkommen.

Ich hatte einen langweiligen Schreibjob für einen Tag übernommen, und später ging ich in diese Bar, die mir stets angenehme Schwingungen bereitete. Ich kannte die Frau, die dort arbeitete. Euclid hieß sie. Ich nannte sie gerne „Liquid", denn das war's, was ich von ihr bekam. Sie stellte diese schweren Silberringe her, führte exotischen Tanz in einem Club an der Wall Street auf und bediente in meiner Bar. Mit ihren britischen Superfunk-Klamotten, ihren himmelhohen Absätzen, den Hotpants, die ihre fleischigen Sichelmonde zeigten, und den dicken Zöpfen, die sie über ihre breiten Schultern warf, wirkte sie anstößig. Sie erzählte immer unanständige Geschichten und war nie der Ansicht, daß sie besser nicht erzählt werden sollten. Ihre Brüste waren herrlich – außergewöhnlich sympathische Brüste. Ihr Lachen hatte einen Hall, der Gebäude zum Einstürzen brachte. Sie war ein einziges heilloses Durcheinander. Euclid schlief immer mit irgendwem, aber keine, die noch recht bei Trost war, schlief mit ihr, und so waren natürlich die meisten ihrer Begegnungen zu schrecklich zum Erzählen. Aber irgendeiner mußte sie es erzählen, und ich war immer bereit, zuzuhören.

Ich betrat die Bar, und da saß Evangelista, sie saß am Tresen. Sie war ein so ins Auge stechender Anblick. Ich wurde zu ihr hingezogen wie durch den Willen einer brandenden Strömung. Und es schien keine Notwendigkeit zu geben, gegen diese Strömung anzukämpfen, weil ich wußte, ich bewegte mich nicht auf ein felsiges Riff der Verzweiflung zu.

„Hallo, du Schöne." Sie drückte ihre vollen Lippen an meine Stirn, und ich atmete ihren Duft ein. Ich hatte etwas erwartet, das zu Kopf stieg, etwas Rauchiges, denn so ließ sie mich empfinden. Aber sie roch wie Luft, wie der Wind, den ich durchschnitt, wenn ich mich von Purpurfrucht tragenden Bäumen schwinge. „Was trinkst du?"

„Ich hab's zum Mittag nicht geschafft."

„Aber jetzt bist du da. Also, was hättest du gerne?" Ihre Worte legten die Teerdecke, die meine Verwirrung versiegelte.

Ich wandte mich zu Euclid. „Hallo, Liebe, wie ist das Leben?"

„Köstlich!" Euclid ließ ein Lächeln zum Anbeißen aufblitzen. „Was möchtest du?"

„Scotch, Rocks."

„Äh, noch einen?"

Evangelista nickte, und Euclid schenkte uns die Drinks ein.

„Du kennst Euclid also?" Ich zündete mir eine Zigarette an und nahm einen Schluck aus meinem Glas.

„Für mich auch eine", forderte Evangelista, als ich gerade zum ersten Mal zog und so gab ich ihr meine und zündete mir eine andere an. „Sie gibt mir Drinks, heitert mich mit Lachen auf, und ich rede mit ihr über meinen Bedarf an perfekt unperfekten Liebhaberinnen. Und du, woher kennst du Euclid?" fragte sie, während sie Rauch ausblies.

„Ich traf sie und ihren Freund eines Sommers bei der Pride-Parade. Sie kannte Freunde von mir, und so fuhren wir alle zusammen auf der Berg-und-Talbahn der Liebe. Am Abend versuchte sie, mich zu sich nach Hause zu bekommen, für sich und ihren Freund."

„Und, bist du mitgegangen?"

„Nein, ich war die falsche Person für das, was die beiden wollten."

„Wie kommt's?"

„Ich hab das Spiel schon gespielt und mir damit ein paar wunderschöne Erinnerungen verdorben. Euclid wirkt auf mich sehr viel reizvoller, wenn ich mich einfach zurücklehnen kann und ihren Kalamitäten und erratischen Zwischenspielen zuhöre."

„Der Fisch als Voyeur." Irgendein Gedanke amüsierte sie bei dieser Feststellung. Dann: „Weil, weißt du, eigentlich ist die Fischefrau eine Exhibitionistin."

„Ich glaube, der Fisch hat die größte Schwebefähigkeit, treibt in seiner Oase und ist hinter nichts her, sondern einfach für alles wirklich Reizvolle naiv offen. Genau dann läßt jemand den Haken mit einem gesundheitsgefährdenden Köder herunterbaumeln und verdirbt das ganze Gleichgewicht durch die Versuchung."

„Genau, denn wie sonst kann ein Mensch das Vergnügen haben, an deinem stillvergnügten Zustand teilzunehmen? Willst du denn allein sein?" Evangelista beugte sich zu mir herüber und fühlte die Wärme des Gewässers, dem ich, wie ich schon immer spürte, entnommen worden war.

„Manchmal möchte ich in Ruhe gelassen werden. Aber ich will nicht für alle Zeiten allein sein."

„Ja, der Fisch. Spring, wie kommt's, daß du die Hautfarbe von Süßkartoffelschalen hast?" Sie liebkoste mein Gesicht und fuhr mit ihrer großen Hand über meinen Kopf.

„Ich weiß es nicht. Ich bin Kreolin."

„Es ist die allerschönste Farbe für dich. Du mußt den Sonnenschein geradezu absorbieren. Wie trocken du dich fühlen mußt, wenn nur Wolken am Himmel sind. Übrigens, ich glaube, du hast absolut recht und bist sehr zart!" Sie nahm meine Hände.

Impuls hatte mich gelehrt, die Freude, meine Hände in den Händen anderer zu haben, zu hinterfragen und zu ignorieren. Eine Hand in meiner war immer sanft und bedürftig, wenn ich wünschte, sie wäre eigenwillig und würde die Führung übernehmen.

„Recht womit?" fragte ich und beschloß, meine Hände aus ihren zu nehmen.

Sie ließ sie verständnisvoll los. „Wir waren für viele Geliebte immer geheimnisvolle Engel, aber nie haben wir einander geliebt."

„Ach so, du hast mein Stück gelesen."

„Warum hast du es denn sonst dagelassen?"

„Es war das einzig Sinnvolle, das ich dir geben konnte."

Evangelista nickte. „Außergewöhnlich und köstlich! Es hat mich angeregt. Wie kam es zu deiner Empfängnis?"

Ja, rege mich mit Fragen an, dachte ich zu ihr hin.

„Eines Nachts waren zwei Liebende, ohne sich besonders extravaganten Gefühlen hinzugeben, plötzlich von der Idee überwältigt, den anderen Körper zu küssen. Überrollt von dem Begehren, einfach die Augen zu schließen, während ihre Hände Geschlechtsteile anfaßten, durchblutete Muskeln streichelten, unwillkürlich in sie eindrangen. Sie lachten wild, als ihre Körper aufeinanderprallten, alle Spuren rauher, vorstehender Kanten verschwunden, wegen des ständigen Reibens ihrer kopulierenden Körper. Zwei Liebende hatten Lust, sich zu lieben."

„Dann liebst du gerne so. Wunderbar!"

Ich saß da, dachte darüber nach, wie sie Behauptungen aufstellt, die du zu glauben hattest, und bemerkte kaum, daß sie aufgestanden und schon fast aus der Bar war und etwas über Abendessen, das wir nötig hätten, sagte. Ich folgte ihr. Hatten wir bei Euclid bezahlt? Hatten wir uns verabschiedet? „Ich möchte ein Restaurant finden, wie einen nährenden Busen, und dort mit dir essen."

Mir fiel ein, was Euclid vor ein paar Tagen zu mir gesagt hatte, als sie mir billigen Champagner einschenkte und ein paar Vierteldollar in die Musikbox warf, um leise Lovesongs zu spielen. Sie hatte sich über den Tresen gelehnt und zu mir gesagt: „Wenn du eine Frau willst, schick ich dir eine."

Evangelista und ich liefen schweigend durch die Straßen, dem Essen entgegen, und hatten schließlich unsere langen Körper hinter einen schmalen Tisch in Miss Roses Little India Restaurant geklemmt. Überfüllt und schmalzig, genau richtig.

Unser schwarzer Kellner mit Fliege kam an den Tisch und öffnete die Flasche Wein, die ich unterwegs gekauft und mitgebracht hatte.

Evangelista übernahm alles, bestellte ein paar Appetithäppchen und Vorspeisen und bestand darauf, daß alles gleichzeitig gebracht wurde, so daß wir nicht weiter gestört würden.

Ich begann zu rauchen und lehnte mich zurück. „Du bist ein bißchen unverschämt", stieß ich zusammen mit schmutzigem Rauch aus.

„Ich wollte gerade sagen, daß ich glaube, du spielst bei mir zu sehr das brave Mädchen", rief sie erregt.

„Ich benehme mich halt gut, weil ich dich nicht kenne."

„Aber du kennst dich. Du mußt sagen, was du möchtest, bevor und nicht nachdem du mit etwas anfängst." Und zuckte mit ihren kräftigen Schultern.

„Also, was bist du?"

„Ein Problem für dich."

„Nein. Wann bist du geboren?"

„Ich bin Skorpion."

Froh, mich nicht sagen hören zu müssen: „Was für ein Sternzeichen bist du?", gab ich zurück: „Aha, aber ich weiß eigentlich nicht, was das bedeutet." Ich wußte es nicht, aber nach ihr würde ich wacher dafür sein, was es bedeuten könnte.

„Skorpione und Fische sind so." Und sie tauchte einen ihrer enormen Finger in ihr Weinglas und benetzte meine Lippen. Der Wein stach ein bißchen, und ich leckte zur Linderung mit der Zunge darüber. Ich schnappte ihre Hand, als sie sie zurückzog, und drückte sie an mein Gesicht. Ihre Hand roch nach einem langen Tag und ein bißchen nach süßem Parfüm.

Evangelista hielt mein Gesicht in ihren Händen. „Nein. Geh jetzt nicht weg." Sie hatte richtig getippt. In diesem Augenblick wollte ich sagen, daß ich betrunken sei und unangenehm vollgegessen, und daß ich gehen müsse.

„Wann hast du die Liebe aufgegeben, Spring?" Sie zündete zwei Zigaretten an und wies den Mann ab, der unseren Tisch abräumen wollte.

„Ich bin Fisch, ich schwimme mit meinesgleichen und genieße mein Leben aus Auftrieb und Befreiung. Ich weiß nichts von Liebe." Liebe war das Gewicht eines Senkers.

„Meine Märtyrerin, ist dir nicht nach Lieben? Jetzt auf der Stelle, wenn du mal aufhörst, an deine Furcht zu denken und an deinen Schwur, nicht zu lieben, möchtest du dann nicht etwas Liebe, und wenn auch nur für heute nacht?"

Ich setzte mich auf und sagte nichts, zündete mir noch eine Zigarette an. Der Wein war ausgetrunken.

„Willst du nicht?"

„Nein. Ich möchte von etwas gefangengenommen werden, das so phantastisch ist, daß es aus der Erde explodiert und nur im Reich der Sinne erinnert werden kann. Laß mich dich ausführen."

„Irgendwohin, wo wir uns lieben können, lieben, wie es uns gerade einfällt."

Ich ging mit ihr in einen Afro-Latino Nachtclub. SalsaSoul war der Geheimtip für die Anhänger von Rhythmen und langen Nächten. Man mußte kein Mitglied sein, der Eintritt wurde instinktiv gestattet, oder wenn sie dich kannten. Evangelista und ich gingen die unendlichen Treppen des einen Gebäudes hinunter, folgten der Passage im Bauch muffiger Büros, die nachts geschlossen waren, und stiegen in einen Aufzug, der uns zum obersten Stock eines anderen Gebäudes brachte und uns in einem schwach beleuchteten, von Salsa-Musik widerhallenden privaten Clubraum wieder ausspuckte. Während wir die Passage entlanggegangen waren, hatte mich Evangelista an eine kalte Wand gedrückt und fest auf den Mund geküßt. „Wir haben uns gerade etwas geliebt", sagte sie mit genießerischem Lächeln und geschlossenen Augen. Sie war entschlossen, mich offenzulegen.

Ich trank gerne Rum und Coke, wenn ich Salsa hörte, also bestellte ich einen für mich und einen für Evangelista. Wir saßen an einem Tisch der am weitesten von anderen Leuten entfernt stand. Sie wollte nicht tanzen, zog es vor, ihren Cocktail zu trinken und Zigaretten zu rauchen. Ich tanzte mit den Jungs und Mädchen auf der Tanzfläche. Evangelista beobachtete mich, sie und ich, wir platzten beide fast vor Begehren. Ich nahm sie bei der Hand und führte sie fort.

„Woandershin jetzt?"

„Zu mir. Ich will dich im Bett haben." Aber nicht so, wie ich andere in mein Bett geholt hatte. Bei den anderen wollte ich ihre kleinen Körper in meine Arme nehmen, ihre Geilheit verwöhnen, anfachen, ihre Sinne erfreuen und es nicht dazu kommen lassen, daß ich Gefahr verspürte, wenn sie mich in ihre Arme nehmen wollten. Aber Evangelista hatte die Kraft, mich auf die Gipfel luftiger Ekstase zu hieven.

Die Straßen lagen für uns verlassen, und so gingen wir in Harmonie. Evangelista und ich schlüpften noch in eine Bodega, um uns mit dem nötigen Vorrat an Zigaretten zu versorgen, und mit Wasser, Saft, einer Avocado und Dosenobst, gezwungenermaßen, weil es für frische Früchte zu spät war. Dann wanderten wir weiter. Evangelistas Gang war gleichmäßig und hypnotisierend. Ich verhaspelte mich beim Gehen und wäre fast an dem Gebäude, in dem ich wohnte, vorbeigelaufen.

Vorsichtig tappten wir die Treppen hinauf. Das Rascheln unserer Plastiktüten reichte nicht aus, um Aufmerksamkeit zu erregen, das laute Klicken des Türschlosses war nicht auffällig genug, um unser Eintreten anzukündigen, aber der sanfte Luftdruck, als die Masse unserer beiden Körper auf die Wand traf, war die Zerstörung der schlechtgearbeiteten Barrieren, die ich als Schutz gegen Intimität aufgebaut hatte. Ich drückte meine Lippen an ihren Mund, und sie schmeckte nach Curry und Paprika. Sie preßte ihre monumentale Gestalt fest an meinen bebenden Körper. Ihre Schenkel bewegten sich, um meinen schmerzenden Beinen Halt zu geben. Mit ihrem Becken, das fest mit meinem verbunden war, wiegte sie mich gnadenvoll. Mein Gesicht in ihren Händen, pflanzte diese Evangelista sanfte, heiße Küsse auf Wangen, Schläfen, Jochbein, Stirn, Lippen, Ohrläppchen, Haaransatz. Blind tastete ich nach der schweren silbernen Gürtelschnalle, die ihre Hüften verankerte.

Diese verschlungene Gürtelschnalle hatte mich beim allerersten Mal schon gefangengenommen, als ich aufgesehen und Evangelista dort im *Daza* an meinem Tisch hatte stehen sehen. In den Augenblicken, bevor ich nachts in Schlaf fiel, öffnete sich meine Phantasie dieser silbernen Herrlichkeit und ich stellte mir vor, welche Welt in dem Moment geöffnet wurde, in dem ich den Dorn aus Sterlingsilber aus dem Loch des schwarzen Lederriemens befreien würde.

Die Intensität ihrer Lust mußte von dieser Silberschnalle zurückgehalten worden sein. Mir schwindelte, als ich den schwarzen Lederriemen zu fassen bekam und ihn vom silbernen Haken löste, um ihre mächtigen Hüften zu befreien.

Lippen und Zunge gruben sich in das wogende Schwarz ihrer Locken, der Locken, die sie überall an ihrem Körper hatte. Ihre Küsse landeten in meinen Armbeugen, auf meinem Hals, auf den geschwungenen Linien meiner Schultern, der Straffheit meiner Pobacken; sie prallten an meinen festen Haarlocken ab und nahmen den Schweiß von meinen Handflächen.

Ich stand aufrecht, hielt mich an ihrem Körper fest, und in jedem Augenblick fühlte es sich an, als ob ich mich an einen Baum festklammerte. Ein kräftiger, dicker, ingwerfarbener Baum mit zarter Rinde, mit Falten zum Betasten und süß gefüllten Spalten zum Kosten.

Und weiter reisten wir in den neuen Tag, unterhielten uns und weinten und lästerten.

Als wir aufstanden, mischte Evangelista Orangensaft, Eis, Milch und Vanille im Mixer. „Das nennt man *morir soñando* – träumend sterben."

„Mhm, lecker." Meine Stimme war noch schwach von der Reise durch den Schlaf, und mein Körper wanderte noch immer im Wald ihres weiten und entzückenden Körpers.

Ich schlug gewürzte Eier und gab etwas Zitronensaft und Olivenöl zur Avocado.

„Wer ist deine Mutter?" fragte sie.

Das war eine sehr amüsante Frage für mich. Ich lachte aufgeregt und laut und aus dem Bauch heraus. „Das ist eine gute Frage!"

„Seid ihr Freundinnen?" Sie legte wohl gerne Gewicht auf etwas. Gewicht auf anderer Leute Ansichten.

„Ja, ich glaube, wir sind Freundinnen."

„Liebt sie dich so, wie du geliebt werden willst?" Warum mußte sie soviel fragen?

„Führt das zur Folgerung, daß ich Frauen liebe, weil ich die Mutterliebe suche?"

„Dann ist deine Antwort auf meine Frage also Nein?"

„Nein, sie liebt mich nicht. Aber ich mache ihr keine Vorwürfe." Ich zuckte mit den Schultern.

„Kein Vorwurf, nur Schmerz. Du hast beschlossen, sie zu lieben, und möchtest von ihr geliebt werden. Sie ist dein Schmerzpunkt."

„Mein Schmerzpunkt? Ist das die Stelle, wo das Herz sein sollte?"

„Es ist das Herz. *Y eres todos corazón* – Und du bist ganz Herz."

„Du hast es mit Schmerz", sagte ich.

„Ja, weil er schön ist und weil er Leidenschaft ist."

Alles hängt von dir ab

Was früher ein Privatclub für betuchte Müßiggänger gewesen war, hieß nun Vibration Café.

Der Saal im ersten Stock war spärlich mit Jazz-Fans besetzt, die in tiefen Clubsesseln die Zeit verbummelten. Gespräche schwebten um die polierten Beistelltische aus Mahagoni. Ich hörte Nina Simone von einem sündigen Mann singen.

Bilder großer Gesellschaftsdamen in dunklen Anzügen, die Pfeife rauchten oder Billard spielten, dräuten in den Höhen der geweißten Wände und bernsteinfarbenen Deckenelemente.

Der Bartresen war ein goldenes Schimmern ausgefeilter Handwerksarbeit und schien sich in die Länge zu ziehen. Ich ging zur Mitte dieser Bar, setzte mich auf einen Barhocker und bestellte Scotch, pur.

Ich war hierher gekommen, um sie zu sehen. Mir wurde gesagt, sie träte im Saal im dritten Stock auf. So nippte ich meinen Scotch und rauchte eine Zigarette, bevor ich nach oben ging.

Mir kam es vor, als brauchte ich ewig, um diese karmesinroten, mit dicken Teppichen ausgelegten Treppen hinaufzusteigen, die oben durch die Decke und geradewegs zum Mond hinaufzuschießen schienen.

Auf dem Treppenabsatz des zweiten Stockwerks blieb ich stehen, um in einen Raum mit weichem Licht, Samt, rötlichen Sofas und Zweisitzern aus Goldlamé zu schauen. Übergroße Deluxe-Kissen aus Satin waren in den Ecken des Raumes aufgestapelt. Eine aufreizende Melodie nach der anderen tröpfelte aus großen schwarzen Boxen, die sich in die Ecken drückten. Coole Gestalten standen herum, beaufsichtigten die trägen Figuren, die auf der Tanzfläche zu einer Masse verschmolzen, den Groove jenen zuteilten, die auf den Satinkissen herumrutschten. Vorsichtig lehnte ich mich an eine leere Wand. Ich hatte das Gefühl, ich würde einfach verschwinden, wenn ich mich mit meinem ganzen Gewicht dagegenlehnte, und ich beobachtete, wie die Gottheit heißen Sex von den Platten verschleuderte.

Das alles zu beobachten erfüllte mich mit Lust; ich schien die Treppen hinaufzuschweben, bis in die dritte Etage.

Was ich mir als anonymes Erlebnis vorgestellt hatte, sollte anders kommen: Ich kannte einige zuviel von diesen Leuten, die im Saal des dritten Stockwerks umherwanderten. Und ich hatte gehofft, es würde eine Nacht absoluter Anonymität werden. Wenigstens hatte Evangelista keine Ahnung, daß ich hierhergekommen war, um sie zu hören. Freundlich begrüßte ich die Freunde und Bekannten und wählte einen kleinen Tisch in der schummrigsten Ecke. Die Cocktailkellnerin war ein süßer Käfer, und ich bestellte Scotch, entzückt bei dem Gedanken, daß ich ihr Lächeln an meinem einsamen Tisch noch einmal zu sehen bekäme.

Schnatterkaskaden und brausendes Gelächter akzentuierten wie zufällig die Klänge der Trompete, des Basses und des Schlagzeugs, die das Jazztrio in der Bühnenmitte spielte.

Dieser Raum war blau, kobaltblau, und nur von cremebeigen Kerzen in saphirblauen Gläsern beleuchtet. Plötzlich wurde es still. Dann hörte ich wieder den Guru, der auf seinen weißen Klaviertasten klimperte. Kaum hörbar, nur seine fleischigen Fingerspitzen tippten die Tasten an, schuf er die reinste Sehnsucht. Er schien den Raum heimzusuchen.

„Einen schönen guten Abend Ihnen und den Ihren." Die Stimme eines Seraphen. Und dann erschien sie, glitt in das stille, gelbe Scheinwerferlicht. Sie trug ein metallgraues Abendkleid. Dies war kein Engel.

Sofort lag ihr Blick auf mir. Sie lächelte, ihre erotischen Augen unter den Lidern ließen mich nur sekundenkurz ihren hellen Lidschatten erhaschen.

„Ich habe eine besondere Zuhörerin heute abend." Evangelista wandte sich dem Pianoguru und dem Bassisten zu, die schwermütige Töne anstimmten. Sie drehte sich zum Mikrophon um und begann ihren Song.

I could sing a new song, never sing a blue song
Everything depends on you.
I could end my dreaming, lonely nights of scheming
Everything baby, everything depends on you ...

Als sie ihr Lied ausgehaucht hatte, ging ich fort. Was konnte von mir abhängen? Wer konnte von mir abhängen?

~ Übersetzung: Käthe H. Fleckenstein und Bettina Schäfer

~ *Quiet Storm*: Radio-Nachtsendung, die nur ruhige, sentimentale Liebeslieder bringt

V.K. Aruna

Disco

V.K. Aruna lebt und arbeitet in Washington D.C.
Schreiben hilft ihr, die Grenzen realer Reisen aufzuheben, versetzt sie in die Lage, zurückzukehren,
ohne fortgegangen zu sein, in Kontakt zu bleiben,
wenn Klang und Geruch zu schwinden beginnen,
erneut zu erfahren und sich etwas wieder vorzustellen.

Als Rajkumari nach Malaysia ausgewiesen wurde, war ihr keine Zeit geblieben, sich auf ihre Rückkehr in ein Land vorzubereiten, das sie über zwölf Jahre nicht betreten hatte. Dementsprechend war sie bei ihrer Landung am Subang Flughafen seelisch gebrochen, ohne Zuhause und ohne Verbindung zu irgendeiner lesbischen Gemeinschaft ihrer Heimatstadt Kuala Lumpur.

Sechs Monate später besuchte sie die Party, zu der eine alte Freundin eingeladen hatte und auf der man sie sofort nach Ehemann und Familie fragte. Sie gab so nonchalant wie möglich zurück: „Du kennst mich ... ich hatte nie die Absicht zu heiraten". In der Hoffnung, dies würde den Fragen ein Ende bereiten. Was nicht der Fall war.

Die Bekannte fragte weiter: „Und, gibt's denn nicht mal einen Freund? Ist dir denn nicht der ein oder andere nette Junge dort drüben über den Weg gelaufen?"

In der Atmosphäre lag die Warnung: Vorsicht, das ist ein Test. Sie prüft dich. Rajkumari lächelte.

Ihr Gegenüber bemerkte ihr Zögern und stichelte: Na, komm, raus damit. Wer ist der Glückliche? Vielleicht ein *Mat Salleh*?

Jetzt war es soweit. Rajkumari nahm einen tiefen Zug aus ihrer filterlosen Marlboro, schaute ihrer Freundin in die Augen und sagte: „Ich bin lesbisch. Ich liebe Frauen." Danach sah sie ihre Freundin nie wieder, doch ein Gast auf der Party hatte die Neuigkeit aufgeschnappt und brachte es fertig, Rajkumari den Namen einer Untergrund-Lesbengruppe zuzuspielen. Sie hieß *Jendela*, der malaiische Begriff für „Fenster".

Es dauerte eine Zeitlang, aber dann kamen die Einladungen – zu *dim sum*, in Jazzbars, dann samstagnachts zum Tanzen in Clubs, wo Frauen Jungen spielten und Jungen sich als Tunten inszenierten, und die Lesben wußten, wer lesbisch war, doch darüber verlor man kein Wort. Bald fand sie sogar eine Wohnung, hatte ein Vorstellungsgespräch, kaufte ein Auto zu günstigen Konditionen – alles durch dieses nebulöse Netzwerk von Frauen, die sie an Klosterschülerinnen, in die sie sich früher verliebt hatte, erinnerten.

Bald darauf erhielt Rajkumari die Nachricht, daß eine frühere Geliebte und politische Verbündete in den USA bei einem Autounfall ums Leben gekommen war und ihr die Lebensversicherung über eine halbe Million US-Dollar vererbt hatte. Zu dieser Zeit erlebten Discos im Fahrwasser der Nostalgiewelle, die in den USA während der Clinton-Ära eingesetzt hatte, in vielen Metropolen der Dritten Welt ein schnelles Comeback. Rajkumari beschloß, das Andenken ihrer Freundin zu ehren, indem sie eine Disco mit Bar und Café eröffnen würde – ihre Freundin war in den Siebzigern Disco-Gegnerin gewesen und hatte oft davon gesprochen, ein Café für Lesben zu eröffnen.

Rajkumaris Suche nach Immobilien in der Innenstadt bescherte ihr, wonach sie Ausschau hielt – ein elegantes Geschäftshaus im Herzen von Kuala Lumpur. Sie kaufte drei Stockwerke, legte die Disco in den Keller, die Bar ins Erdgeschoß und das Café in die erste Etage. Jedes Stockwerk sollte seine eigene Atmosphäre bekommen. Auf den schwarzen Marmortüren des Haupteingangs hatte sie in Messinglettern den Namen einlegen lassen: *Scheherezade*. Davor hatte sie Wachpersonal postiert, um Männer draußen zu halten. Bald zog Rajkumari inmitten der teakholzverkleideten Wände ihres Privatclubs eine ständige Klientel lesbischer Frauen an, die es leid waren, sich in Schwulenbars zu treffen, die meist von heterosexuellen Unternehmern geführt wurden.

Es dauerte nicht lange, und *Sheherezade* hatte sich den Ruf erworben, die Moral der Frauen zu untergraben. Das städtische Malaysia, das die Homosexuellengruppe *Rosa Winkel* seit langem legalisiert hatte und der Wahrheit ins Gesicht sah, daß Aids keine vorübergehende Erscheinung war, lernte gerade, mit homosexuellen Männern zu leben. Diese Großzügigkeit bezog sich allerdings nicht auf Lesben. Rajkumari wandte sich an ihren Freund Alistair Wong, eine in der Homoclubszene von Kuala Lumpur bekannte Drag-Queen. Er half ihr, Kontakte zu hohen Regierungsbeamten zu knüpfen, um die Schließung ihres Unternehmens abzuwenden. *Scheherezade* überlebte. Im Laufe von zwei Jahren stieg die Nachfrage nach dem Café in der allgemeinen Frauenszene von Kuala Lumpur so sehr, daß Rajkumari einen separaten Eingang dafür anlegen ließ, zwei exzellente Köchinnen einstellte, die auf die Küche von Nord Nonya spezialisiert waren, einen Leseraum einrichtete und das Café auch für Frauen, die nicht lesbisch waren, öffnete. Dieses Arrangement stellte sich als erfolgreich heraus. Das versetzte sie in die Lage, Geld aus dem Café in die Disco zu investieren, die sie weiterhin ausschließlich für Lesben betrieb. Auch drei Jahre später war *Scheherezade* ein blühendes Unternehmen, das von Frauen aus Singapur, Bangkok und sogar aus Sydney besucht wurde.

Dies ist der fiktive, jedoch wahrscheinliche Hintergrund für die folgende Szene aus der größeren, sich noch in Entwicklung befindlichen Erzählung Disco.

Rajkumaris schwarze Abendgarderobe wurde immer von einem Schmuckstück begleitet – einem Kelantan-Silberschmetterling mit Rubinkopf, einem weißen Metallgürtel mit einer Schnalle, so groß wie ihre Handinnenfläche, einem Malachit, der an roten und schwarzen Perlschnüren hing, einer Brokatschärpe mit bestickten Troddeln.

Heute abend trug sie ein Halsband, ein einfaches, aber elegantes Geschmeide aus filigranem Silberdraht, der mit Kupfersträngen verflochten war. In der Mitte ein Silberanhänger von der Form eines Mangoblattes, mit fein gearbeiteten Enden, die einen einzelnen tiefroten Granatstein umschlossen. Der Schmuck zog die Blicke sofort auf Rajkumaris Hals, auf ihre zimtfarbene Haut, auf die sanften Höhlungen zwischen ihren scharf abgesetzten Schlüsselbeinen und ihren hohen Brustansatz unter dem schwarzen Seidenhemd. Als sie in die Disco hinunterstieg, spürte sie, wie ihre

Nippel sich aufrichteten, und instinktiv glitten ihre Hände in die Hosentaschen, um ihre Scheu zu überspielen. Ein Feuerzeug hing an ihrer linken Hüfte, geborgen in den tiefen Falten ihrer weit geschnittenen Hose im Salwar-Stil. Sie war dankbar für dieses Andenken aus ihren Raucherzeiten. Es war zu einem Zeichen für ihre Widerstandskraft geworden. Rajkumari rieb über die glatten Emailintarsien, als ob es ein Glücksbringer wäre, und ging weiter, unter die zuckenden Scheinwerfer.

An der Bar nahm sie ihr übliches Getränk – Eiswasser in einem langstieligen Kristallweinglas. Einige Frauen, die sie kannten, erkundigten sich, wie es ihr ging, sagten ihr, wie phantastisch sie aussehe, befingerten den Granat, der an ihrem Hals hing. Rajkumari lächelte, schwatzte ein wenig und entwischte dann leise zur anderen Seite des Raumes, wo die Pyramide aus importierten deutschen Lautsprechern einen kleinen Unterschlupf bot vor gutmeinenden Gästinnen, die zuviel fragten und Einladungen zum Abendessen aussprachen.

Aus ihrem Versteck in den Schatten heraus betrachtete sie das Publikum. Die Frauen, die regelmäßig in die Disco kamen, waren heute in Galaaufmachung erschienen; es waren Lesben aus anderen Bars, die *Scheherezade* aber immer mehr bevorzugten, weil es ein Frauenbetrieb war. Aber auch einige neue Gesichter waren anwesend: junge Frauen mit kurzgeschorenem Haar, die hart aussahen und Freundinnen bei sich hatten, die etwas Nicht-Alkoholisches nippten. Rajkumari war zufrieden. Junge Lesben waren in der Stadt eine gefährdete Gruppe. In ihrer Disco waren sie sicherer als draußen auf den Straßen in der Gegend um den Großmarkt, wenn sie nach einer Gefährtin für die Nacht Ausschau hielten.

Pfiffe aus dem Publikum zeigten an, daß die Show gleich losgehen würde. Auf dem Podium nahmen dünne und dicke Frauen ihre Plätze ein, während die Eingangsakkorde von *Sweet Dreams* die Lightshow synchron zum Rhythmus in Bewegung setzten. Annie Lennox sang den ersten Ton, lange, schlanke Tänzerinnen sprangen hoch und zerteilten das schnell wechselnde Helldunkel mit amulettgeschmückten Armen. Die dicken Tänzerinnen bewegten sich wie Seehunde im Wasser, das Publikum klatschte mit, unterstrich den Rhythmus. Die Scheinwerfer wechselten von Rot zu Metallic-Blau, von Rosa zu Grün. Künstlicher Nebel flutete über das Podium. Nun trat Sarina auf.

Sie war die Haupttänzerin, die diese Vorführung entworfen hatte. Ihr ein Meter fünfundfünfzig großer und 200 Pfund schwerer Körper war wendig und geschmeidig; sie war in knallorange Wickeltücher gehüllt, das Oberteil über zwei schweren Brüsten geknotet. Ihre Oberschenkel waren unverschämt nackt – eine Entscheidung, die *Scheherezade* beinahe die Geschäftslizenz gekostet hätte. Rajkumari erinnerte sich an die nur durch Vermittlung zustandegekommenen Treffen im Kulturministerium, an das Labyrinth der Verhandlungen, die zu einer „vorläufigen Sondererlaubnis bis zur endgültigen Entscheidung geführt hatten. Es war den Kampf wert gewesen. Sarinas Dreistigkeit hatte viele dicke Frauen ermutigt, die Disco zu besuchen. Heute saßen sie dichtgedrängt in Ecken und an den Tischen unter den anderen Besucherinnen – Frauen in Saris, Kebayas, gürtellosen Kleidern oder lang geschnittenen Blusen – und lachten und flirteten unbefangen.

Das Podium vibrierte. *Sweet Dreams* ging über in Donna Summers *Last Dance*, und die Formation auf der Bühne wandelte sich wie die Muster in einem Kaleidoskop. Sarina bog sich und tanzte in runden Bewegungen. Das Publikum spendete Beifall. Rajkumari stand nicht weit abseits und schaute in ihre erwartungsfrohen Gesichter, auf die ausgestreckten, winkenden Hände. Und von der Bar, aus den Sitzecken, von den Tischen standen jetzt Frauen auf, wollten keinen Takt verpassen und gingen auf die Tanzfläche vor dem Podium.

Rajkumari schaute zu: erhobene Arme, zurückgeworfene Köpfe, schwingende Hüften unter der sich drehenden, glitzernden Spiegelkugel an der Decke. Sie selbst war einmal eine Elefantenfrau gewesen, bis zu dem Tag, als sie die Erbschaft ihrer Großmutter, ihrer Tanten und Mutter antrat – eine Erbschaft, die sich in unablässigem Saufen, Zigarettenkonsum und Überstreßjobs verzehrte. Die ungehinderte athletische Energie tanzender Frauen erinnerte sie an das Prickeln, an die Art brausendes Leben, das sie früher geführt hatte, als sie in vielerlei Projekte hinein- und wieder herauswirbelte, das Unmögliche mit zähem Durchhaltewillen errang. Heute fühlte sie sich, als ob etwas in ihrem Leben fehlte, ein Angstgefühl, das sie in der Vergangenheit auf Trab gehalten hatte und das sie ironischerweise gleichzeitig unbesiegbar gemacht hatte, als ob sie den Tod selbst herausforderte. Rajkumari stolzierte nicht mehr am Abgrund des Todes entlang, den sie dazu verleitet hatte, nach ihr zu greifen. Sie hatte anderes im Kopf, wie etwa den Gedanken, mit Krebs zu leben. Es war gut, daß sie die USA verlassen hatte, als sie die Diagnose bekam. Das Leben unter Malaysiern war sehr viel gesünder, so wie es auch das Sterben zu seiner Zeit sein würde. Seither war ihr Tanz mit dem Schicksal zahmer geworden. Die Dinge waren nun vorhersehbarer.

Die rhythmischen Kaskaden aus den Lautsprechern versiegten. Die Frauen auf der Tanzfläche applaudierten den Tänzerinnen auf den Podien. Rajkumari erhob ihr Glas zu Sarina, ihre Augen trafen sich wie immer nach einer Aufführung, und ein Lächeln ging zwischen ihnen hin und her.

Als die CD zu einer langsamen Tanznummer wechselte, verließ Rajkumari ihren Schatten. Vor ihrem inneren Auge sah sie Schweißperlen an einem dunklen ovalen Gesicht hinabströmen, ihren Glanz auf schwellenden, runden Schultern und Brüsten, die wie Jasminzweige in voller Blüte herabhingen. Vielleicht würden sie sich heute nacht noch sehen, dachte sie, dann umfaßte sie das kalte emailverzierte Feuerzeug in ihrer linken Hosentasche und stieg die rotgefliesten Stufen zum Café hinauf.

~ Übersetzung: Bettina Schäfer

~ *Mat Salleh* – malaiischer Ausdruck für „Weiße/r"; heute in den verschiedenen Sprachen Malaysias so benutzt

Danksagung

~ Denen, die an der Entstehung der Anthologie beteiligt waren, danke ich recht herzlich. Allen voran den Autorinnen, die mir mit ihren Geschichten viel beigebracht haben, gezeigt haben, daß man die Welt auch mit anderen Augen sehen kann und muß, und die mir Luft zum Atmen verschafft haben, wenn ich das Gefühl hatte, im bundesdeutschen Gedankenmief zu ersticken.

Besonderer Dank geht an Ilona Bubeck und Jim Baker vom Querverlag. Ihr beide habt mein Vorhaben von Anfang an kritisch und mit Sympathie begleitet und damit einigen Autorinnen eine Plattform gegeben, die sie anders nie bekommen hätten. Das vergesse ich euch nicht. Danke!

Dank an die Übersetzerinnen Bettina Schäfer, Sybille Martin – *Muchas gracias* für die Blitzübersetzung der spanischen Teile der Anthologie während deiner *luna de miel* – und ganz besonders meiner „Kleenen" Sibylle Wais, für die Einblicke in die Begriffswelt der Schlagzeugerinnen (und nicht nur für das). Kristin Ruppert danke ich fürs Korrekturlesen und für die kritischen Kommentare zu den Übersetzungen sowie für nette Billard-Partien.

Und dir, Petra: Du warst mein Anker in stürmischer Zeit! Danke für alles!

Käthe H. Fleckenstein, Juli 1999

Die Herausgeberin
Käthe H. Fleckenstein

Schon etwas in die Jahre gekommen, träumt sie immer noch von einer gerechten Welt, in der alle ihren Platz finden. „Tue Recht und scheue niemand" ist ihr Lebensmotto, und das „Lache, Bajazzo" bewahrt sie davor, sich selbst und „die Gegebenheiten" allzu wichtig zu nehmen. Sie hat sich nach zwanzig Jahren Industriefron aufgemacht, das zu tun, was sie schon immer am liebsten tat, nämlich zwischen Bücherstapeln zu leben, und so wurde aus ihrer Leidenschaft ihr Beruf. Sie übersetzt, lektoriert, schreibt gelegentlich und schrammt damit immer haarscharf an der Sozialhilfe vorbei, engagiert sich in verschiedenen Netzwerken, hat den Kopf voller Ideen für zukünftige Projekte und ist der festen Überzeugung, daß nur „Queer-Nation" uns weiterbringt und Old-Time-Butches darin einen Platz haben.

Quellennachweis

Ajalon, Jamika: „Kaleidoscope" aus *Afrekete – An Anthology of Black Lesbian Writing*, herausgegeben von Catherine McKinley und L. Joyce DeLaney, New York, Anchor Books, Doubleday, Bantam-Doubleday Dell Publ. Group Inc., 1995. © Jamika Ajalon

Aruna, V.K.: „Disco" aus *Pearls of Passion – A Treasury of Lesbian Erotica*, herausgegeben von C. Allyson Lee & Makeda Silvera, Toronto, Sister Vision: Black Women and Women of Colour Press, 1994. © Sister Vision

Bautista, Gigi: „Manuels's Aunt" aus *Tibok – Heartbeat of the Filipino Lesbian*, zusammengestellt und herausgegeben von Anna Leah Sarabia, Guezon City, Women's Media Circle Foundation Inc. and Anvil Publishing, 1998. © Women's Media Circle Foundation/Anvil Publishing, Inc.

Brant, Beth: „Turtle Gal" aus *Making Face, Making Soul – Haciendo Caras, Creative and Critical Perspectives by Feminists of Color*, herausgegeben von Gloria Anzaldúa, San Francisco, Aunt Lute Books, 1990. © Beth Brant

Calero, Elizabeth R.: „Vantage Visions: View from the Backseat" aus *Tibok – Heartbeat of the Filipino Lesbian*, zusammengestellt und herausgegeben von Anna Leah Sarabia, Guezon City, Women's Media Circle Foundation Inc. and Anvil Publishing, 1998. © Women's Media Circle Foundation/Anvil Publishing, Inc.

Chinese-Filip. Lesb.: „Of Blind Dates, Bound Feet and Bound Lives" aus *Tibok – Heartbeat of the Filipino Lesbian*, zusammengestellt und herausgegeben von Anna Leah Sarabia, Guezon City, Women's Media Circle Foundation Inc. and Anvil Publishing, 1998. © Women's Media Circle Foundation/Anvil Publishing, Inc.

Fernandez, Sharon: „Terimahkaseh" aus *Piece of My Heart – A Lesbian of Colour Anthology*, herausgegeben von Makeda Silvera, Toronto, Sister Vision Press, 1991. © Sister Vision

Glover, Marewa: „A Small But Effective Support Group" aus *Subversive Acts*, herausgegeben von Cathie Dunsford, Auckland, Penguin Books, 1991. © Marewa Glover

Gomez, Jewelle: „I Lost It in the Movies" aus *Making Face, Making Soul – Haciendo Caras, Creative and Critical Perspectives by Feminists of Color*, herausgegeben von Gloria Anzaldúa, San Francisco, Aunt Lute Books, 1990. © Alyson Publications

Izumo, Marou: „Watashi, Otambi, Dyke" aus *Car Maintenance, Explosives and Love and Other Contemporary Lesbian Writings*, herausgegeben von Susan Hawthorne, Cathie Dunsford, Susan Sayer, Übersetzung von Clairee Maree, North Melbourne, Spinifex Press, 1997. © Spinifex Press

Khaxas, Elisabeth/Frank, Liz: „Spending Time with the Women" aus *A New Initation Song. Writings by Women in Namibia* zusammengestellt vom Sister Namibia Collective, o.O., o.V., 1994. © Elizabeth Khaxas/Liz Frank

Lowe, Bia: „Drummer" aus *Jo's Girls. Tomboy – Tales of High Adventure, True Grit and Real Life*, herausgegeben von Christian McEwen, Boston, Beacon Press, 1997. © HarperCollins

Lucrecia: „Me siento marginada" aus *Compañeras: Latina Lesbian – An Anthology*, zusammengestellt und herausgegeben von Juanita Ramos, New York/London, Routledge, 1994. © Routledge, Inc. Reproduced by permission of Routledge, Inc.

Lynx: „Grandmother's Arms" aus *The Exploding Frangipani – Lesbian Writing from Australia and New Zealand*, herausgegeben von Cathie Dunsford und Susan Hawthorne, Auckland, New Women's Press Ltd, 1990. © Women's Press New Zealand

Moraga, Cherríe: „La Ofrenda" aus *An Intimate Wilderness – Lesbian Writers on Sexuality*, herausgegeben von Judith Barrington, Portland, The Eight Mountain Press, 1991. © Cherríe Moraga

Namjoshi, Suniti: „Bird Woman" aus *Jo's Girls – Tomboy Tales of High Adventure, True Grit and Real Life*, herausgegeben von Christian McEwen, Boston, Beacon Press, 1997. © Suniti Namjoshi

Nash, Sharee: „Take Care" aus *Afrekete – An Anthology of Black Lesbian Writing*, herausgegeben von Catherine McKinley und L. Joyce DeLaney, New York, Anchor Books, Doubleday, Bantam-Doubleday Dell Publ. Group, 1995. © Sharee Nash

Rika-Heke, Powhiri: „Maori Admire Fat Vulva" aus *Me and Marilyn Monroe – New Writing by New Zealand Women*, herausgegeben von Cathie Dunsford, Thorndon, Daphne Brasell Associates Press, 1993. © Powhiri Rika-Heke

Rodriguez, Nice: „Butch, Butcher, Butchest" aus *Tibok – Heartbeat of the Filipino Lesbian*, zusammengestellt und herausgegeben von Anna Leah Sarabia, Guezon City, Women's Media Circle Foundation Inc. and Anvil Publishing, 1998. © Women's Media Circle Foundation/Anvil Publishing, Inc.

Roséan, Lexa: „AmaizeN" aus *Women on Women – An Anthology of American Lesbian Short Fiction*, herausgegeben von Naomi Holoch & Joan Nestle, New York, NY, Plume Books / Penguin USA Inc., 1993 © Lexa Roséan

Silvera, Makeda: „Man Royals and Sodomites – Some Thoughts on the Invisibility of Afro-Caribbean Lesbians" aus *Piece of My Heart – A Lesbian of Colour Anthology*, herausgegeben von Makeda Silvera, Toronto, Sister Vision Press, 1991. © Sister Vision

Taffe, Sherece: „The Club" aus *Queer View Mirror – Lesbian and Gay Short Fiction*, herausgegeben von James C. Johnstone & Karen X. Tulchinsky, Vancouver, Arsenal Pulp Press, 1995. © Arsenal Pulp Press

Taylor, Jocelyn Maria: „Testimony of a Naked Women" aus *Afrekete – An Anthology of Black Lesbian Writing*, herausgegeben von Catherine McKinley und L. Joyce DeLaney, New York, Anchor Books, Doubleday, Bantam-Doubleday Dell Publ. Group, 1995. © Jocelyn Maria Taylor

Te Awekotuku, Ngahuia: „He Tika" aus *The Exploding Frangipani – Lesbian Writing from Australia and New Zealand*, herausgegeben von Cathie Dunsford und Susan Hawthorne, Auckland, New Women's Press Ltd, 1990. © Women's Press New Zealand

Tsui, Kitty: „A Femme in Butch Clothing" aus *Breathless* von Kitty Tsui, Ithaka/New York, Firebrand Books, 1996. © Firebrand Books

Tulchinsky, Karen X.: „A Different Kind of Love" aus *In Her Nature* von Karen X. Tulchinsky, Toronto, Women's Press, 1995. © Women's Press Canada

Wong, Nellie: „Broad Shoulders" aus *Making Wave – An Anthology of Writings by and about Asian American Women*, herausgegeben von Asian Women United of California, Boston, Beacon Press, 1989. © Beacon Press

ISBN 3-89656-019-0

Madeleine Marti und Marianne Ulmi (Hg.)

Sappho küßt Europa

Geschichten aus zwanzig Ländern

Dieses einmalige Lesebuch versammelt zeitgenössische
Schriftstellerinnen der lesbischen Literatur aus zwanzig
europäischen Ländern: Von Finnland bis Griechenland und
von Rußland bis Spanien. Neben bekannten Autorinnen wie
z.B. Christa Reinig, Nicole Müller, Jeannette Winterson,
Anja Meulenbelt und Karen-Susan Fessel, werden
Geschichten bisher hier unbekannter Autorinnen dem
deutschsprachigen Publikum zum erstenmal vorgestellt:
Mireille Best, Mary Dorcey, Marianne Larsen, Pirkko Saisio,
Natalja Sharandak und Suzana Tratnik.

QUER
VERLAG